Yvonne Eisenring

Ein Jahr für die Liebe

Yvonne Eisenring

Ein Jahr für die Liebe

1 Jahr, 12 Länder, 50 Dates

orell füssli Verlag

© 2016 Orell Füssli Verlag AG, Zürich
www.ofv.ch
Alle Rechte vorbehalten

Lektorat: Regula Walser
Umschlaggestaltung und Motiv: Hauptmann & Kompanie Werbeagentur, Zürich, unter der Verwendung eines Fotos von © Richard Hart
Druck und Bindung: CPI books GmbH, Leck

ISBN 978-3-280-05608-0

Die Deutsche Nationalbibliothek verzeichnet diese Publikation in der Deutschen Nationalbibliografie; detaillierte bibliografische Daten sind im Internet unter www.dnb.de abrufbar.

MIX
Papier aus verantwortungsvollen Quellen
FSC® C083411

Inhaltsverzeichnis

Prolog

Ich will den Megaflash. Rotgold als Standardfilter. Ich will vergessen, was morgen ist. Ausblenden, was gestern war. Ich will nicht an andere, vielleicht bessere Optionen denken. Ich will wollen. Aber nicht mit Vernunft und Verstand. Ich will rennen können, ohne müde zu werden. Ja sagen, ohne »wenn« zu denken. Ich will im Gletschersee schwimmen und überzeugt sein, dass das Wasser so warm ist wie im Thermalbad. Ich will glauben, dass ich fliegen kann. Dieses Gefühl will ich. Habe ich es nicht, will ich nicht. Dann gehe ich. Früher oder später. Denn dann bin ich nicht verliebt. Und ohne mich zu verlieben, will ich nicht lieben. Dann bin ich lieber allein. Und: Ich bin gerne allein. Wahrscheinlich ist genau das mein Dilemma. Ich bin verliebt in mein Single-Dasein. Verliebt in die Freiheit. In die Unabhängigkeit. In das Gefühl, dass alles möglich ist. In diese Aufregung, dass das Verliebtheitsgefühl bald kommen könnte.

Ich finde Dates toll, neue Menschen spannend. Das Kribbeln für mein freies Leben ist ein guter Ersatz für das Gefühl, das ich habe, wenn ich verliebt bin. Vielleicht ein zu guter. Hinzu kommt, es gibt so viele unglaublich tolle Menschen in meinem Leben, so viele enge Freunde, ich brauche keine Zweierkutsche, damit ich glücklich bin. Ich will nur ein Wir sein, wenn ich auch wirklich verliebt bin.

Vielleicht kann ich mich gar nicht mehr verlieben, überlegte ich vor einigen Wochen. Es war, nachdem ich entschieden hatte, mit einem Mann Schluss zu machen, mit dem ich noch gar nicht richtig zusammen war. Mein Entscheid stieß auf wenig Verständnis. »Warum willst du ihn denn nicht?«, fragten meine Freunde. »Er ist doch perfekt! Schlicht perfekt!« Mich ärgert, dass ich mich als Frau immer wieder verteidigen muss. Dass ich Dutzende Gründe und Erklärungen liefern muss, wenn ich einen Mann nicht will. Als Frau wird man oft schief angesehen, wenn man sagt, dass man es sogar schön findet, frei und ungebunden zu sein. Es wird als unverschämt empfunden, wenn eine Frau nicht will, obwohl der Mann will.

Aber in diesem spezifischen Fall war ich mit der Meinung meiner Freunde einverstanden: Der Mann, den ich nicht an meiner Seite wollte, war eigentlich toll. Ich schätzte seine Anwesenheit, mochte seine Nähe, ich hatte ihn gern, nur verliebt war ich nicht. Als ich ihm das gestand, warf er mir vor, dass ich doch gar nicht wisse, was ich wolle. Dass ich nicht mal wisse, was ich nicht wolle. Ich konnte nichts erwidern. Ich musste zugeben, dass er recht hatte. Was braucht ein Mann, dass ich mich in ihn verliebe? Wie muss er sein? Wie müssen die Umstände sein? Ich weiß es nicht.

»Vielleicht musst du zuerst rausfinden, was du eigentlich willst«, fand Corinne, meine Schwester. Denn dass ich mich nicht mehr verlieben könne, das sei Blödsinn. Aber, sagte sie dann, es sei vielleicht auch schwierig, sich zu verlieben, wenn man eigentlich gar keine Zeit und Energie dafür verwenden wolle. Ich zog eine Augenbraue hoch, schaute sie verständnislos an. So, wie ich das immer mache, wenn ich mich angegriffen fühle. »Ich lerne ja Männer kennen, verabrede mich dann ja auch mit ihnen! Ich kann doch dem Verlieben nicht meine ganze Aufmerksamkeit schenken!«, sagte ich, und meine Stimme klang eine Spur energischer als beabsichtigt.

In den nächsten Tagen hatte ich immer wieder denselben Gedanken: Und was, wenn doch? Was, wenn ich eine Zeit lang meine ganze Energie nur darauf verwende? Für die Liebe?

Wie wäre es, wenn ich mich für ein Jahr mit der Frage beschäftige: Was will ich, was will ich nicht? Was passiert, wenn ich nicht in die berufliche, sondern in die private Zukunft investiere? Andere nehmen eine Auszeit, um eine Sprache zu lernen, eine Yogalehrerausbildung zu machen oder um sich selbst zu finden – ich könnte doch ein Jahr um die Welt reisen, um herauszufinden, wie ich mich verliebe und warum ich mich in jemanden verliebe? Je länger ich darüber nachdachte, desto begeisterter war ich von meiner Idee. Wie aufregend wäre es, die Arbeit und alle anderen Verpflichtungen niederzulegen und als Hauptbeschäftigung »Dates« zu haben! (Würde ich mich dabei verlieben, wäre das natürlich auch ganz in Ordnung.) Ich erzählte meiner Schwester von meiner Idee, überzeugt, dass sie sie verrückt finden würde. Soll ich alles aufgeben und auf die Karte Liebe setzen? »Klar«, meinte sie nur.

Wenige Tage später reichte ich beim Fernsehsender, bei dem ich als Reporterin arbeitete, meine Kündigung ein und stellte ein Inserat zur Untervermietung meiner Wohnung ins Internet. Meine Freunde reagierten unterschiedlich auf meinen Plan – einige schüttelten den Kopf, andere gratulierten mir zu meinem Mut. Meine Gefühlslage wechselte von leichter Panik zu großer Vorfreude und wieder zurück.

Drei Monate später zog ich los.

New York

»Diese Wände dort, nur verkeilt. Wie Puzzleteile liegen sie aufeinander. Das Gebäude da drüben. Das komische, mit der schwarzen, glatten Fassade. Das ist von ...« Und dann nennt er einen Namen, den ich sofort wieder vergesse. Ich bin auf der High Line, der alten Güterzugstraße, die über das Westvillage führt und, wie ich finde, eine der schönsten Parkanlagen New Yorks ist. Ich war schon öfter hier. Aber nie so. Nie bei einem Date. Und nie mit jemandem, der mir jedes Gebäude, jede Fassade, jede Konstruktion erklären konnte. »Highline-Guy« hat mir angeboten, mich auf eine architektonische Sightseeingtour mitzunehmen. Highline-Guy hat auch einen Namen, aber leider habe ich ihn nicht verstanden, und so habe ich seine Nummer unter »Highline-Guy« abgespeichert.

Highline-Guy ist Architekt. Und Ingenieur. Weil er das erste Diplom so schnell hatte, hängte er noch eines dran. Als seine Freunde ihr Studium abschlossen, hatte er bereits sein zweites hinter sich. »Diese Glasfassade hier«, er zeigt auf sein iPhone, darauf ist ein Gebäude zu sehen, das wie ein Seifenblasen-Ufo aussieht, »das ist ein hochkomplexes Konstrukt. Wenn man so etwas bauen will, müssen Hunderte Einzelteilchen berechnet werden. Eine Person bräuchte dafür Monate.« Eigentlich. Er hat ein Programm erstellt, damit kann der Computer alle Teile in wenigen Stunden berechnen.

Gewöhnlich reagiere ich allergisch, wenn jemand mit seinem Können protzt. Aber – das ist mir in den letzten Tagen oft aufgefallen – wenn Amerikaner von ihrer Arbeit schwärmen, wenn sie sich selber loben, ist es oft rührend. Ich kann diese ehrliche Begeisterung für das eigene Leben nicht schlecht finden, ich bewundere sie sogar ein bisschen. Und wenn meine Freundin Megan, mit der ich in New York viel Zeit verbringe, sagt, dass sie 2024 US-Präsidentin werde, finde ich das nicht komisch oder überheblich. Ich finde es gut, dass sie hohe Ziele hat, auch wenn es unrealistisch ist. In Amerika ist es okay, Träume zu haben, die sich mit großer Wahrscheinlichkeit nie erfüllen werden. Wünsche, egal wie absurd sie sind, werden toleriert, sogar unterstützt. Jeder glaubt, er bekomme, was er wolle. Er schafft es. Kann es schaffen. Und wenn er scheitert, spornt ihn das noch mehr an. Megan nennt es den »unerschütterlichen amerikanischen Optimismus«.

Vielleicht habe ich deshalb New York als erste Destination gewählt. Damit ich wegen meiner Idee, ein Jahr lang alles niederzulegen, um mich auf die Liebe zu konzentrieren, nicht für verrückt erklärt werde. Vielleicht war das der Grund. Ich weiß es nicht so recht. Es war einfach sofort klar: Die ersten Wochen will ich in New York sein. Ich bereue den Entscheid nicht. Ich habe es noch nie bereut hierherzukommen. Sehe ich die New Yorker Skyline, fühle ich mich, als hätte ich gerade einen richtig guten Preis gewonnen, als wäre das Glück auf meiner Seite. Das Gefühl hatte ich schon beim ersten Mal, als ich hier war, da war ich neun Jahre alt. In den letzten Jahren kam ich immer wieder, und je öfter ich da war, desto mehr liebte ich die Stadt.

Und New York ist ein Paradies für Singles. Das sagen jedenfalls alle. Ich kann es noch nicht richtig beurteilen. Als ich einmal länger hier war, war ich in einer Beziehung, und davor war ich immer nur kurz, geschäftlich oder mit Freundinnen, in New York. Aber an Auswahl mangelt es sicher nicht: In der Metropole leben über zwei Millionen Singles.

Die erste Woche wohnte ich bei Megan in Greenpoint, Brooklyn. Wie es typisch ist für New York, teilt sie mit vier Leuten drei Zimmer und ein winziges Bad. Ihr Mitbewohner arbeitet neben dem Studium in einer Kunstgalerie. Die eröffnete an meinem dritten New-York-Abend eine Ausstellung, da wollte Megan hin. Ich mag solche Vernissagen nicht, ich fühle mich meist fehl am Platz. Aber mangels Alternativen und weil es Weißwein gratis gab, ging ich mit. Ich lief von Bild zu Bild, ratlos, was die schwarzen Striche und roten Kreise darstellen sollten. Auch die kleinen Beschreibungen neben den Rahmen halfen nicht wirklich, sie verwirrten mich nur. Ich wollte Megan fragen, ob es okay sei, wenn wir langsam gehen würden, aber sie stand bei einer Frau, die gelbe High Heels und ein gelbes Kostüm mit gelbem Hut trug. Sie sah wichtig aus. Ich traute mich nicht, die beiden zu unterbrechen.

Ob sie mir erklären sollten, was ich da auf dem Bild sehe, fragten mich zwei Typen, als ich gerade dabei war, ein Foto von einem besonders merkwürdigen Bild zu machen. »Klar, gerne!«, sagte ich. Der Größere der beiden trug Hut und Bart. Müsste man einen Brooklyn-Hipster zeichnen, könnte man ein Foto von ihm als Vorlage nehmen. Der andere passte irgendwie nicht hierher. Er hatte dunkle Locken, die er immer wieder aus dem Gesicht strich. Er fuhr sich jedoch nicht mit den Fingern durchs Haar, sondern hob ein paar Strähnen an und ließ sie wieder fallen. So, als hätte er Angst, dass sonst die Frisur kaputtgeht. Dabei war das Durcheinander, das er auf dem Kopf hatte, nicht wirklich etwas, was kaputtgehen konnte. Er trug eine Brille, wie sie Kinder tragen, kleine Gläser, schwarzer, feiner Rahmen, abgerundete Ecken, und wenn er lachte, sah er aus wie ein Schulbub, verschmitzt, als hätte er gerade jemandem einen Streich gespielt. Die Ärmel seines schwarzen Mantels waren kaputt. Er schien sich nicht besonders für Mode zu interessieren. Das fand ich sympathisch.

Das Bild hätten Hobbits gemacht, erklärten mir der Oberhipster und sein Freund, dessen Name ich nicht verstanden hatte. Sie würden so die Liebe ausdrücken. Ihre Miene blieb, während sie sprachen, völlig ernst. Und die Erklärungen wurden immer absurder. »Die vielen kleinen blauen Punkte am Rand des Bildes. Die stehen für die schnelle Vermehrung der Meer-Hobbits, man weiß ja, dass diese polyamor leben, alle lieben alle.« Ich lachte laut. Genau das hätte ich auch gedacht, sagte ich. Dann kam Megan dazu, und die Unterhaltung wurde normaler.

In New York spricht man, wie auch in Zürich, sehr schnell über den Job, jedenfalls wenn nicht gerade Hobbits das Thema sind. Ich erfuhr, dass Tom, der Oberhipster, ein Kleidergeschäft in Brooklyn führte (logisch!) und dass der andere Architekt war. Ich reagierte wohl begeistert auf das Wort »Architekt«, jedenfalls fragte er mich, ob ich mir die spannenden Gebäude in New York schon angeschaut hätte. Ich schüttelte den Kopf. Ich hätte mir schon vieles angeschaut, aber ohne zu wissen, was ich mir genau anschauen würde. Ob er mir die Stadt zeigen solle, so richtig, fragte er. Ich nickte. Noch am gleichen Abend schrieb er mir eine Nachricht. Das war vor vier Tagen.

Von der High Line spazieren wir weiter nach Midtown und schauen uns das Gebäude der »New York Times« an, dessen Fassade wie eine Zeitung aussieht. Es ist kurz nach acht. Feierabend. Überall gibt es unglaublich viele Leute. Wir werden alle paar Meter aneinandergedrückt, einmal tritt mir Highline-Guy auf die Füße. Er entschuldigt sich mehrmals, ich hätte kaum was gespürt, beruhige ich ihn. Shayan – ich habe mich doch getraut zu fragen – ist eher schmächtig. Seine Arme hängen an den Schultern, als wären sie zu schwer für ihn. Auch seine Füße zieht er beim Gehen fast nicht hoch. Wir kommen an einem Eisstand vorbei, und er kauft mir ein Eis. Weil ich mich nicht für ein Aroma entscheiden kann, kauft er sich auch ein Eis, obwohl er eigentlich gar keins will. Er lässt mich von beiden probieren, damit ich auswählen kann. Ich bin gerührt, wie bemüht er ist. Dass er sich so ins Zeug legt. Er überlässt nichts dem Zufall. Er strengt sich richtig an. Ein bisschen erinnert es mich an ein Vorstellungsgespräch.

Während wir auf dem Broadway zurück in den Süden der Stadt spazieren, überlege ich, ob ich ihn attraktiv finde. Irgendwie nicht. Irgendwie schon. Mir imponiert, dass er so viel weiß. Dass er so passioniert ist. Dass ihm all das Architektonische so sehr gefällt. Er scheint unglaublich toll zu finden, was er beruflich macht. Das mag ich.

Und obwohl wir so unterschiedliche Interessen haben und grundverschieden sind – Shayan macht Computerprogramme, auch in seiner Freizeit!, er produziert elektronische Musik, und wenn er ein Buch liest, gibt es mehr Zahlen als Buchstaben darin; ich bin ein Technikidiot, mag Musik nur, wenn sie mit richtigen Instrumenten gespielt wird, und wenn ich lese, dann gibt es nur im Inhaltsverzeichnis Nummern –, können wir über erstaunlich vieles reden. Wir gehen ins »Lovers of Today«, ein kleines Lokal im East Village, das ich nie entdeckt hätte, hätte mich Shayan nicht mitgenommen. Wir setzen uns an die Bar, ich bestelle einen Cocktail mit dem Namen »Another girl, another planet«, er trinkt einen »Satellite of love« und erzählt mir von seiner Zeit am College. Hauptsächlich redet er über Studentenverbindungen, die ich so aus der Schweiz nicht kenne. Dass ich eine »Fraternity« ein Team nenne, findet er lustig. Er finde mich sowieso sehr lustig, sagt er immer wieder. Wenn er lacht, zieht er die Schultern hoch und kippt seinen Oberkörper nach vorne.

Je länger wir sitzen, desto mehr mag ich ihn. Ich würde das gerne wiederholen, denke ich. Das Spazieren, das Reden, sogar Architektur-Dinge würde ich mir nochmals anschauen. Um elf, wir sind bereits über fünf Stunden unterwegs, bringt er mich zur U-Bahn, die mich zurück nach Brooklyn fährt. Er begleitet mich bis zur Station, obwohl er in die andere Richtung gehen müsste.

Zu Hause erzähle ich Megan von dem Date. Sie findet, ich sei sehr lange geblieben. »War er so spannend?« Ich fände ihn gut, ja, aber ob sehr gut oder einfach nur gut, wisse ich noch nicht. Dafür müsse ich ihn nochmals sehen. Ob wir geknutscht hätten, will sie wissen. Ich verneine. Sei ja auch unser erstes Date gewesen. Da müsse man doch nicht gleich knutschen. Sie schaut mich mitleidig an.

Am nächsten Morgen gehe ich joggen. Wie jeden Tag. Ich finde nur wenig so berauschend, wie über die Williamsburg Bridge zu rennen. Und ich habe ja Zeit. Außer Singen – ich nehme Stunden bei einer älteren Dame, die mehr redet, als ich singe – und Schreiben – ich schreibe weiterhin für verschiedene Magazine, gerade muss ich einen Text über die Generation Y fertig machen – habe ich keine Termine. Aber das wollte ich ja so. Keine Verpflichtungen. Nicht verplant sein.

Als ich über die Brücke zurück nach Brooklyn jogge – Pink singt schon zum dritten Mal den Song »Run« in meinen Ohren, weil ich immer wieder auf Repeat drücke –, kommt mir ein Typ entgegen. Ich sehe ihn schon von Weitem. Mit der einen Hand schiebt er sein Fahrrad, in der anderen hält er eine Zigarette. Kurz bevor wir uns kreuzen, sagt er etwas. Ich bleibe stehen, nehme meine Kopfhörer ab. Er schaut mich an. Ich schaue ihn an. Er sagt nichts. Ich bin unsicher. Hat er mich überhaupt angesprochen? Will er mir etwas verkaufen? Braucht er Geld? Macht er eine Umfrage?

Ich finde die Situation unangenehm. Ich hasse es, wenn ich beim Joggen anhalten muss. Ich bin ungeschminkt. Mein Kopf ist rot. Ich bin verschwitzt, und meine Haare sind zu einem Knoten gebunden, der an ein Vogelnest erinnert. Es sieht einfach nicht gut aus. Sonst ist mir das egal, ich flitze ja an den Leuten vorbei – in meiner Vorstellung renne ich unglaublich schnell! – und bleibe nicht vor ihnen stehen.

Endlich! Der Typ öffnet den Mund. Er habe mich ansprechen müssen, es habe einfach so gut ausgesehen, wie ich renne. Ich muss lachen. Lügner, denke ich und bedanke mich. Ob ich oft hier joggen würde. Ob ich hier wohne. Er würde mich gerne kennenlernen. Ich bin baff.

Meine Schweizer Nummer will ich aber nicht rausgeben, und meine amerikanische kann ich noch nicht auswendig. Ein Handy habe ich beim Joggen nie dabei. Er solle mir seine Nummer aufschreiben, ich würde mich bei ihm melden. Das will ich auch wirklich tun. Spricht ja nichts dagegen. Und der Typ ist hübsch. Sein Gesicht ist klassisch schön. Er hat dunkle Augen, dunkle Haare, sein Outfit ist zugegeben eher eigenartig. Die Jacke scheint zu groß, die Hose auch, alles wirkt alt, richtig alt, nicht chic-alt, aber wir sind in New York, vielleicht ist das irgendein spezieller Stil. Er habe sein Handy gerade in der Reparatur, sagt er. Aber er würde heute Abend um sechs Uhr unten bei der Brücke auf mich warten. Wenn ich Lust hätte, solle ich auftauchen. Ich verspreche zu kommen.

Wie vereinbart gehe ich am Abend zurück zur Brücke. Ich bin allerdings zehn Minuten zu spät dran, ich habe die Distanz unterschätzt. Vielleicht ist er schon weg, vielleicht war er nie da, überlege ich, während ich zum Treffpunkt laufe. Vielleicht ist er auch ein Spinner, ich weiß ja nichts über hin. Er ist da, stützt sich auf sein Fahrrad. Als er mich sieht, winkt er mir aufgeregt zu.»Schön, dass du gekommen bist«, sagt er. Er klingt sehr überrascht, als hätte er nicht damit gerechnet, dass ich auftauche. Ob wir uns ans Wasser setzen wollten, fragt er. Er möge Bars nicht.»Willst du etwas zu trinken mitnehmen? Also, ich will nichts, aber wir können etwas für dich kaufen, wenn du willst«, sagt er. Ich winke ab. »Schon gut, ich brauche nichts.« Wir setzen uns auf eine Bank am East River. Vor uns die Skyline Manhattans. Die Sonne geht gleich unter. Mir fällt auf, dass er sehr lange Wimpern hat.

Gianluca, so heißt er, ist aus Italien, lebt aber von Geburt an in New York. Also eigentlich in New Jersey. Kurzzeitig habe er hier in Brooklyn gelebt, aber jetzt wohne er wieder bei seinen Eltern. Er wolle bald eine Familie gründen und müsse darum Geld sparen. Er brauche nur noch eine Frau. Ob er deshalb wildfremde Frauen auf der Straße anspreche, frage ich.»Nein, sicher nicht!« Er habe seit drei Jahren keine Frau mehr angesprochen. Er sei auch auf keine Dates mehr gegangen. Ich glaube ihm nicht. Wer so mutig eine Frau stoppt und um ein Date bittet, macht das doch öfter. Das sage ich ihm auch. Er schüttelt energisch den Kopf.»Du bist die Erste! Seit Jahren! Glaub mir!« Was er arbeite, frage ich. Er ist in einer kreativen Pause. Er habe gerade keinen Job, helfe nur manchmal in einer Fahrradwerkstatt aus. Ob er mir ein Gedicht vorlesen dürfe, fragt er plötzlich. Er holt kleine Post-its aus seiner Jackentasche. Sie sehen aus, als hätte er darauf geschrieben, während er Fahrrad gefahren ist: Die Schrift ist kaum entzifferbar. Er liest den ersten Satz vor, dreht das Post-it um, da steht noch etwas, das kann er aber nicht mehr lesen. Nach drei Post-its hört er auf. Jetzt will er für mich singen. Das Lied klingt, als würde er es gerade erfinden. Als er fertig ist, er wirkt zufrieden mit seiner Darbietung, rückt er näher. Ich rutsche weg. Ich sei so schön. So unglaublich schön. »Darf ich dich küssen?« Ich verneine. Wir seien ja gerade mal dreißig Minuten hier, sage ich. Er macht einen Schmollmund. Dann werde er sich eben so präsentieren, dass ich gar nicht anders könne, als ihn küssen zu wollen. Er hält sein Gesicht in die Sonne und schließt die Augen. Ich muss lachen. Die Situation ist mittlerweile sehr absurd. Ich kann mir nicht vorstellen, dass er mit dieser Masche bei irgendeiner Frau Erfolg hat.

Ich müsse gehen, sage ich nach vierzig Minuten. Er wirkt geknickt. Wir hätten es doch gerade so gut gehabt. Er will mich wiedersehen, will mir New Jersey zeigen. Meine Nummer will ich ihm aber immer noch nicht geben. Ich habe keine Angst vor ihm, aber ich finde ihn schon ziemlich eigenartig. Er gibt mir seine Nummer, also eigentlich ist es die Festnetznummer seiner Eltern. Eine andere hat er nicht. Bevor wir gehen, will er mir unbedingt noch ein Andenken schenken. Damit ich mich an ihn erinnern werde. Ich würde ihn ja eh nicht anrufen, sagt er traurig. Ich habe ein schlechtes Gewissen.

Aber ich kann doch nicht etwas mit einem Mann anfangen oder ihm meine Nummer geben, nur weil ich ein schlechtes Gewissen habe! Er hält mir seine Arme hin, daran sind Dutzende Ketten und Bänder, ich soll etwas aussuchen. Ich wähle ein hellblaues Lederbändchen, das er um das linke Handgelenk trägt. Er zieht es ab und bindet es mir um.

Zu Hause erzähle ich Megan von dem Date. Sie lacht. Das sei die irrste Datingstory, die sie seit Langem gehört habe. Ich lache auch. Ich bin irgendwie erleichtert. Zwischenzeitlich dachte ich, er sei vielleicht doch ein Irrer. Das hellblaue Armband werfe ich nicht weg. Ich lege es in meinen Koffer zu den Dingen, die mir meine Freunde für das Jahr mitgegeben haben. Ich habe Angst, dass es Unglück bringt, wenn ich es nicht behalte.

Von: Yvonne Eisenring
An: Corinne Eisenring
Datum: 12. März 2015 um 19:52 Uhr

Betreff: Ich will, dass ein Mann mutig ist

Ich wollte anrufen, dann kam mir in den Sinn, dass du ja schon schläfst. (Ich mag das aber eigentlich irgendwie, dass ich der Schweiz hinterherhinke, dass ihr sechs Stunden Vorsprung habt. Wenn ich erwache, habt ihr schon viel erlebt, euer Tag ist schon halb vorbei, und ich habe ihn noch vor mir. Das gibt mir das Gefühl, dass ich mehr Zeit zur Verfügung habe.) Ich will nur kurz von dem Date von heute Abend berichten. Ich habe dir ja geschrieben, dass mich einer beim Joggen gestoppt hat. Jedenfalls: Es war unglaublich! Der Typ dichtete und sang und wollte mich nach wenigen Minuten küssen. Unglaublich! Ich muss dir das mal am Telefon erzählen.
Aber, und da, finde ich, müssten sich ganz viele Männer, okay, auch viele Frauen, ich eigentlich auch, da müssten sich viele ein Beispiel daran nehmen – dass er mich auf der Straße angesprochen hat, das fand ich großartig. Weil er nicht lange überlegt, sondern einfach gemacht hat. Weil es mutig war. Er hatte keine Zeit, sich einen Plan zurechtzulegen, ich rannte ja auf ihn zu. Ich finde es toll, wenn einer so etwas macht. Das machen in New York anscheinend viele Männer. Megan erzählte von einem, der hat in der

U-Bahn nach ihrer Nummer gefragt, ein anderer hat sie im
Coffeeshop um ein Date gebeten, anscheinend ist das hier
normal. Ich finde das gut. Ich will einen mutigen Mann. Das
habe ich heute gemerkt.

(Noch nicht die krasse Erkenntnis. Aber trotzdem. Ein Anfang!)
Schlaf gut!
pfpfpf

PS. Am Samstag, also übermorgen, treffe ich Shayan, den
Highline-Guy, wieder. Wir gehen brunchen.

Wir sitzen im »Ciao for Now« im East Village. Shayan hat das
Lokal vorgeschlagen. Ich stutzte, als ich den Namen las: Ciao for
Now. Will er mir damit etwas sagen? Es ist kurz nach zwei, vor mir
liegt ein Turm Buttermilk Pancakes, er hat Rührei bestellt. Er fragt
mich, ob ich probieren wolle. Wir tauschen kurz unsere Teller.
Rutschen wir auf die Freundschaftsschiene? Megan findet sowieso,
ich würde alles falsch machen. Erstens dürfe ich nicht so lange bei
einem Date bleiben, das erwecke den Eindruck, ich hätte kein
spannendes Leben und nichts zu tun. Ich habe dann eingewendet,
dass das ja auch die Wahrheit sei. Also, dass ich kaum etwas vorhabe. Das sei ja absichtlich so. Sie schaute mich mit ihrem Mäd-
chen-du-kapierst-das-New-Yorker-Datingleben-schon-gar-nicht-
Blick an und sagte:»Das ist ja okay, dass das so ist. Aber das muss
der Mann ja nicht wissen.« Zweitens gehe man beim ersten Date
nur Kaffee trinken oder höchstens Mittag essen. Man treffe sich
auch nicht an einem Samstag.
    Das erzähle ich jetzt Shayan. Dass ich gehört hätte, man würde
in New York zuerst auf ein Lunch- oder Coffee-Date gehen. Weil
heute Samstag sei, würden wir gerade ein weiteres No-Go be-

gehen. »Meine Freundin Megan meinte zudem, dass in New York immer die ersten paar Male der Mann zahlen muss, und frühestens beim dritten Date zahlt die Frau. Stimmt das? Also machst du das auch so?« Während ich rede, merke ich, wie bescheuert das gerade ist. Ich frage mein Date, wie er datet! Aber Shayan scheint das nicht zu stören. »Ich kann das nicht so beurteilen, ich gehe selten auf Dates.« Schon wieder einer, der das sagt, denke ich. Ist das eine Masche, vorzugaukeln, man gehe nie auf Dates? Shayan scheint meine Skepsis zu spüren. »Ich wollte eine Weile nichts mit Frauen zu tun haben.« Nach seiner letzten Beziehung habe er eine Pause gebraucht. Warum sie auseinandergegangen seien, frage ich. »Sie war ebenfalls Architektin, sie sah mich als Konkurrenz. Wir waren kein Team.« Deshalb habe er sich geschworen, nie mehr eine Architektin zu daten.

Aber dafür rede man vom Gleichen, wende ich ein. »Man interessiert sich für das Gleiche, wenn man denselben Beruf hat.« Mir sei zum Beispiel egal, wie ein Gebäude zusammengebaut sei. Ich könne sagen, ob ich ein Haus schön fände, aber ob es eine architektonische Meisterleistung sei oder nicht, sähe ich nicht. Shayan findet es nicht schlimm, dass ich nichts von seiner Arbeit verstehe. Das sagt er mir auch.

Aber er will, dass ich genauso begeistert bin wie er. Das sagt er nicht. Aber man merkt es. Er redet sehr ausführlich über verschiedene Bautechniken, neue Gebäude und warum ein Fenster diese Form und keine andere hat.

Wir bleiben fast drei Stunden im Café sitzen. Dann begleitet er mich zur U-Bahn-Station. Während ich nach Brooklyn fahre, überlege ich, wie und ob es mit uns weitergeht. Will ich ihn wiedersehen oder war's das jetzt? Ciao for now?

Ich mag seine Begeisterung für seine Arbeit. Mir gefällt, dass er so intelligent ist. Ich finde ihn auch auf seine spezielle Art gut aussehend. Er ist keine klassische Schönheit, aber mir gefällt sein schelmischer Blick, sein verschmitztes Lachen. Ich mag seinen

Humor, dass er schnell denkt, zeigt sich auch da. Ich versuche mir vorzustellen, wie es wäre, ihn zu küssen. Und – scheitere. Ich würde ihn nicht küssen wollen. Ich würde ihn gerne als Freund haben. Hoffentlich sieht er das genauso.

Megan versteht nicht, warum ich so gut gelaunt bin, wenn ich doch gemerkt hätte, dass aus Shayan und mir nichts werde. Ich hätte es ja spannend gefunden, erwidere ich. Ich hätte *ihn* ja spannend gefunden. »Es war schön, Zeit mit ihm zu verbringen. Die Dates waren toll.« Sie lacht. Ich sei schon ein typischer New Yorker Single, der auf dem Datingkarussell Runde um Runde drehe, einfach um den Fahrtwind zu spüren. Ich weiß, was sie meint. Man muss nicht lange in New York sein, um zu merken, dass New Yorker Dates lieben. Sie gehören zu ihrem Alltag wie Yogastunden. Niemand findet es komisch, wenn man in einer Woche drei verschiedene Typen trifft. Die Auswahl an jungen, schönen Menschen ist riesig. Und genau das ist das Dilemma: Man denkt, dass hinter der nächsten Tür eine noch bessere Option wartet. Darum wolle sich keiner festlegen, sagt Megan. Viele ihrer Freunde hätten nur lockere Affären, nur wenige hätten eine ernste Beziehung. Die Männer würden zwar nicht gleich wieder wegrennen, aber auch nicht lange bleiben wollen. Die Zuneigung eines New Yorkers dürfe man nur mit Vorsicht genießen. Ich will das nicht recht glauben. »Wenn sich einer verliebt, dann wird er schon bleiben wollen«, sage ich. Megan seufzt. Ich sei eine Träumerin.

Am Abend nach dem Date mit Shayan ziehe ich um. Auf Craigslist habe ich ein Zimmer in Williamsburg gefunden. Einen Monat werde ich hier zur Untermiete wohnen. Das Zimmer gehört einer Italienerin, die gerade durch Europa reist, meine Mitbewohnerin ist eine bildhübsche Mittzwanzigerin, die den Glauben an die Liebe verloren hat. Sie gehe pausenlos auf Dates, aber irgendwie werde »nie was Schlaues draus«. Ich bin mir nicht ganz sicher, ob sie sich ernsthaft daran stört oder ob sie es eigentlich ganz gut findet und sich nur künstlich aufregt.

Sie nimmt mich gleich am ersten Abend zu einer Party unserer Nachbarn mit. Die haben eine eigene Dachterrasse. Es ist schon kurz nach elf, als wir mit dem Lift in den obersten Stock fahren. Wir werden euphorisch begrüßt. Etwa zwanzig Leute stehen auf der kleinen Terrasse, alle schon sehr betrunken. Sie essen Pizza im geheizten Swimmingpool, Mozzarella-Stücke schwimmen im Wasser. Sie reden so laut, dass man alle und niemanden versteht. Am lautesten ist ein kleiner Chihuahua, der, ich müsse aufpassen, schon überall auf den Boden gepinkelt hat.

Einer der Gäste scheint nicht ganz so betrunken zu sein, er steht am Rand des Pools und schaut amüsiert zu. Ich stelle mich zu ihm. Wir kommen ins Gespräch. Matt ist Banker, hat in Boston studiert, ist dreißig Jahre alt. Er wirkt sehr selbstbewusst. Er steht aufrecht da, sein Kreuz durchgedrückt. Er trainiert sicher regelmäßig, denke ich und ziehe leicht den Bauch ein. Wir reden über Sport, er schwärmt von Yoga. Da würden ganz viele Energien freigesetzt. »Weil du bei vielen Positionen das Becken öffnen musst, werden Spannungen im ganzen Körper gelöst«, sagt er und tippt auf meine Hüften. »Ich hasse Yoga«, sage ich. Er lacht. Zwei seiner Freunde rufen ihm zu, er solle auch ins Wasser kommen. Er winkt ab, er bleibe hier. Wir verstehen uns gut. Ich mag seinen Humor. Aber ich kann nicht einschätzen, ob er mich attraktiv findet oder einfach keine Lust auf die Saufspiele der anderen hat. Irgendwann fragt er mich, was ich denn in New York mache, und weil mir keine bessere Antwort in den Sinn kommt, sage ich, ich sei hier, um mir einen reichen New Yorker zu angeln. Er lacht und meint, er werde mir helfen, er arbeite ja in der Finanzbranche, da gebe es viele reiche Singles. Ich müsse mich einfach zur richtigen Zeit am richtigen Ort aufhalten. Der richtige Ort ist ein Starbucks gegenüber seinem Arbeitsplatz in Midtown. »Da musst du dich am Mittag hinsetzen, dann sind deine Chancen am größten.« Für ausgedehnte Lunch-Pausen hätten meine potenziellen Ehemänner nämlich keine Zeit, die würden sich nur einen Latte Macchiato gönnen. Und abends würden sie entweder lange arbeiten oder ins Fitnesscenter verschwinden. Wir verabreden uns für Montagmittag.

Punkt zwölf Uhr warte ich vor Matts Bank an der 6th Avenue. Anzugmänner marschieren an mir vorbei, Frauen in schicken Kostümen, ich komme mir komisch vor mit meiner hellen Jeans und der braunen Lederjacke. Ich bin mir auch immer noch nicht sicher, ob Matt mich gut findet oder tatsächlich glaubt, dass ich einen reichen Banker suche. Ich merke: Ironie ist eine Gratwanderung. Man kann sich schnell darin verlieren.

Matt umarmt mich nicht bei der Begrüßung. Er berührt nur kurz meine Schulter, um mich in die richtige Richtung zu lenken. Findet er es eher unangenehm, dass ich hier bin? Meinte er es gar nicht ernst, als er sagte, dass ich ihn zum Lunch treffen solle? Er sieht anders aus. Seine Haare hat er nach hinten gekämmt, statt Jeans und T-Shirt trägt er einen grauen Anzug. Er wirkt sicher zehn Jahre älter. Er passt irgendwie gut in diese Welt.

Wir gehen tatsächlich zu Starbucks. Er kauft mir einen Frappuccino, und wir setzen uns ans Fenster. Er hat mir geschrieben, ich müsse ein Buch mitnehmen, damit ich beschäftigt aussehe. Sonst würde das nur auffallen. Wir lachen über den Kitschroman, den ich mitgebracht habe. Ich entspanne mich langsam. Wenn ein Mann in Anzug hereinkommt, drehe ich mich demonstrativ um. »Nicht so! Du darfst das nicht so offensichtlich machen!«, sagt er dann. Ich frage ihn, wie ich erkenne, ob das jetzt ein reicher Banker sei. Je entspannter einer sei, desto erfolgreicher. Die seien auch nicht so gestresst. Die richtig Reichen, die hätten junge Angestellte, solche wie er, die die ganze Arbeit machen würden.

Nach einer knappen Stunde muss er ins Büro zurück. Aber ich solle hier bleiben, das werde schon klappen mit den Männern. Ich bleibe zehn Minuten sitzen, dann spaziere ich die Straßen hinunter zum Union Square, wo ich in die Subway steige. Ich bin verwirrt. Wollte er mich tatsächlich verkuppeln? War das ein Date, oder war es nur ironisch gemeint, dass ich ihn zum Mittagessen treffen soll?

Ich erzähle Megan von dem Date. Der habe sicher Interesse an mir, ist ihr Fazit, sonst hätte er mich nicht treffen wollen. Aber wenn er keinen Mut habe, von der Ironieschiene wegzukommen, dann sei der nichts. »Dann hat er keine Eier!« Ich wende ein, dass ich ja auch nicht besser war. »Das ist doch egal. Du bist die Frau«, findet sie. In New York sind die Rollen beim Daten klar aufgeteilt. Der Mann agiert, die Frau reagiert. Die Frau muss nie die Initiative ergreifen, falsch, sie darf nicht, sie würde damit nur Verwirrung stiften. Sie muss nicht selber handeln, sie muss dem Mann nur Raum geben, damit er sich beweisen, die Frau beeindrucken kann. Dass ich hier viel dem Mann überlassen kann und muss, ist mir schon mehrmals aufgefallen, und es ist, zugegeben, ziemlich angenehm. Irgendwie aber auch eher passiv.

Matt und ich schicken uns noch weitere Nachrichten. Sie drehen sich mehrheitlich um mein Vorhaben, einen reichen Banker zu treffen. Ich weiß nicht, wie ich das deuten soll. Ich habe nichts gegen Männer, die gerne ironisch sind. Im Gegenteil. Wenn man sich gut kennt, ist Ironie das Salz in Gesprächen. Ich glaube sogar, dass ich nie mit einem Mann zusammen sein könnte, der meine Ironie nicht versteht. Dass Matt auf meinen blöden Spruch mit dem Banker einging, fand ich sehr lustig. Er spielte sofort mit. Es schien, als hätten wir den gleichen Sinn für Ironie. Aber funktioniert Ironie beim Kennenlernen? Oder gerät man damit in eine Sackgasse? Jetzt plötzlich den Ton zu ändern, käme mir komisch vor. Würde ich schreiben, dass ich es schön fand, ihn getroffen zu haben, würde das überhaupt nicht passen. Das wäre ein totaler Stilbruch. Und wenn ich ehrlich bin, fehlt mir dazu auch einfach der Mut.

Ein paar Tage nach dem Treffen mit Matt sitze ich mit meiner Mitbewohnerin in unserer Miniküche. Wir trinken italienischen Rotwein und reden über Männer und die Liebe. Ich erzähle ihr von dem Lunch-Treffen mit Matt. Sie findet, ich solle nicht mehr über ihn nachdenken. Das sei doch kein gutes Zeichen, wenn man sich so gar nicht sicher sei, ob einer Interesse habe. Ich stimme ihr zu. »Du hast recht. So sollte es nicht anfangen.« Sie überredet mich, mich auf Tinder anzumelden. Diese Dating-App hätten hier alle. Oder OKCupid. Da muss man noch Fragen beantworten, um zu sehen, wie viele Gemeinsamkeiten, ähnliche Ansichten man mit jemandem hat. Manche haben auch noch etwas, das heißt Coffee meets Bagel, da kriegt man jeden Tag nur einen Vorschlag. Vielflieger benutzen Wingman, eine Plattform, auf der man sieht, welche Singles ebenfalls gerade am Flughafen warten müssen. Dating-Apps gibt es unzählige, aber Tinder ist am populärsten, am größten: Weltweit sind fünfzig Millionen Leute auf der Plattform.

Bisher war ich skeptisch. In der Schweiz hat Tinder keinen besonders guten Ruf. Vielleicht ist es auch noch nicht so bekannt wie hier. Ich hatte jedenfalls das Gefühl, dass vor allem Leute auf Tinder sind, die im realen Leben Schwierigkeiten haben, jemanden kennenzulernen. Oder solche, die einfach möglichst schnell zu einem One-Night-Stand kommen wollen. Irgendwie war mir auch diese Wegwisch-Methode suspekt. Ich fand sie brutal. Meine Mitbewohnerin sieht das anders. »Mein Chef hat gerade eine Frau geheiratet, die hat er auf Tinder kennengelernt«, sagt sie. Auf der Hochzeitseinladung stand: »So glad we swiped right!«

Wischt man das Foto nach rechts, heißt das, man findet die Person gut. Nach links, man will sie nicht sehen. Wischen beide nach rechts, öffnet sich ein Fenster, und man kann eine Konversation starten. Ein Profil habe ich schnell. Ich lade ein paar Facebook-Fotos hoch, schreibe dazu: »From Switzerland.« Und in Klammer: »I hate dogs.«

Dann wische ich los. Es ist, als würde ich durch eine riesige Kartei blättern. Ich fühle mich ein bisschen wie die Jury von »Germany's Next Topmodel«. Nur ich entscheide, ob jemand gut aussieht oder nicht. Nur meine Meinung zählt. Die Auswahl ist immens. Egal, wie oft ich wische, es steht immer ein nächster Kandidat in der virtuellen Schlange. Dass unter all den Männern einer dabei ist, der mir richtig gut gefällt, das ist rein mathematisch nur logisch.

Eine Stunde später liege ich immer noch auf meinem Bett und wische und wische. Die App hat Suchtpotenzial. Ich bin völlig fasziniert. Natürlich gefallen mir viele dieser Männer nicht. Männer, die auf jedem Bild ihren Hund mit dabeihaben, wische ich weg, ich mag ja keine Hunde. Männer, die nur Comiczeichnungen zeigen und keine richtigen Fotos, lasse ich auch nach links verschwinden. Und solche, die mit vielen anderen Männern auf dem Foto sind, so dass man deshalb nicht weiß, wer gemeint ist, ebenfalls.

Aber es gibt auch Männer, die ich attraktiv finde und deren Profilbeschreibung ansprechend ist. Schnell habe ich die ersten Matches, es öffnet sich Fenster an Fenster. Die Begrüßungen sind manchmal plump (»Hot girl! Wanna fuck?«), manchmal nett (»Hallo Yvonne! Ich mag deine Locken! Wie geht's dir heute?«), manchmal kommt auch gar nichts. Davor wurde ich gewarnt, es gäbe Männer, die hätten Tinder nur, um zu sehen, wie viele Frauen sie gut fänden. Ich kann das ein bisschen verstehen, für das Ego kann so eine App sehr schmeichelhaft sein.

Ich verabrede mich für den übernächsten Tag mit Gal. Die Art, wie er schrieb, klang nett, und er schlug als Treffpunkt ein Café in meiner Nähe und als Zeitpunkt nachmittags um drei vor. Das beruhigte mich. So kann er mich schlecht kidnappen. Und wenn es komisch ist, bin ich schnell wieder zu Hause.

Vor dem Treffen mit Gal bin ich nervös. Mein letztes (fast) Blind Date liegt zehn Jahre zurück. Es war eines meiner ersten

Dates, ich traf einen Freund eines Freundes im Zürcher Hauptbahnhof unter der großen Uhr. Ich hatte vorher nur ein Foto von ihm gesehen, war aber sofort verknallt – glaubte ich jedenfalls. Wir gingen zu McDonalds und aßen einen Cheeseburger. Schweigend. Wir hatten uns nichts zu erzählen. Das Date war, kurz gesagt, eine Katastrophe. Aber ich war ja noch jung, knapp 17 Jahre alt.

Auf den Bildern sah Gal hübsch aus. Längere dunkle Haare, eine große Nase, Dreitagebart, blaue Augen. Ich erkenne ihn sofort, aber nicht, weil er aussieht, wie ich dachte, dass er aussieht, sondern weil er alleine vor dem Café wartet und auf mich zugeht, als er mich kommen sieht. Seine Haare kleben an seinem Kopf. Mittelscheitel. Die Wangen glatt rasiert. Noch bevor wir ins Café reingehen, er hat das »Toby's Estate Coffee« in Williamsburg vorgeschlagen, fragt er mich, woher ich sei. »Aus der Schweiz«, sage ich. »Und du?« Es wirkt, als hätte er schon auf die Gegenfrage gewartet. »Ich bin jüdisch«, sagt er schnell. Ich verstehe nicht. Heißt das, er ist aus Israel? Ich traue mich nicht zu fragen – aber wie weiß ich, woher jemand ist, der als Nationalität »jüdisch« nennt? Später erfahre ich, dass er in Ohio aufgewachsen ist und seit zwei Jahren in New York lebt.

Wir bestellen zwei Cappuccinos, er bezahlt, wir setzen uns an einen Tisch, an dem schon eine junge Frau mit Laptop arbeitet. Ich frage Gal, was er beruflich mache, und ärgere mich sofort, dass ich schon so früh nach dem Job frage. Typisch schweizerisch! Ihn scheint das aber nicht zu stören. Es wirkt auch jetzt so, als hätte er auf die Frage gewartet. Sehr detailliert erzählt er, wie er das Vermögen eines reichen Mannes verwaltet. Derzeit interessiert er sich für Aktien des Vergnügungsparks Sea World in Florida. Ich habe mal einen Dokumentarfilm über die Schwertwale in dieser Anlage gesehen. Die habe doch einen schlechten Ruf, sage ich. Er hält mir einen Vortrag, dass ich nicht gegen einen Freizeitpark mit Seetieren sein könne, wenn ich in Zoos gehen würde. Das sei das Gleiche. Und überhaupt, warum sei es okay, einen Hund zu halten, aber keinen Haifisch? Ich stottere irgendwas, aber meine Argumente sind nicht durchdacht. Das scheint ihn anzustacheln. Ich muss zugeben, dass ich mir darüber noch nie so genau Gedanken gemacht habe. Aber ich habe gerade auch keine Lust, mit ihm über solche Dinge zu reden. Ich versuche, das Thema zu wechseln. Was er in seiner Freizeit mache, frage ich. Gal nimmt Gesangsstunden. Ich bin erleichtert. Endlich! Eine Gemeinsamkeit. Was er so singe, frage ich. »Opern«, sagt er, »willst du was hören?« Ohne eine Antwort abzuwarten, fängt er an zu singen! Irgendein italienisch klingendes Stück. Seine Stimme ist nicht schlecht. Aber wir sind in einem Café! Ich schwanke zwischen Belustigt- und Peinlich-berührt-Sein, bin aber nach dem Lied der Meinung, dass es Zeit wäre, das Date abzubrechen. Ich müsse gehen, sage ich. Noch bevor ich zu Hause bin, bekomme ich eine SMS mit einem Link. Ein langer Artikel zu »Sea World«. Dazu schreibt Gal: »Bin gespannt, was du dazu denkst! Wir können, wenn wir uns das nächste Mal sehen, darüber reden.« Ich bedanke mich und denke: Ein nächstes Mal wird es nicht geben.

Ein nächstes Mal Tinder aber schon. Ich habe die App ja gerade erst entdeckt. Auch wenn das Treffen mit Gal eher ein Reinfall war, auf diese Weise Männer kennenzulernen, finde ich irgendwie aufregend. New York empfand ich schon vorher als optimale Datingstadt, aber mit der App haben sich die Möglichkeiten vervielfacht.

Von: Yvonne Eisenring
An: Corinne Eisenring
Datum: 26. März 2015 um 17:23 Uhr

Betreff: Das Datingkarussell New York

Jetzt hatte ich gerade mein drittes Tinder-Date. Mit Jeff. Einem Fotografen aus Kalifornien. Seine Haare sehen aus wie meine, er hat sogar fast die schöneren Locken, einfach

kürzer und braun. Wir gingen in den Central Park. Fand ich
gut. Ich muss ja nicht ständig in Cafés oder Bars. Jeff war
lustig. Nicht, weil er lustige Sachen sagte. Seine Art war
lustig. Es war irgendwie, als hätte er vorher überlegt, was
er sagen, welche Sprüche er machen will. Es wirkte alles so
einstudiert, ein bisschen hölzern. Manchmal passten seine
Aussagen gar nicht in den Kontext. Und er sagte ständig:
»Oh yes! Let's do it!« Also zum Beispiel nachdem wir entschieden haben, in welche Richtung wir spazieren sollen
oder dass wir ein Eis essen gehen wollen. Er klang wie ein
Animator auf einem Kreuzfahrtschiff. Als müsste er mich
bei Laune halten. Fast künstlich euphorisch. Ich fand es
irgendwann ein bisschen anstrengend. Ich will ihn jedenfalls nicht wiedersehen, aber ich fand das Date trotzdem
gut, also lustig.
Vorgestern Nachmittag habe ich mich mit Jakob getroffen.
Ich habe dir ein Foto von ihm geschickt. Der mit den langen
Haaren und dem Schnauz. Du hast geschrieben, das sei doch
überhaupt nicht mein Typ. Und du hattest recht. Er war
überhaupt nicht mein Typ. Aber ich fand sein Tinder-Profil
irgendwie interessant. Und er war auch in der Realität
sehr interessant. Wir trafen uns beim Eingang zum Hudson
River Park. Das ist in der Upper West Side, gleich am Wasser. Er lebt in Harlem. Ich wohne ja zurzeit in Williamsburg. Der Park war für uns beide etwa gleich weit weg. Wir
saßen auf einer Bank und tranken seinen mitgebrachten
Weißwein. Das ist eigentlich illegal. In einem Park sitzen
und Alkohol trinken. Man darf ja in Amerika nicht öffent-
lich trinken. Jakob und ich hatten uns um zwei getroffen.
Um sechs saßen wir noch immer im Park und unterhielten
uns. Ich fand ihn super, was er sagte, wie er dachte, seine
Einstellung, alles. Seine Meinung ist, dass Job und Freizeit in einem guten Verhältnis stehen müssen. Deshalb

arbeite er nur so viel wie nötig. Er macht 3D-Animationen, damit verdiene man viel Geld. Im Winter verlässt er für drei Monate die USA und geht auf Reisen. Oder er jobbt als Kitesurf-Instrukteur in Florida. Er ist ursprünglich aus der Ukraine. Seine Familie ist nach Amerika geflüchtet, als er noch klein war. Er war anders als die Amerikaner, die ich bisher traf. Es wirkte fast, als sei ihm sein Erfolg unangenehm.

Als es dunkel wurde, setzten wir uns ins »Boat Basin Café«, das ist ein Restaurant mit Bar gleich am Wasser. Wir teilten ein paar Vorspeisen und noch eine Flasche Wein, jeder zahlte die Hälfte der Rechnung. Danach gingen wir weiter ins »Jake's Dilemma«, ein schummriges Lokal an der Amsterdam Avenue. Da blieben wir bis morgens um drei. Es wurde nie komisch. Nie unangenehm. Es gab aber auch keine Spannung zwischen uns. Ich glaube, Jakob hätte noch länger bleiben wollen. Aber um drei wollte ich gehen, ich war unglaublich müde. Wir küssten uns nicht. Das wäre, wie wenn ich mit einem guten, langjährigen Freund knutschen würde. Jedenfalls für mich. Ich habe ihn natürlich nicht gefragt, ob er sich mehr erhofft habe. Aber ich glaube, er fand es ebenfalls gut so. Er hat sich erst gerade von seiner Freundin getrennt. Irgendwie wirkte er noch sehr »besetzt«, als wäre er gar nicht bereit für jemand Neues.

Vielleicht war es deshalb so ein gutes Date. Weil keine Anziehung da war. Ich würde ihn gerne wiedersehen. Ich fand es spannend, mit ihm Zeit zu verbringen. Aber er muss nächste Woche für zwei Wochen nach Chicago. Vielleicht treffen wir uns, wenn er zurück ist.

Die anderen zwei Typen von Tinder, Gal und Jeff, muss ich kein zweites Mal sehen. Aber ich bereue nicht, sie getroffen zu haben. Ich würde auch sofort wieder jemanden treffen, den ich auf Tinder kennenlerne. Tinder ist toll. Echt!

Die ganze Versuchsanlage ist gut. Man konzentriert sich nicht auf jemanden, man sucht »großflächig«. Das wirkt unehrlich, ist es aber nicht. Finde ich jedenfalls. Man weiß ja, wo man die andere Person kennengelernt hat, man kann also davon ausgehen, dass sie aufgeschlossen ist. Ich bin sicher, die meisten, die auf Tinder sind, machen es wie ich und treffen gleichzeitig mehrere Personen. Das klingt nicht schön, nimmt dem Ganzen aber den Druck. Und es macht Dates sehr unkompliziert. Es ist nicht schlimm, wenn man sich nicht wahnsinnig toll findet, wenn es nur bei einem ersten Date bleibt. Ich glaube, es geht mehr um die Dates selber, nicht darum, was danach kommt.

Je länger ich hier bin, desto besser finde ich übrigens mein Experiment. Also, ich weiß noch nicht, wie ich mich verliebe und warum ich mich in jemanden verliebe. Aber ich stehe jeden Morgen auf und bin gespannt, was alles passieren wird, wen ich heute kennenlernen werde. Die Verabredungen sind in ihrer Gesamtheit wahnsinnig aufregend. Sie sind wie kleine Puzzleteile, die ein farbiges Ganzes geben. Die Quantität hat etwas Reizvolles. Ich verstehe immer besser, warum man sich nicht festlegen, sondern viele Dates haben will.

Ich weiß nicht, ob man sich in diesem Datingparadies überhaupt noch verlieben kann. Vielleicht will man es auch gar nicht. Wenn ich ehrlich bin, je länger ich hier bin, je öfter ich mich verabrede, desto weniger will ich mich verlieben. Ich bin völlig berauscht von diesem New Yorker Leben. Ich will gar nicht stehen bleiben. Ich will mich gar nicht festlegen. Ich will am liebsten immer so weitermachen.

Das klingt schrecklich, nicht? Denkst du, ich bin irgendwann so eingenommen von dem vielen Daten, dass ich mich tatsächlich nicht mehr verlieben kann? Werde ich, weil ich

dieses Jahr so aufregend finde und nie mehr etwas anderes
haben will, ewig Single bleiben?

Schlaf gut!
Pfpf

PS. Am Samstag fliege ich nach Miami. Telefonieren wir vorher noch?

Ich war nur kurz in Miami. Knapp fünf Tage.

Zum Glück nicht länger. Ich bin froh, wieder in New York
zu sein.

Miami gefiel mir nicht. Ich fühlte mich, egal wo ich war, in
einer Bar, am Strand, im Hotel, immer ein wenig unwohl und
deplatziert. Vielleicht war ich auch nur neidisch. Wenn ich ehrlich
bin, war ich wohl neidisch. Die Frauen waren alle knackig und
braungebrannt, ihre Körperchen steckten in kleinen Bikinis, die
nirgends einschnitten und ihre Formen besonders gut zur Geltung
brachten. Alle sahen lässig-locker aus, als wären sie von einer anderen Gattung Mensch, als würden sie sich in einer anderen Liga
bewegen.

Ich reiste für den Geburtstag eines Freundes nach Florida. Er
verbrachte nur das Wochenende in Miami. Ich beschloss, noch
zwei Tage länger zu bleiben, weil ich ja Zeit hatte und nicht ahnen
konnte, dass ich im Gegensatz zu all den Leuten, die in Begeiste-
rungsstürme ausbrechen, wenn sie das Wort »Miami« hören, den
Ort nicht mögen würde.

Auch die Männer gefielen mir nicht. Sie waren mir zu muskulös und zu aufdringlich. Gar nicht mein Geschmack. Ich hatte
trotzdem ein kurzes Date. Ein, wie mir schien, eher junger Typ
sprach mich an, als ich kurz vor Sonnenuntergang an den Strand
lief. Er hatte schulterlange Haare und auf den Armen unzählige

Tattoos. Woher ich sei, was ich mache, warum ich hier sei, ich sei ein »unicorn«, ein Einhorn – mit meinen roten Haaren und der hellen Haut. Er wirkte ehrlich überrascht und aufgeregt, dass er mich gerade entdeckt hatte. »Ich muss dich kennenlernen. Darf ich dich auf einen Drink einladen?«, fragte er nach wenigen Minuten. Ich ließ mir seine Nummer geben und ging zurück ins Hotel. Ich war unsicher, ob ich ihn treffen wollte. Er war mir zu protzig und zu stürmisch, aber seine Begeisterung für mein Aussehen und sein Enthusiasmus gefielen mir. Meine Neugier und mein geschmeicheltes Ego siegten. Ich schickte ihm eine Nachricht, er schrieb sofort zurück: »Du meldest dich!!! Heute ist mein Glückstag, oh my God!« – »Beruhige dich«, antwortete ich und schämte mich sofort, weil mein Satz unglaublich überheblich klang. Ihn schreckte das aber nicht ab.

Zwei Stunden später saßen wir in einer Bar, fünfzig Meter von meinem Hotel entfernt. Er erzählte, dass er lange bei der Armee gewesen sei, bei der Luftwaffe, vor einem Jahr seinen Dienst beendet habe und nun eine Hanfplantage besitze. Er ist 27 und lebt in Colorado. Mit dem Verkauf von Gras mache er richtig viel Geld. Ob er selber kiffe, fragte ich. »Den ganzen Tag, klar.« Er erzählte ungefragt, dass er schon einmal verlobt war, jetzt aber auf die Richtige warte. »Ich suche das Einhorn!«

Nach einer Stunde schaute ich das erste Mal auf die Uhr. Ich fand unsere Unterhaltung nicht besonders spannend. Er sah das anders: Er müsse mich unbedingt wiedersehen. Er käme mich in New York besuchen. Ich nickte nur, überzeugt, dass es eh nicht so weit kommen würde. Er schickte mir noch in der Bar eine Facebook-Anfrage, so wollte er in Kontakt bleiben. Er umarmte mich lange zum Abschied und küsste mich auf die Wange. Er roch nach einem süßlichen Parfüm und, logisch, nach Gras.

Wieder zu Hause, klickte ich auf sein Facebook-Profil. Auf fast allen Bildern war er mit einer blonden Frau zu sehen. Die Frau kommentierte auch jedes seiner Fotos mit Liebesschwüren und

Herzchen-Symbolen. »Du hast ja eine Freundin!«, schrieb ich ihm per SMS. Er antwortete sofort: »Wie kommst du darauf? Sicher nicht!« Ich schrieb zurück, dass man das doch auf seinem Facebook-Profil sehe. Er reagierte wütend: »So ein Bullshit! Aber glaub doch, was du willst! Dein Problem!« Zwei Minuten später hatte er mich auf Facebook gesperrt.

Mich überraschte diese Reaktion. Irgendwie war auch mein Stolz verletzt. Es störte mich nicht, dass er eine Freundin hatte, er interessierte mich ja nicht besonders. Mich störte, dass ich ihm geglaubt hatte. Dass ich ihm geglaubt hatte, was er mir zu sein vorgaukelte. Ich hatte geglaubt, dass er Single war. Ich wäre gar nicht auf die Idee gekommen, dass er mich anlügen könnte.

Ich zweifelte plötzlich ganz allgemein: Täuschte ich mich öfter? War ich naiv? Wie viele der Typen, die ich bisher getroffen hatte, waren in Wahrheit in einer Beziehung? Und auch wenn sie Single waren: Wie viel von dem, was sie mir erzählten, war die Wahrheit? Ich ging im Kopf nochmals die Dates durch. War keiner dieser Männer wirklich ehrlich zu mir? Hatte ich einen Haufen Schauspieler getroffen? Diese Männer von Tinder, aber auch die, die ich in einer Bar kennenlernte, konnten mir ja irgendetwas erzählen. Sie hätten eine Rolle spielen können, hätten mir vorspielen können, etwas zu sein, das sie gar nicht sind. Vielleicht wollten sie nur Bestätigung. Vielleicht sagten sie all die Dinge nur, um zu gefallen. Es war das erste Mal, seit ich auf dem Datingkarussell Platz genommen hatte, dass mir der Fahrtwind so heftig ins Gesicht blies. Zum ersten Mal wünschte ich, das Karussell würde sich langsamer drehen. Oder sogar kurz stehen bleiben.

Zurück in New York, hatte ich die ersten Tage keine Dates. Ich musste mich von dem Dämpfer in Miami erholen. Und ich musste umziehen. Die Zeit in Williamsburg war vorbei, ich brauchte etwas Neues. Ich hatte Glück, ich durfte in die Wohnung einer Arbeitskollegin von Megan einziehen, die einen Monat in San Francisco arbeitet und froh ist, wenn jemand ihre Katze

Simba füttert. Mein neues Zuhause ist großartig. Ich wohne im East Village neben dem Tompkins Square Park. Meine Wohnung liegt im 17. Stock und ich habe eine eigene Waschmaschine. Und: Das Gebäude hat eine riesige, für alle Bewohner zugängliche Dachterrasse.

Seit zwei Wochen wohne ich nun im neuen Haus, und seit fast zwei Wochen verbringe ich die meiste Zeit mit Ben. Ben wohnt zwei Stockwerke unter mir. Er ist Model-Slash-Schauspieler-Slash-Künstler und hat gerade eine ruhige Phase, wie er es nennt. Wir sind Freunde. So irgendwie. Amerikaner würden uns als »Friends with benefits«, als »Freunde mit gewissen Vorzügen« bezeichnen. Das ist weniger als eine Beziehung, aber mehr als eine Freundschaft. Eigentlich ist diese Art von Verhältnis zum Scheitern verurteilt. Einer verliebt sich, der andere nicht. Einer leidet, der andere geht. Oder beide verlieben sich, dann ist es wie im Film, dann gibt es ein Happy End. Aber das passiert fast nur in Hollywood. Das richtige Leben verläuft ja selten nach Drehbuch.

Ich lernte Ben an meinem zweiten Abend in der neuen Wohnung kennen. Ich ging mit Megan auf die Terrasse, wir tranken Rotwein und aßen Salzstangen. Es war schon dunkel, als sich ein Typ zu uns an den langen Tisch setzte. Er war groß, vermutlich fast zwei Meter. Er hatte schwarzes, kurzes Haar, dunkle Haut und weiße Zähne. Seine Mutter war aus Jamaica, sein Vater aus Houston. »Ich bin Ben«, stellte er sich vor und reichte mir die Hand. Ich fand das sehr höflich, fast vornehm. Fremde begrüßen mich sonst meist nur mit einem Kopfnicken. »Freut mich! Yvonne.« Meinen Namen sprach er wie alle Amerikaner aus: Iwaaan. Er begrüßte die beiden Frauen, zwei Models, die ebenfalls am Tisch saßen, dann wandte er sich an mich. Ob ich hier wohnen würde, woher ich käme, was ich mache. Sein Interesse an mir überraschte mich. Ich hatte irgendwie angenommen, er würde sich auf die bildschönen Blondinen konzentrieren, die er anscheinend schon kannte. Aber mit ihnen redete er kein Wort. (Er fand sie langweilig und zickig, erfuhr ich später.) Ich war wohl so misstrauisch, weil ich ihm, ohne es zu merken, Oberflächlichkeit unterstellte. Wenn ich ehrlich bin, fand ich ihn schlicht zu schön für mich. Ich fand ihn so unglaublich gut aussehend, dass ich nicht glauben konnte, dass er die anderen, besser aussehenden Frauen wegen mir links liegen ließ.

Wir trafen uns am nächsten Abend erneut auf der Terrasse, er erzählte vom Modebusiness und von seinen Freunden. Die Namen, die er erwähnte, kannte ich von Filmen und Zeitschriften, ich traute mich aber nicht zu fragen, wie sie »so in echt sind«, obwohl es mich interessiert hätte. Im Gegensatz zu anderen Leuten aus dieser Szene jammerte er nicht. Er schien den ganzen Zirkus zu akzeptieren, sogar zu mögen, auch wenn er fand, dass vieles unehrlich und eigenartig war. Dass er nicht in dieses allgemeine Wehklagen – »das Showbusiness ist ja so viel Show, blabla« – einfiel, sondern dass ihm auch bewusst war, dass es ein Privileg ist, sich in dieser Welt bewegen zu dürfen, das mochte ich. Wir verabredeten uns für den darauffolgenden Abend.

Auf den dritten Abend folgte ein vierter, dann ein fünfter. Wir freundeten uns an. So irgendwie. Jetzt sind zwei Wochen vergangen, und wenn ich nicht unterwegs bin, bin ich bei Ben. Seine Wohnung ist zwar kleiner, aber er hat eine Katzenallergie, deshalb sind wir nicht bei mir. Wir verhalten uns, als würden wir uns ewig kennen. Manchmal sitze ich bei ihm auf dem Bett und lese, er schaut neben mir fern, und ich muss lachen, weil ich die Situation so absurd finde. Vor zwei Wochen ging ich noch fast täglich auf Dates, jetzt bin ich plötzlich häuslich? Aber ich habe gerade keine Lust, neue Männer kennenzulernen. Allein der Gedanke daran dünkt mich anstrengend. Ich bin gerne in Bens Nähe. Es ist, als könnte ich kurz durchatmen. Als hätte ich kurz auf die Pause-Taste gedrückt. Vielleicht genießen wir auch, was wir haben, weil wir trotz der Nähe nicht allzu stark involviert sind, weil es uns emotional nicht zu viel abverlangt. Wir sind Freunde. Und wir haben nicht vor, das zu ändern.

Wir haben auch fast keine Gemeinsamkeiten. Er liest Ernährungsbücher, weil er wissen will, wie er seinen in meinen Augen perfekten Körper noch perfekter machen kann. Manchmal will er, dass ich von irgendeinem sehr grässlich schmeckenden Getränk probiere, das er selber gebraut hat und das besonders gesund sein soll. Er ernährt sich strikt gluten- und laktosefrei, und nach vier Uhr isst er keine Kohlenhydrate mehr. Zucker sucht man in seiner Wohnung vergeblich. Einmal wöchentlich schmiert er sich eine Algenmaske ins Gesicht. »Für feine Poren!«, wie er sagt. Ich finde Männer, die sich so sehr um ihr Aussehen bemühen, bald ein bisschen albern. Aber ich sage nichts dazu. Es ist offensichtlich, dass ich mich weniger mit diesen Themen beschäftige. Ich gehe zwar täglich joggen – meine neue Route ist entlang der East River Promenade –, und ich versuche mich halbwegs gesund zu ernähren, aber ich bin zu wenig diszipliniert, als dass ich die meiste Zeit nur Gemüse und Hähnchen essen könnte. Ich bin ein Genussmensch, Ben dagegen genießt den Verzicht. Ich finde es schön, gemeinsam beschwipst zu sein. Ben hat seit seinem 18. Geburtstag keinen Alkohol mehr getrunken.

Erstaunlicherweise steht er nicht auf Frauen, die sich, wie er, die meiste Zeit mit ihrem Aussehen und ihrem Körper beschäftigen. Über seine Modelpartnerinnen sagte er einmal: »Die sehen doch aus wie Buben, das sind Frauenköpfe auf Männerkörpern. Finde ich nicht erotisch!« Das war, nachdem er gesagt hatte, ich sähe aus wie eine Meerjungfrau, wie ich da in Unterwäsche auf seinem Sofa läge. Ich fühlte mich sofort (und grundlos) angegriffen. Ob er mir damit sagen wolle, ich sei zu dick. Er schaute mich entgeistert an, worauf ich erklärte, dass er doch ständig mit diesen superschlanken Frauen zu tun habe. »Nur weil ich mit diesen Frauen zu tun habe, heißt das nicht, dass ich das attraktiv finde«, sagte er, leicht genervt. Ich nickte und schämte mich, dass ich eine

Bemerkung, die eigentlich lieb gemeint war, so falsch, so »typisch Frau«, verstanden hatte.

Aber auch wenn wir uns gegenseitig attraktiv finden und gerne zusammen sind: Wir sind nicht verliebt. Wir interessieren uns nur bedingt für die Welt des anderen. Wohl deshalb gingen uns auch bald die Gesprächsthemen aus. Als das passierte, war für mich auch die letzte Hoffnung erloschen. Mein Leben ist Kommunikation. Liebe ohne Kommunikation ist für mich schlicht nicht möglich. Und obwohl mir das bewusst ist, obwohl ich weiß, dass ich mich nicht verlieben werde und dass Ben nicht verliebt ist: Wir wollen gerade beide nicht aufgeben, was wir haben. Weil es uns guttut. Weil wir gerne zu zweit sind. Und weil wir beide keine One-Night-Stands mögen.

Es ist Samstagabend, ich bin seit sechs Wochen in New York, seit zwei Wochen in der Wohnung im East Village. Ich war mit einer Freundin aus Deutschland Sushi essen, jetzt fahren wir mit dem Lift in den obersten Stock meines Gebäudes. Wir reden über einen Datingratgeber, der in New York immer mal wieder Thema ist. Das Buch heißt »The Rules – Die Regeln« und enthält 34 Regeln, die man gemäß den Autorinnen befolgen muss, wenn man sich »den Mann des Lebens angeln will«. Es ist eigentlich eine Gebrauchsanweisung für Dates. Eine allgemeingültige Datinganleitung zu befolgen, finde ich per se schwierig, aber die Regeln sind auch noch altmodisch und weit entfernt von emanzipiert. Es wird gelehrt, dass man einen Mann nicht gleich zurückrufen und ein Date nach zwei Stunden beenden soll. Man darf nicht nach seiner Nummer fragen, nicht zu viel Interesse zeigen, man soll sich geheimnisvoll und rar machen. Wenn der Mann anruft, sagt man nach zehn Minuten, man müsse jetzt auflegen, man habe noch etwas Wichtiges zu tun – auch wenn das nicht stimmt. Und wenn einer am Donnerstag fragt, ob man am Samstag ausgehen will, dann verneint man, auch wenn man Lust und Zeit hätte, aber der Mann soll denken, man sei superbeschäftigt. Der Gedanke hinter diesen Regeln ist simpel: Ist eine Beute schwer zu kriegen, will sie umso mehr gejagt werden. Ich habe hier in New York jedenfalls ein paar Frauen getroffen, welche die Anweisungen dieses Datingratgebers befolgen. »Irgendwann sind die Männer hier zu oft mit Frauen ausgegangen, die diesen Ratgeber gelesen haben, und deshalb verunsichert, wenn jemand nicht nach dessen Regeln spielt«, sagt meine Freundin. Aber, erwidere ich, wenn man einen Mann wegen dieser Regeln für sich gewinne, sei er doch nicht in die ehrliche Version verliebt. Und das könne man ja auch nicht wollen.

Auf der Terrasse angekommen, diskutieren wir weiter über dieses Thema und merken im ersten Moment nicht, dass hier eigentlich eine Privatparty stattfindet. »Seid ihr Freunde von Marc oder wen kennt ihr?«, fragt uns ein Typ mit aschblonden Haaren. Wir schauen ihn irritiert an. Ich würde hier wohnen, erkläre ich. Und deshalb könne ich seine Party crashen, fragt der Typ und schaut mich belustigt an. Ich stammle eine Entschuldigung. Sei ja alles gut, sagt er. »Ihr könnt gerne bleiben!« Er heiße John, sagt er. »Und du?« Eine Sekunde vergeht, zwei, drei. Yvonne klingt so blöd auf Englisch, überlege ich. So männlich. Iwan. Ich brauche etwas anderes, etwas Cooleres. »Ivy«, sage ich endlich. Er lacht. »Du heißt sicher nicht Ivy!« Kein Mensch würde so lange darüber nachdenken, wie er heiße, sagt er. Mein Kopf glüht. Zum Glück ist es schon dunkel. Ich sage ihm meinen richtigen Namen, er nickt und schiebt uns durch die Menge zu einem langen Tisch. Auf dem Tisch stehen verschiedene Schüsseln mit Guacamole. Einmal im Jahr würden seine Freunde und er einen Wettkampf um den besten Avocado-Dip machen. Er drückt uns einen Zettel in die Hand, diesen müssten wir ausfüllen und abgeben. Unsere Meinung sei wichtig. Wir seien die internationale Jury. Während meine Freundin und ich Tortilla-Chips in die Guacamole dippen und die verschiedenen Kriterien ausfüllen – neben Geschmack und Aussehen muss man auch bewerten, ob man in der »Guac« baden oder sein Gesicht damit einreiben würde –, während wir uns durchprobieren, versuche ich möglichst unauffällig, John zu beobachten. John geht von einer Gruppe zur nächsten, er ist wohl der Organisator dieser Party. Alle kennen ihn. Er kennt alle. Er wirkt entspannt und selbstsicher. Nachdem wir den Zettel ausgefüllt haben, unterhalten wir uns mit anderen Gästen, ich nehme aber nicht richtig an den Gesprächen teil. Ich will nicht zu beschäftigt wirken, so dass John sich nicht traut, mit mir zu reden. Ich darf aber auch nicht unbeschäftigt wirken, denke ich. Nicht dass es aussieht, als würde ich nur darauf warten, dass er mit mir spricht. Irgendwann stellt er sich neben mich. Wir reden. Ich finde ihn sehr lustig. Mich hingegen finde ich sehr unlustig. Was ist nur los? Wo ist mein Zynismus? Mein Humor? Ich finde John hübsch, aber nicht so wahnsinnig gut aussehend wie Ben. Er hat blonde Haare, das gefällt mir sonst nie, ein sehr breites Lachen und eine große Nase. Wenn er grinst, zieht er die Lippen hoch. Ob ich noch etwas trinken wolle, fragt er irgendwann. Ich nicke. Er müsse aber kurz Nachschub holen gehen. John wohnt ebenfalls im Gebäude. Ich überlege, warum ich ihm noch nie über den Weg gelaufen bin. Aber das ist eigentlich nicht schwierig. Das Gebäude hat 24 Stockwerke und auf jedem sind sechs Wohnungen. Nach einer halben Stunde ist er noch nicht zurück. Es ist kurz nach eins, meine Freundin will weiter, ich würde gerne noch bleiben, aber ich habe ihr versprochen, dass wir nur kurz auf die Terrasse gehen. Für »kurz« sind wir eh schon zu lange geblieben. Wir warten auf den Lift. »Geht ihr schon?« John und ein paar seiner Freunde kommen die Treppe hoch. Er solle doch mitkommen, schlage ich ihm vor. Das würde er sehr gerne, aber er könne seine eigene Party nicht vorzeitig verlassen. »Gib mir deine Nummer, ich ruf dich an, wenn wir hier fertig sind«, sagt er dann. Ich tippe meine Nummer in sein Handy und kontrolliere zweimal, dass ich sie auch richtig eingetippt habe. Vier Stunden später liege ich im Bett, wir waren in einem Klub, den ich zu laut und zu heiß fand, aber vermutlich war ich auch zu kritisch, weil ich gar nicht hingehen wollte. John hat nicht angerufen. Vielleicht meldet er sich morgen, überlege ich und schlafe ein.

Am nächsten Tag gehe ich in den Waschsalon neben dem Gebäude und wasche alle meine Kleider, sogar die Bettwäsche, obwohl ich in der Wohnung ja eine eigene Waschmaschine habe. Vielleicht muss John ja auch waschen, ist meine Überlegung. Aber John wäscht heute nicht. Zu Hause gebe ich bei Facebook »John« und »New York« ein und muss über mich selber lachen. Aber ich weiß sonst nichts über ihn. Ich kenne nur seinen Namen und sein Alter, 27. Und er hat meine Nummer, ich habe seine nicht. Er wird sich schon melden, rede ich mir ein und bin froh, dass Ben die nächste Woche für ein Shooting in Paris ist. Irgendwie fände ich es seltsam, ihn zu sehen.

Von: Yvonne Eisenring
An: Corinne Eisenring
Datum: 23. April 2015 um 16:18 Uhr

Betreff: Was hat er, was andere nicht haben?

Ich habe dir ja von John erzählt, der große Blonde, den ich vor fünf Tagen auf der Dachterrasse kennengelernt habe. Mich beschäftigen zwei Dinge. Erstens: Warum meldet er sich nicht? Er hat mich ja nach meiner Nummer gefragt. Das hätte er doch nicht tun müssen, wenn er kein Interesse hätte. Und zweitens: Warum beschäftigt mich das so? Warum vergesse ich ihn nicht einfach? Ich bin doch sonst sehr gut darin, zu denken: »He's just not that into you«, wenn sich einer nicht meldet. Wenn ich glaube, der will einfach nicht, dann kühlt meine Begeisterung schnell wieder ab. Ich bin ja der Meinung, dass Liebe nicht mit einem Murks beginnen soll. Warum will ich diesmal nicht wahrhaben, dass er sich einfach nicht interessiert? Was hat er, was andere Männer, die ich kennengelernt habe, nicht hatten? Nun. Ich weiß es nicht. Ich weiß nicht, was er hat, das mir so gefällt. Er war lustig und nett, mir gefiel, wie er aussah, aber ich kenne ihn ja fast nicht. Ich vergleiche ihn mit den Männern, in die ich mich mal verliebt habe, und suche Gemeinsamkeiten. Die finde ich auch. Aber die fände ich auch bei anderen Männern.

Vielleicht gibt es gar keine Logik, vielleicht sind es gar nicht Komponenten wie Aussehen und Charakter, die dafür sorgen, dass man sich verliebt. Vielleicht ist es irgendetwas anderes.

Ich vermisse dich gerade sehr und freue mich, dass wir uns schon bald in Rom sehen!

Pfpfpf

Drei Tage später, es ist Sonntagnachmittag, ich komme gerade vom Einkaufen zurück – mein iPhone vibriert. »Hey, ich bin's, John. Dein Nachbar. Warst das gerade du im Supermarkt?« Ich versuche, mir vorzuspielen, dass es mich kalt lässt. »Ja, das war ich«, antworte ich knapp. »Ich finde, man sollte seine Nachbarn kennen. Gehen wir nächste Woche auf einen Drink?«, schreibt er und schlägt Dienstag und Donnerstag vor. Ich könne nur am Mittwoch, antworte ich. Er werde schauen, ob er seine Verabredung verschieben könne. Zehn Minuten später schreibt er, Mittwoch sei gut, er würde sich freuen. Am nächsten Tag kommt Ben aus Paris zurück. Wir sehen uns noch am gleichen Abend, und ich sage ihm, dass ich in Zukunft gerne auf die »Vorzüge« unserer »Freundschaft mit gewissen Vorzügen« verzichten möchte. Er reagiert gelassen.

John schlägt als Treffpunkt ein »Speakeasy« vor. Das ist eine Bar, die man als solche nicht gleich erkennt und die deshalb sehr populär ist. Um ins »Please don't tell« zu gelangen, muss man im Inneren der Imbissbude Criff Dogs durch eine Tür gehen, die wie eine Telefonkabine aussieht. John hat uns auf die Gästeliste setzen lassen. Sonst kämen wir nie rein, sagt er mir. Wir bekommen einen Platz an der Bar, und ich versuche, mich möglichst elegant auf den viel zu hohen Barhocker zu setzen. Ich bin nervös. Ich verschütte einen Teil meines Cocktails, weil ich das Glas zu hastig abstelle. Mein Englisch ist schlechter als sonst. Unser Gespräch ist ein typisches Erstes-Date-Gespräch. Ich erfahre, dass John in Buffalo, einer Stadt ganz im Norden des Staates New York, aufgewachsen ist. Dass er bei einer Marketing-Firma arbeitet, aber Anwalt werden will und dafür nochmals zur Schule geht. Als ich ihn frage, was typisch amerikanisch an ihm ist, sagt er, ohne lange nachzudenken: »Wie bei allen Amerikaner bin ich mein Lieblingsthema.« Ich muss lachen. Seine Antwort ist erfrischend ehrlich und – sehr wahr. Dazwischen reden wir viel unsinniges Zeug. Ich mag seinen Humor. Er nimmt sich selbst nicht so ernst. Erst um Mitternacht verlassen wir die Bar. Ich habe Hunger und bin angetrunken. Wir kaufen frische Dumplings an der St. Marks Street und gehen auf die Dachterrasse. Wir reden über Geschwister, und er erzählt, dass er daran denke, zurück nach Buffalo zu ziehen, einfach weil sein Bruder da wohne und er gern in seiner Nähe wäre. Für seinen Bruder organisierte er letzten Samstag auch die Guacamole-Party. Ich finde es schön, wenn ein Mann ein gutes Verhältnis zu seinen Geschwistern hat, wohl aus dem einfachen Grund, dass ich selber so eng mit meiner Schwester verbunden bin. Um zwei Uhr früh findet John, er müsse jetzt langsam schlafen gehen. Er müsse am nächsten Tag früh aufstehen. Ich würde noch länger auf der Dachterrasse bleiben, aber ich muss ja auch nicht arbeiten. Wie lange ich noch in New York bliebe, fragt er. Nur noch bis Samstag, sage ich. »Was? Warum hast du das nicht früher gesagt?« Er wirkt scho-

ckiert. Er wolle ein zweites Date. Ob ich Freitag schon etwas vor-
hätte. Ich habe eigentlich mit Megan abgemacht, denke ich. Aber
ich hoffe, sie ist einverstanden, wenn wir uns statt am Abend am
Nachmittag sehen. »Ich muss schauen, ob ich etwas verschieben
kann«, sage ich. Wir fahren mit dem Lift nach unten. Im 17. Stock
muss ich raus. John hält mich fest. Die Tür geht wieder zu. Er
nimmt meinen Kopf in beide Hände. Ein perfekter Kuss. Irgendwann setzt sich der Lift wieder in Bewegung, jemand hat gedrückt.
Als eine junge Frau einsteigt, schauen wir beide zu Boden. Der Lift
fährt hoch, John wohnt im fünften Stock, er steigt aus, drückt
leicht meine Hand. »Bis Freitag?« Er schaut mich fragend an. Ich
nicke. In meiner Wohnung setze ich mich aufs Sofa, ich bin erschöpft und aufgekratzt zugleich. Simba legt sich auf meinen
Schoß. Ich kraule ihn eine Stunde lang. Dann lege ich mich ins
Bett. Bis ich einschlafe, dauert es nochmals eine Stunde.

Am nächsten Morgen schickt mir John eine SMS. Wozu ich
Lust hätte, will er wissen. »Können wir ein ganz klassisch amerikanisches Date haben?«, schreibe ich zurück. Er werde sich etwas
überlegen. Am Abend schreibt er, wir würden bei der Bar des »Frying Pan« starten, mehr verrate er nicht. Nach dieser Nachricht
meldet er sich nicht mehr. Megan, die ich am Freitagnachmittag
treffe, ist deshalb überzeugt, dass John heute Abend nicht auftauchen wird. »Schreib ihm eine SMS, frag, ob noch alles okay sei für
heute Abend«, empfiehlt sie mir. Ich zögere. Ich will nicht misstrauisch sein. Und überhaupt, warum sollte er nicht kommen? »Er
ist New Yorker, Darling. Vielleicht ist ihm etwas dazwischengekommen, vielleicht hat er keine Lust mehr.« Ich entscheide mich
für eine, wie ich finde, elegantere Variante und frage, ob wir uns
ein paar Minuten später treffen könnten, ich sei verspätet. Er antwortet sofort: »Kein Problem, ich warte beim Eingang.« Ich zeige
Megan stolz seine Nachricht. »Siehst du, alles gut!« Ich brauche
eine Ewigkeit, bis ich mich entschieden habe, was ich anziehen
soll. Ich weiß ja nicht, was John geplant hat. Vielleicht gehen wir

edel essen. Vielleicht in eine alternative Bar. Ich probiere drei verschiedene Oberteile an und entscheide mich dann für mein Lieblings-Shirt, eine schwarze Hose und braune Stiefel.

Kurz nach sieben Uhr bin ich beim »Frying Pan«, einem Schiff am Hudson-Ufer, das zu einem Lokal umgebaut wurde. John lehnt lässig an der Bar. Er bestellt uns eine Karaffe weißen Sangria, wir setzen uns an ein Tischchen. Ob er eine Bucket List habe, frage ich. Eine Liste mit Dingen, die er einmal in seinem Leben gemacht haben will. In den USA hat jeder eine Bucket List. Manche haben sie sogar tatsächlich niedergeschrieben. Er wolle einmal die Schweizer Berge sehen. Ich lache. »Das sagst du jetzt nur, weil ich Schweizerin bin!« Er schüttelt energisch den Kopf. Ich könne seine Freunde fragen, er sei schon immer fasziniert gewesen von den Alpen. Sonst hätte er nicht viel auf der Liste stehen, sagt er. »Kinder. Ich will unbedingt Kinder haben. Am liebsten vier.« Erzählt ein Mann schon früh von seinem Kinderwunsch, kann mich das leicht panisch werden lassen, bei John stört es mich nicht. Wir reden darüber, wie wir aufgewachsen sind. John erzählt, dass er streng katholisch erzogen worden sei. Er besuche auch heute noch ab und zu einen Gottesdienst. Ich verschweige, dass ich nur für Hochzeiten und Beerdigungen in die Kirche gehe. Könnte ich mit einem Mann zusammen sein, der viel religiöser ist als ich? Ich habe keine Zeit, darüber nachzudenken, wir müssen weiter. Wohin wir gehen, verrät John noch immer nicht. Draußen fährt ein Auto vor. Ich staune. John muss irgendwann unauffällig ein »Uber Taxi« bestellt haben. Zehn Minuten später stehen wir vor einer riesigen Halle. »Bowling?« Ich lache. »Du wolltest doch ein typisch amerikanisches Date!« Ich weiß, dass Bowling als uncool gilt, aber ich finde es lustig, vor allem, wenn man in einer großen Gruppe spielt. Dass John eine Bahn nur für uns beide reserviert hat, finde ich jedoch gerade sehr gut. Zu meiner eigenen Überraschung gewinne ich das erste Spiel. Ob er auch einen Preis organisiert habe, frage ich, eine Bowlingkugel in der Hand. John macht einen Schritt auf mich zu und gibt mir einen Kuss. Das sei mein Gewinn. Das zweite Spiel verliere ich, John küsst mich wieder. Jetzt habe er gewonnen, deshalb bekomme er den Preis, erklärt er. Ich murmele etwas, das wie »doch ... ja, klar ... das macht Sinn« klingen soll. Ich fühle mich zehn Jahre jünger. John erinnert mich an einen Jungen aus diesen High-School-Filmen, die ich als Teenager im Kino gesehen habe. Seine lässige, lockere Art, sein gesundes Selbstbewusstsein, die hellen Augen und blonden Haare – so habe ich mir einen jungen Amerikaner immer vorgestellt.

John gewinnt auch die nächsten beiden Spiele und amüsiert sich, dass ich mich darüber aufrege. »Ich verliere einfach ungern«, sage ich, während wir mit dem Taxi ins East Village zurückfahren. Er hat einen Tisch im »Café Mogador« reserviert. Er überlässt mir das Bestellen, ich wähle fünf Mezze-Teller und eine Flasche Rotwein. Wir sitzen übers Eck, und bis das Essen kommt, knutschen wir, als wären wir 16. Irgendwann sage ich, dass ich es schade fände, morgen gehen zu müssen. Ob ich nicht länger bleiben könne, fragt John. Ich verneine. Für eine Reportage fahre ich mit dem Luxusschiff »Queen Mary 2« zurück nach Europa. Ich kann das Abreisedatum nicht mehr ändern, alles ist organisiert, ein Fotograf wurde auch schon verpflichtet. Und nach der Schifffahrt habe ich fünf Wochen Sprachkurs in Rom gebucht. Rom könne ich vielleicht noch absagen, überlege ich laut. John schüttelt den Kopf. »Du musst sicher nicht wegen mir deine Reisepläne ändern!« Er plane für Juli einen Road Trip durch die USA, sagt er, wenn ich Lust hätte, könne ich ja mitkommen. »Sehr gerne«, sage ich, ohne wirklich darüber nachzudenken. Wir beginnen, Pläne für den Sommer zu schmieden. Unsere Vorstellungen von einem Road Trip, das muss ich schnell merken, gehen weit auseinander. Er will jeden Tag große Strecken zurücklegen. Ich fahre nicht gerne lange Auto. Er will hauptsächlich im Freien campen. Ich würde lieber in Hotels übernachten. Aber das sage ich nicht. Das wird dann schon gut sein, überlege ich mir. Nach dem Essen gehen wir in seine

Wohnung und trinken Cognac. Dass ich Cognac gar nicht mag, habe ich vergessen.

Um sechs Uhr morgens schleiche ich mich aus seiner Wohnung, fahre mit dem Lift zwölf Stockwerke nach oben und fange an zu packen. Eine Stunde später klingelt John an meiner Tür. Er hat zwei Bagels in der Hand. Ich bin gerührt, aber vor allem traurig. Ich will nicht gehen. Nicht jetzt. Das sage ich auch. John scheint es nicht ganz so tragisch zu finden. Wir würden uns ja in zwei Monaten wiedersehen. Vielleicht ist das der »amerikanische Optimismus«, überlege ich, während mein Taxi zum Hafen von Brooklyn fährt.

Die Zeit auf der »Queen Mary 2« habe ich mir romantisch vorgestellt, aber ich habe mich getäuscht. Die anderen Gäste sind alle dreimal so alt wie ich. Und außer Essen und Trinken gibt es wenig zu tun. Während der Altantik-Überquerung muss ich zwei Fernsehgeschichten realisieren und zusätzlich eine große Reportage schreiben. Ich führe Interviews, mache Aufnahmen, dazwischen höre ich Katie Melua auf Repeat. Am meisten ärgert mich, dass mein Handy auf dem Schiff nicht funktioniert. Ich kann mich nicht bei John melden und er sich nicht bei mir. Nach neun Tagen kommen wir endlich in Hamburg an. Ich fliege noch am gleichen Abend weiter nach Rom.

Rom

Wir waren einmal mit der Schulklasse in Rom, da war ich 15, und was mir von der Stadt in Erinnerung blieb, waren die alten Steinhaufen, die es überall gab. Egal, wo man hingeht, man landet vor irgendeinem Monument, irgendwelchen Säulen. Dass ich trotzdem hier bin, ist das Ergebnis verschiedener Zufälle. Ich wollte schon immer einmal Italienisch lernen. Einen Sprachkurs in diesem Jahr zu absolvieren, war nur logisch und Italien sowieso ein Land, in dem ich eine Weile leben wollte. Dass ich mich für die Hauptstadt entschied, hatte vor allem mit Laura zu tun. Laura und ich waren während der Schulzeit eng befreundet, obwohl wir sehr unterschiedliche Typen waren. Aber uns verband ein ähnliches Schicksal: Ich war knapp 14, als mein Vater an einem Herzinfarkt starb, ein halbes Jahr später erlag ihre Mutter einem Krebsleiden. Wohl deshalb fühlte ich mich auch noch mit Laura verbunden, als wir fast keinen Kontakt mehr hatten. Nach der Matura studierte sie Medizin, ich ging zum Fernsehen. Ich meldete mich – weil ich das schon lange mal machen wollte – kurz vor meiner Abreise in Zürich bei ihr. Sie sei gerade in Rom, schrieb sie zurück. Drei Monate Italienisch lernen. Weil Laura so von der Schule, der Stadt und den Leuten schwärmte, buchte ich ebenfalls einen Sprachkurs.

Mein Leben in Rom ist »dolce vita« in Reinform. Jeden Morgen um neun Uhr spaziere ich mit dem Schulheft unter dem Arm von meiner Wohnung, einer Studenten-WG an der Via Cavour, zur Schule. Ich nehme streberhaft-aktiv am Unterricht teil und freue mich über jedes Lob. An den Nachmittagen gehen Laura und ich frische Pasta für fünf Euro essen, oder wir joggen (deutlich seltener, als wir Pasta essen gehen) durch die Parkanlage Villa Borghese. An den Abenden sitzen wir mit ihren Freunden oder anderen

Schülern in der Bar Ai tre Scalini und trinken Rotwein. Mein Alltag ist ruhiger und strukturierter als der in New York, aber mindestens so gut.

Dass ich trotzdem lieber nicht hier wäre, hat nur einen Grund: John. Täglich schickt er mir mehrere Nachrichten, täglich schicke ich mehrere Nachrichten zurück. Wir vermeiden große Worte, schreiben nichts von Sehnsucht oder Vermissen, das würde nicht zu uns passen. Wir erzählen Alltagsdinge und schicken uns Links von Tipps zu Destinationen, die wir auf dem Road Trip besuchen wollen. Einmal telefonierten wir via Skype. Aber weil das nicht wirklich gut klappte, wiederholen wir das seither nicht mehr. Das Gespräch geriet schnell ins Stocken. Wir hatten uns irgendwie nichts zu sagen. Er werde sich in den nächsten Tagen um unsere Route kümmern, beendete er nach einer halben Stunde die Unterhaltung. Ich hatte ein komisches Gefühl, wollte aber auch nicht überreagieren. Logisch sind wir uns fremd, wir kennen uns ja kaum, sagte ich mir.

Nach zwei von insgesamt fünf Wochen kommt meine Schwester für ein Wochenende nach Rom. Es ist, als hätte sie den richtigen Moment abgewartet. Wir sitzen im Restaurant Mariolina an der Via Panisperna und teilen das zweite Tiramisu. Mein Handy vibriert. John. »Das sieht toll aus!« Ist seine erste Nachricht. Eine Reaktion auf mein gestriges Foto, das Kolosseum bei Nacht. Fünf Minuten später schickt er eine weitere Nachricht. Ich lese sie und halte Corinne dann wortlos mein iPhone hin. John schreibt: »I have some difficult news. I recently started seeing a girl. Now I'm planning to do the road trip with her and I'm worried that the three of us together would feel awkward.« Corinne gibt mir das Handy zurück, und ich lese die Nachricht erneut. Ich versuche, sie irgendwie einzuordnen. John will jetzt plötzlich eine andere Frau mitnehmen? Auf den Road Trip? Er macht sich Sorgen, dass wir uns zu dritt komisch fühlen würden? Das sind tatsächlich »difficult news«.

Wie groß die Gefühle waren, weiß man ja meist erst, wenn etwas vorbei ist. Manchmal bläst man sie während des Zusammenseins auf, manchmal macht man sie kleiner. Die eigentliche Größe erkennt man oft erst, wenn ein Loch entstanden, ein Schmerz da ist. In diesem Fall ist der Schmerz kleiner als erwartet. Ich breche nicht in Tränen aus, ich bin erstaunlich ruhig. Ein bisschen habe ich damit gerechnet. Also nicht, dass plötzlich eine andere Frau auftaucht, aber seit dem Skype-Gespräch hatte ich ein ungutes Gefühl. John meldete sich nur noch jeden zweiten Tag, seine Sätze wurden kürzer, er schrieb nicht mehr von sich aus, sondern reagierte nur auf meine Nachrichten. Ich bin nicht total überrascht, aber weh tut es trotzdem. Ich habe mich auf die Reise gefreut. Ich habe mich auch gefreut, John besser kennenzulernen.

Wäre Corinne nicht bei mir in Rom, hätten mich die »difficult news« sicher härter getroffen. Eine große Schwester ist wie ein Auffangnetz. Egal, wie tief man fällt, man prallt nicht auf. Ich jammere einen Abend lang, zweifle und klage. Ich will Mitleid. Und bekomme es. Am nächsten Morgen sezieren wir die Geschichte. Wir zerlegen sie in Einzelteile, analysieren, diskutieren. Ich brauche nicht zwingend Antworten – es hilft schon, Fragen zu stellen. Warum will er plötzlich eine andere Frau mitnehmen? Wie konnte er sich so schnell anders entscheiden? Oder wollte er gar nie wirklich mit mir weg? Hatte er schon immer geplant, mit dieser Frau auf Reisen zu gehen? Aber war John wirklich, was ich wollte? Oder wollte ich einfach, dass ich ihn wollte? War ich unkritisch? Erst meldet er sich nicht – warum er sich nach der Guacamole-Party eine Woche lang nicht gemeldet hatte, werde ich nie erfahren –, dann bemüht er sich so: Hat mich das einfach verwirrt?

Megan verstand schon zu Beginn nicht, was ich so toll an ihm fand. Auch meine deutsche Freundin, die ihn ebenfalls auf der Guacamole-Party kennengelernt hatte, teilte meine Begeisterung nicht. Habe ich ihn, weil ich ihn verteidigen und mich rechtfertigen musste, auch für mich besser gemacht?

Ich suche Gründe, warum es gut ist, wie es ist. Ich will John schlechtreden. Und es gelingt mir. Ich mache eine ganze Liste mit Erklärungen, warum es eh nicht hätte gut kommen können. Als ich fertig bin, sage ich zu meiner Schwester: »Trotz allem: Ich mochte ihn. Ich mochte ihn mehr als die, die ich vor ihm kennenlernte.« Corinne umarmt mich, und ich denke einmal mehr, dass ich wahrscheinlich nur wegen ihr so unversehrt durch Liebe und Leben komme.

John schreibe ich zwei Tage später zurück: »Viel Spaß!« Er sei froh, dass ich so cool sei, antwortet er. Ich bin nicht cool, denke ich. Nur realistisch. Ich hätte auch ein Gespräch verlangen und ihn zur Rede stellen können. Aber ich glaube nicht, dass man eine Liebe mit einem Kampf beginnen sollte. In diesem Fall bin ich auch ziemlich sicher, dass es sich nicht lohnen würde. Ich sollte meine Energien besser für Neues verwenden. Auf neue Bekanntschaften habe ich aber noch keine Lust. Mit Dates fange ich dann in der nächsten Stadt wieder an, nehme ich mir vor. Ich will mich aufs Italienischlernen konzentrieren.

Was mir im Unterricht fehlt, ist das Sprechen. Wir müssen zwar oft Konversation machen, aber ich bezweifle, dass es viel bringt, wenn ich mich mit Phuong aus Korea oder Julia aus Dänemark unterhalte, die noch weniger Ahnung von der Sprache haben als ich. Mir wird die Facebook-Gruppe »TANDEM linguistico | Language Exchange @ ROMA« empfohlen, dieser trete ich bei und verfasse einen kurzen Post, dass ich gerne Italienisch üben wolle und dafür Deutsch oder Englisch anbiete. Nach fünf Minuten haben schon sechs Leute meine Meldung kommentiert. Ich gehe joggen. Wenn ich zurück bin, schreibe ich zurück, denke ich. Zwei Stunden später klicke ich wieder auf Facebook: 42 Kommentare, 52 Likes und 73 private Nachrichten. (18 landen im Spam-Ordner, die werde ich erst Wochen später entdecken.) Ich bin überwältigt.

Und überfordert.

Die Kommentare sind teils ebenfalls kommentiert, Männer diskutieren unter meiner Meldung darüber, wie typisch es für Italiener ist, dass sie, kaum würde eine Frau etwas posten, sofort zu Sprachexperten werden und ihre Englischkenntnisse aufbessern wollen. Die Privatnachrichten beginnen fast alle mit »I can help you! I'm Italian!!!« und enden damit, dass sie erklären, warum sie schon immer mal Deutsch lernen wollten. Ich weiß nicht, nach welchen Kriterien ich auswählen soll, und entscheide mich, den ersten drei, die nett klingen, zu antworten.

Für Mittwochmittag verabrede ich mich mit Francesco. Er hat eine der nettesten Nachrichten geschrieben. Rein äußerlich ist er nicht mein Typ, das wusste ich schon, als ich sein Facebook-Profil anschaute. Aber für ein Sprachtandem spielt das Aussehen ja keine Rolle. Francesco sieht aus wie ein zerstreuter Professor. Seine langen hellbraunen Haare hat er lose zusammengebunden, so dass abstehende Härchen einen Kranz um seinen Kopf bilden. Er trägt eine große, schwarze Brille, und wenn er sagt, dass er gut koche und gerne esse, dann macht das Sinn.

Wir gehen ins Restaurant Carbonara, bestellen zur Vorspeise einen Berg frittierter Gemüsesticks und dann beide einen Teller Spaghetti Carbonara. Dazu eine Flasche Rotwein. Es schmeckt unglaublich gut, aber je mehr ich esse und trinke, desto träger werde ich. Ganz anders Francesco: Er wird immer lebhafter. Seine Handbewegungen werden mit jedem Schluck größer. Er trinkt mein Weinglas gleich mit aus. Dass ich Journalistin bin, gefällt ihm. Er schreibe auch. Kurzgeschichten. Die, die er mir erzählt, handelt von Porno und einem verwundeten Soldaten – sofern ich ihn richtig verstanden habe. Ich habe ihn gebeten, nur Italienisch mit mir zu reden. Er hält sich daran.

Auf meine Frage, ob die Frauen an meiner Schule recht hätten, wenn sie meinten, dass alle italienischen Männer liebenswürdige, aber eifersüchtige Machos seien, antwortet er dann aber auf Englisch. Italiener seien sicher oft eifersüchtig, dafür aber sehr umsorgend und folgsam. »Ein italienischer Mann macht alles für eine Frau. Auch weil er weiß, dass er immer gegen sie verlieren wird.« Die Frauen hier lassen die Männer zwar glauben, sie seien am Drücker, aber eigentlich seien sie an der Macht. Francesco hat eine lange Beziehung mit einer Italienerin und zwei kürzere mit Engländerinnen hinter sich. »Die Engländerinnen wollten viel weniger Aufmerksamkeit. Daran musste ich mich erst gewöhnen.« Ich bin sicher, Francesco würde alles für eine Frau tun, wenn er verliebt ist. Er würde sie mit Aufmerksamkeit und Liebe überschütten. Mir wäre das bestimmt zu viel.

Am Abend schickt er mir eine Nachricht. Er will mich wiedersehen. Beim nächsten Date – er schreibt tatsächlich Date – wolle er für mich kochen. Ich bin gerührt. Aber ich will Francesco kein zweites Mal treffen, ich glaube dieses (Sprach-)Tandem würde in eine falsche Richtung fahren, wenn ich mich von ihm bekochen ließe.

Zwei Tage später treffe ich mich mit Massimo. Auch er war sehr nett. Jedenfalls in seinen Nachrichten. Live erinnert er an den Bösewicht in einem Mafia-Film. Massimo hat eine schwarze Lederjacke an, seine dunklen Locken decken seine rechte Gesichtshälfte ab, die linke sehe ich aber auch kaum, Massimo trägt eine Sonnenbrille, die er auch dann nicht abnimmt, wenn es dunkel wird. Seine Zähne haben schwarze Ränder, und wenn sein Kopf weniger als einen Meter Distanz zu meinem hat, bläst mir mit jedem Atemzug Rauchluft ins Gesicht. Ich frage, ob wir Eis essen gehen können. Er führt mich zu einer kleinen Gelateria in Monti, ich bestelle eine Kugel Pistacchio, er will nichts. Wir setzen uns. »Hast du eine gute Cheating-Story?«, fragt er auf Englisch. »Eine was?« Er wolle wissen, ob ich eine Geschichte hätte, selber erlebt oder von Freunden, in der ich oder eben eine Freundin betrogen wurde und das aufflog. Was für eine eigenartige Frage für ein Sprachtandem-Treffen, denke ich. Aber Massimo hat auch einen eigenartigen Job. Er arbeitet bei einer italienischen Fernsehsendung, in der jemand darüber erzählt, wie sie oder er betrogen wurde. Die Sendung ist erfolgreich, man ist schon in der dritten Staffel. Ich könne ihm leider nicht helfen. Ich sei nie betrogen worden, also nicht, dass ich es wüsste, und ich hätte nie betrogen. Massimo glaubt mir nicht. Jeder betrüge. Jeder werde betrogen. Er findet, ich sei sehr naiv. Mir ist egal, was er denkt. Ich habe keine Lust, mit ihm zu diskutieren. Schon gar nicht über ein Thema wie Treue.

Ich finde ihn unsympathisch. Mich nervt auch, dass er Englisch spricht, schlechtes Englisch, obwohl ich ihn darum gebeten habe, Italienisch zu sprechen. Ich hätte noch einen Text-Abgabetermin, sage ich nach einer Stunde. Massimo wirkt überrascht. »Das nächste Mal nimmst du dir mehr Zeit, und wir gehen Pizza essen. Aber die richtige, die neapolitanische Pizza, nicht die römische, die ist Scheiße«, sagt er darauf. Ich mache irgendwas mit dem Kopf, das als Nicken oder auch als Kopfschütteln gedeutet werden kann. Durch die dunklen Sonnenbrillengläser sieht er den Unterschied eh nicht.

Ich habe mittlerweile verstanden: Wenn man sich in Italien für ein Sprachtandem verabredet, hat man eigentlich ein Date. Die Männer wollen überhaupt kein Deutsch und auch kein Englisch lernen. Sie wollen einfach eine Frau kennenlernen. Dass ich so naiv war, amüsiert mich fast selber. Aber ich will nicht klagen. Die italienische Mentalität ist eine Wohltat für mein angeknackstes Ego. Die vielen Komplimente schmeicheln mir. Je länger ich hier bin, desto sicherer bin ich mir jedoch, dass eine Beziehung mit einem Italiener nicht funktionieren würde. Immer wieder wurde mir hier erklärt: In Italien ist eine Frau eine Trophäe, sie wird erobert und dann auf ein Podest gestellt. Der Mann braucht sie, um sich an ihr zu orientieren. In jungen Jahren ist »la mamma« die wichtigste Bezugsperson, später die Freundin oder Frau. (Manchmal bleibe auch die Mamma auf dem Podest, was zu Schwierigkeiten führen könne.) Dass Männer die Frauen nicht verstehen und die Frauen über die Männer schimpfen, diese Kluft zwischen den

Geschlechtern wird zelebriert, daran soll auch nichts geändert werden. Ein Italiener würde mich bestimmt auf Händen tragen, überlege ich, aber ich kann ja nur bestimmen, wohin ich gehe, wenn ich die Schritte selber mache.

Am Montag meiner letzten Woche bin ich mit Domenico verabredet. Domenico ist Römer. Er kenne und wisse alles über Rom, schrieb er in seiner Nachricht. Wir könnten Konversation und Stadtrundgang in einem machen, schlug er vor. Ausnahmsweise mal einer, der das mit dem Sprachtandem ernst nimmt, dachte ich. Domenico will sein Englisch verbessern, er ist Schauspieler und will nach Los Angeles. Ich glaube, dass wir noch ein paar Spaziergänge machen müssen, bis sein Englisch für Hollywood reicht. Er sagt Dinge wie »ich bin nicht interessant in Italienerinnen« und »Rom ist langweilig in mir«. Aber trotz kleinen Sprachschwierigkeiten: Domenico gefällt mir. Er ist lustig. Und schön. Seine Wimpern sind doppelt so lang wie meine, er hat dunkle Locken und markante Wangenknochen. Seine Augen stehen schräg zueinander, wie die einer Katze. Wir spazieren Richtung Zentrum, er will mir die Piazza Navona zeigen. Die Piazza Navona ist nicht das, was ich von einem gebürtigen Römer als Geheimtipp erwartet hätte, aber vielleicht täusche ich mich und werde Dinge sehen, die ich da noch nie sah.

Bis zur Piazza Navona schaffen wir es dann aber nicht. Es fängt an zu regnen, und Domenico führt mich in ein altes Marmorgebäude. Ich erwarte etwas Geschichtsträchtiges im Inneren, aber es ist ein neues, poliertes Shoppingcenter. »Das ist überall so«, sagt er, sogar in Kirchen würden Shoppingcenter eingebaut. Wir trinken einen Espresso an der Bar, und Domenico gesteht mir, dass er nie damit gerechnet hätte, dass ich ihm auf seine Nachricht antworten würde. »Ich habe auch nicht mit so vielen Zuschriften gerechnet«, sage ich. Das sei doch logisch, sagt er. Italiener würden zu Tieren, wenn eine Ausländerin auftauche. »Italiener sind dann hungrig. Wie auf sehr gute Pizza oder Pasta!«, sagt er. Ich muss lachen. »Was hat das damit zu tun, dass ich Ausländerin bin?«, frage ich. Italienerinnen würden jeden Annäherungsversuch abblocken, sagt er. Sie hätten immer gleich Angst, dass man Sex von ihnen wolle. »In Italien eine Frau für eine Sexaffäre zu finden, ist sehr schwer«, klagt er. Die Frauen würden immer nur Liebe wollen. »Das ist doch anstrengend!« Wie die Schweizerinnen seien, will er wissen. Ich könne nicht für die Schweizerinnen allgemein sprechen, sage ich. »Aber beim Thema Sex bin ich wohl wie eine Italienerin.« Domenicos Begeisterung für mich scheint augenblicklich geschrumpft.

Auf dem Heimweg lässt auch meine Begeisterung für ihn nach. Domenico hält mir jetzt Vorträge. Was er sagt, ist nicht mehr lustig, sondern düster. Er glaubt an Verschwörungstheorien und will mich ebenfalls überzeugen. »9/11? Von den Amerikanern selbst geplant! Die Attacken in Paris? Auch die Amerikaner! Der IS und die US-Regierung? Unter einer Decke!« Domenico wird immer lauter, das Thema liegt ihm am Herzen. Und es stört ihn, dass ich nicht wie er denke. »Ma che! Du bist doch Journalistin! Du musst das doch wissen!«, wirft er mir vor. Ich bin erleichtert, als wir wieder bei der Station Cavour ankommen. Warum kann ein anfänglich lustiger Mann plötzlich so anstrengend werden? Was man in der Schweiz über Rothaarige sage, will er wissen, bevor ich gehe. Ich schaue ihn fragend an. »In Italien glaubt man, rothaarige Frauen seien verflucht«, erklärt er. Es heiße, Rothaarige könnten andere mit einem Fluch belegen. »Ihr bringt Unglück. Wie schwarze Katzen.« Ich habe noch nie von dieser Theorie gehört. So ein Quatsch, denke ich. Sage dann aber: »Da ist sicher was Wahres dran. Vor rothaarigen Frauen musst du dich in Acht nehmen.« Domenico schaut mich entgeistert an. Dann verabschiedet er sich schnell.

Von: Yvonne Eisenring
An: Corinne Eisenring
Datum: 19. Juni 2015 um 9:17 Uhr

Betreff: *Verlieben in die kleinen Dinge*

Ich sitze schon im Flugzeug nach Hamburg und bin ein bisschen traurig, dass ich Rom verlassen muss. Dass ich das einmal sagen würde, hätte ich nie gedacht. Ich mochte Rom ja nicht wirklich, als ich hier ankam.
Aber jetzt, sechs Wochen später, ist das anders. Ich würde gerne noch bleiben. Nicht wegen der Sehenswürdigkeiten. Steinhaufen bleibt Steinhaufen. Sondern wegen der Dinge, die ich sah, erlebte und zu mögen anfing, weil ich so lange hier war. Die versteckten Bars und Restaurants in Monti, die Italiener, die jeder Frau enthusiastisch Komplimente machen, die Stimmung an den Freitagabenden in Trastevere. Ich glaube, bei einer Stadt verliebt man sich vor allem in die Details und nicht in die Fakten. Aber dafür braucht es Zeit. Es kann dauern, bis man die Dinge entdeckt, die einem gefallen. Dinge, die im ersten Moment verborgen bleiben, die gerne vergessen werden.
Und, man muss die Details auch sehen wollen. Man muss sich Zeit lassen wollen. Ich glaube, das hat mich an John am meisten gestört, dass er sich keine Zeit lassen wollte. Aber immerhin war es zu Ende, bevor es richtig angefangen hatte, bevor ich mich richtig verliebt habe. Sonst hätte es sicher mehr geschmerzt. Ich denke fast nicht mehr an John. Das hat sicher auch damit zu tun, dass ich ihn nicht sehe. Das Sprichwort »Aus den Augen, aus dem Sinn« hat wohl etwas Wahres.
Mit etwas Abstand finde ich sogar etwas Gutes an der Geschichte: Ich bin von der Idee weggekommen, dass ich mich nicht verlieben kann. Ich glaube, ich hätte mich in John

verlieben können. Ich war auf dem besten Weg dazu. Aber fürs Verlieben muss man sich Zeit nehmen. Und das fehlt speziell unserer Generation ja oft. Wenn ich zurückschaue auf die vergangenen Jahre, habe ich mir wohl nie genügend Zeit genommen. Nicht bewusst, aber ich musste ja arbeiten, Freunde treffen, klüger, besser, schöner werden. Will ich mir jetzt Zeit nehmen, um einen Mann kennenzulernen, dann kann ich das tun. Ich muss das Tempo meiner Gefühle nicht zusätzlich beschleunigen. Ich kann jemanden, sofern ich das Gefühl habe, dass ich mich verlieben könnte, so viele Male sehen, bis ich mir sicher bin, was ich fühle. Und deshalb bin ich wieder überzeugt von meinem Experiment.

In den letzten Wochen haderte ich ziemlich, weil ich nach der Geschichte mit John dachte, dass ich mir zu viel zugemutet habe. Ein harter Job und ein strenger Alltag geben dem Liebesleben weniger Raum und lassen es dadurch ein bisschen nebensächlicher und harmloser werden. Konzentriert man sich aber wie ich nur auf die Liebe, bekommt das Thema unglaublich viel Gewicht. Wenn ich scheitere oder zurückgewiesen werde, kann ich mich nicht vorübergehend auf die anderen Dinge konzentrieren, die mich auch noch beschäftigen. Ich kann mich nicht mit Arbeit ablenken. Aber, das weiß ich jetzt auch: Die Wunden heilen schneller, wenn man seine ganze Kraft für die Genesung brauchen kann. Ich glaube, mit Liebeskummer ist es wie mit einer Krankheit. Geht man weiterhin zur Arbeit, kann es ewig dauern, bis man richtig gesund wird. Geht man nicht zur Arbeit, bleibt diese zwar liegen, dafür erholt man sich schneller.

Bis bald! In ein paar Wochen kommt ihr mich ja schon in Hamburg besuchen! Ich freue mich sehr!!!
pfpfpfpf

Hamburg

Sechs Wochen will ich in Hamburg bleiben. In einer hübschen Wohnung eines Bekannten in der Nähe vom Schulterblatt. Das Schanzenviertel, wurde mir gesagt, sei eine belebte Gegend. Dutzende von Bars, Restaurants und Klubs. Nun, »belebt« ist ein dehnbarer Begriff. Nach New York und Rom finde ich Hamburg vor allem ruhig und unaufgeregt. In der Nacht ist Nacht. Alles ist dunkel, alles schläft. Sogar die Vögel warten brav bis zum Morgengrauen, bis sie zu zwitschern anfangen. Die Leute hier passen sich den Vögeln an. Oder umgekehrt. Jedenfalls sind alle eher zurückhaltend. Hamburger sprechen keine wildfremden Leute an. Die Männer hier schauen mich zwar kurz an, dann aber wieder lange weg. »Hamburger«, haben mich meine Freunde gewarnt, die schon hier gelebt haben oder aus einem anderen Teil Deutschlands kommen, »sind nicht einfach zu knacken«. Sie sind lieber für sich. Ihr Charme ist herb. Ihr Humor zynisch. Ihr Interesse zeigen sie in Desinteresse. An sie ranzukommen, ist schwer.

Das Sprechtraining – das Hochdeutsch, das wir Schweizer reden, klingt ja meist wie eine eigene, seltsame Sprache –, das ich schon seit Urzeiten absolvieren wollte, will ich trotzdem in Hamburg machen. Ich mag die Stadt. Die Elbe. Den Hafen. Und die Kuchen bei »Herr Max«.

Nach einer Woche muss ich bitter feststellen, dass das eine sehr einsame Zeit werden könnte, wenn ich nicht selber aktiv werde. In Hamburg werde ich nicht wie in New York ständig angequatscht. Ich habe auch nicht wie in Rom den Exotenbonus. Mein heller Teint ist hier nichts Besonderes.

Die einfachste Art, Leute kennenzulernen, ist vermutlich via Tinder, überlege ich. Es dauert nicht lange, bis es die ersten

Matches gibt. Ein Stefan schreibt erst »Hallo!«, dann, ohne eine Antwort abzuwarten: »Darf ich heut Nacht bei dir pennen kommen?« Phil begrüßt mich mit »Hey sexy Baby, wann sehen wir uns?«, worauf ich frage, ob dieser Spruch bei anderen Frauen funktioniere. Er findet: »Immer!« Ich: »Echt? Also bei allen? Ausnahmslos?« Er: »Bei den dummen Betthäschen reicht das in der Tat. Die Intelligenteren bekomme ich später mit einem Sorry und etwas Charme rum.« Eine Minute später schreibt er: »Sorry ;-)«

Ein gewisser Paul schreibt: »Hi Yvonne. Hammer Haar! Rostiges Dach, feuchter Keller?«

Ich lege das iPhone wieder weg und lasse eine weitere Woche verstreichen. Daten ist wie Joggen. Man ist zwar schnell drin, ist ja easy, einfach einen Fuß vor den anderen, aber man ist auch schnell wieder raus. Die Hürde wird mit jedem Tag höher.

Dass ich die Hürde dann doch nehme, liegt vor allem an meiner Schwester und an Wir-tun-als-wär-sie-auch-unsere-Schwester Gabi. Corinne und Gabi besuchen mich ein paar Tage in Hamburg. Sie sind beide tinder-los und wischen neugierig drauflos. Hoch motiviert chatten sie mit ihren, respektive meinen Matches und sind ganz begeistert von den Hamburger Singles. Nachdem sie abgereist sind, verabrede ich mich mit den Männern, die sie ausgewählt haben.

Am Sonntagnachmittag habe ich mich mit Andreas verabredet. Andreas ist »ein großer Fan meiner Haare« und bietet an, mein Fahrrad zu reparieren. Das finde ich schon mal sehr gut. Männer, die Dinge reparieren können, sind toll. Er komme um sechs Uhr vorbei, sagt er, eine Luftpumpe werde er gleich mitbringen. Um sieben Uhr ist weder Pumpe noch Andreas hier. Am nächsten Tag entschuldigt er sich, es sei ihm etwas dazwischengekommen, er sei nun auf dem Weg nach Portugal. Ich könne ihn ja besuchen kommen.

Am Dienstagabend treffe ich Juri. Ich musste heute zwei Artikel für Magazine fertig schreiben. Meine Haare sind nicht gewaschen, und auf meinem Kinn ist ein Pickel. Ich bin müde. Aber Juri schreibt, er freue sich, und ich hab keine Ausrede, um abzusagen. Juri sieht auf dem Profilfoto aus wie ein italienisches Model. Von den Männern, die Corinne und Gabi ausgesucht haben, ist er mein Favorit. Also rein optisch. Ich bin trotzdem nicht aufgeregt. Ich bin zu erschöpft, um viel zu erwarten.

Erst einmal warte ich. In der Sofa-Bar beim Pferdemarkt. Juri kommt eine Viertelstunde zu spät. Ich finde das nicht besonders tragisch. Juri findet das noch viel weniger tragisch. Er entschuldigt sich mit keinem Wort. »Wie läuft's so?«, fragt er bei der Begrüßung. Er spricht so leise, dass ich mich sehr konzentrieren muss, um überhaupt etwas zu verstehen. Juri hat braune Haare bis kurz über die Schultern und an jedem Finger einen Ring. Er war letztes Jahr in Australien, wo alle »voll gechillt« seien. Juri sagt, jetzt erzähl mal von dir, und übernimmt das mit dem Erzählen nach zwei Sätzen wieder selber. Er benutzt gerne englische Ausdrücke, gerne mit australischem Akzent. Er sei viersprachig aufgewachsen. Russisch, Deutsch, Englisch und Französisch. »Echt, warum auch noch Französisch?«, frage ich. Ja, in der Schule habe er Französisch gelernt. Ach so. Er erzählt stolz, dass er abends auch gerne mal für sich sei und dann einfach mal eine Flasche Wein aufmache, oder zwei. So bin ich einfach, you know, that's me. Voll gechillt.

Um zehn verabschieden wir uns. Auf dem Weg nach Hause denke ich über das Date nach. Darüber, dass man sich bei Tinder auch sehr täuschen kann. Juri sah nicht aus wie auf dem Foto. Gar nicht. Er war überhaupt nicht mein Typ. Und er betonte viel zu oft, wie entspannt, wie »gechillt« er ist. Entspannte Männer mag ich sehr, aber angestrengt-entspannte finde ich nur noch anstrengend. Kaum bin ich zu Hause, bekomme ich eine SMS. Juri: »Hey du, war nett heute Abend. Wenn du Zeit hast oder irgendwie chillen möchtest, sag gerne Bescheid … bin da super entspannt …:-)«

Zwei Tage später treffe ich Julius. Julius ist 26, trägt einen Anzug, in seiner Jackentasche steckt ein »Poschettli«. Er macht gerne

Kunstpausen beim Reden und schaut mir nie direkt in die Augen. Er hat ein hübsches Gesicht. Seine Hände sind mindestens so gepflegt wie meine. Wann er das letzte Mal im Urlaub war, weiß er nicht. Länger als zwei Wochen war er überhaupt noch nie weg. Julius ist für den Internetauftritt einer Kleidermarke zuständig und hat zwei Leute unter sich. Er sei ein Workaholic, sagt er selber.

Das Lokal, das er für das Treffen ausgewählt hat, passt zu seinem Outfit. Wir gehen nicht in irgendeine Kneipe, sondern in eine elegante Cocktail-Bar, ins »Savvy« in der Innenstadt. Julius wirkt aufgekratzt. Er habe einen verrückten Tag hinter sich, sagt er, kaum haben wir uns gesetzt. «Ich habe heute mit meinem Chef geredet und ihm gesagt, dass es so nicht weitergehen kann«, sagt er stolz. Er habe so viele Überstunden und angehäufte Urlaubstage, er könnte ein halbes Jahr nicht arbeiten und würde weiter bezahlt werden. »Ich träume schon lange davon, einmal mit wenig Gepäck und wenig Vorbereitung zu verreisen. Aber ich traue mich nicht.« Kürzlich habe er seine Mutti – er sagt tatsächlich Mutti – angerufen und gefragt, wie viel Geld man auf dem Konto haben müsse, einfach so generell. Und während er das gefragt habe, habe er gemerkt, wie bescheuert die Frage sei. »Aber ich kann nicht anders. Ich bin spar-süchtig.«

Mich rührt diese Ehrlichkeit. Mich rührt auch sein Interesse. Nachdem ich ihm gesagt habe, dass ich vor vier Monaten meinen Job und meine Wohnung aufgegeben habe und losgezogen bin – ich verschweige, was die Idee hinter dieser Auszeit ist, ich will ihn ja nicht unnötig verwirren –, ändert sich unsere Unterhaltung komplett. Die erste Stunde führten wir ein ziemlich typisches Gespräch für ein erstes Date, aber nun erinnert es eher an ein Interview. Julius fragt, ich antworte. Wie ich das mache, so ohne festen Job, will er wissen. Woher ich den Mut nehme, keinen Plan zu haben. Ich erzähle ihm von meinem Vater, der sagte, dass Zeit das Wichtigste und Wertvollste sei, das man habe und geben könne. Er hat deshalb, wie meine Mutter, immer nur Teilzeit gearbeitet, als meine

Schwester und ich auf der Welt waren. Wie ungewöhnlich es ist, dass der Vater oft zu Hause ist und sich auch um Haushalt und Kinder kümmert, das realisierte ich als Kind natürlich nicht. Erst als ich älter wurde, merkte ich, wie unüblich, aber auch wertvoll es ist, wenn sich der Vater so viel Zeit für die Familie nimmt. Zeit ist mehr wert als Geld, sagte mein Vater immer. Weil er schon mit 54 starb, bekamen diese Worte noch eine andere Bedeutung. Mir war sehr früh bewusst, dass man nicht ewig Zeit hat. Man darf nicht ewig warten, wenn man etwas machen will, wenn man sich für eine Sache Zeit nehmen will. Denn plötzlich hat man keine Zeit mehr, plötzlich ist es zu spät. Ich habe schon früh nur so viel gearbeitet, wie nötig war, um mein Leben zu finanzieren. Ich war zuerst achtzig und dann sogar nur noch sechzig Prozent beim Fernsehen angestellt, den Rest arbeitete ich als Autorin und Kolumnistin für verschiedene Zeitungen und Magazine. Wenn man nicht Vollzeit arbeitet, muss man sich immer wieder erklären. Gestresst zu sein, ist eine Tugend. Viele beklagen sich über ihren harten Job, aber weniger arbeiten wollen sie nicht, auch wenn es finanziell möglich wäre. Ich wollte immer genügend Zeit für meine Freunde, meine Familie und auch für mich haben. Dass ich mir mit diesem Lebensstil keine teuren Taschen und Schuhe leisten konnte, nahm ich in Kauf.

»Ein Jahr jegliche finanzielle Sicherheit aufzugeben, hat mich schon Überwindung gekostet«, sage ich nun zu Julius. Aber ich habe in den letzten Monaten auch gemerkt, dass ich weniger Geld brauche, als ich ursprünglich dachte. Ich arbeite ja unterwegs auch noch ein bisschen. Texte kann ich in jedem Café schreiben, dafür muss ich nicht in einem Büro in Zürich sitzen. »Hast du keine Angst, dass du keine Aufträge mehr bekommst und dir das Geld ausgeht?« Ich schüttle den Kopf. Ich hätte noch Erspartes, und wenn das weg sei, dann müsse ich mir halt etwas einfallen lassen. »Notfalls gehe ich in irgendeiner Bar arbeiten. Oder ich gehe zurück in die Schweiz. Es ist alles möglich, ich habe ja keinen fixen Plan.« Julius ist völlig fasziniert.

Nach zwei Stunden verabschieden wir uns. Er bedankt sich mehrmals, dass ich ihn getroffen habe. »Ich werde sicher noch lange darüber nachdenken, was du gesagt hast«, sagt er und geht, die Aktentasche unter dem Arm, Richtung U-Bahn-Station St. Pauli.

Von: Yvonne Eisenring
An: Corinne Eisenring
Datum: 9. Juli 2015 um 23:09 Uhr

Betreff: Ich will nicht, dass Geld seine Währung ist

Ich habe heute realisiert - eigentlich ist es erstaunlich, dass ich mir das nicht früher überlegt habe -, dass mir wichtig ist, wie wichtig oder eben unwichtig Geld für jemanden ist. Das wurde mir erst jetzt richtig klar. (Ich war mit einem Mann verabredet, der seine Mutter anruft, um zu fragen, wie viel Geld er auf dem Konto haben müsse, so generell. Er war eigentlich sehr nett, anständig und bemüht. Aber ich fühlte mich viel älter als er. Und er war noch nie auf Reisen, er könne sich gar nicht vorstellen, wie das gehe, so mit Rucksack durch die Welt. Da braucht man jetzt nicht viel Fantasie, um zu merken, dass das nicht geht. Also mit mir.) Aber was mir bei diesem Date klar wurde: Ich will keinen Mann, der alles in die Karriere investiert. Keinen, dessen Währung Geld ist. Keinen, der sein Leben darauf auslegt, möglichst schnell, möglichst viel Geld zu machen. Ich will nicht, dass Geld machen das Leben bestimmt, das Denken lenkt. Aber es ist schwierig, einen Mann zu finden, der auch so denkt. Das wird mir je länger, je klarer.

In unserer Welt regiert nun mal das Geld. Wir orientieren uns daran. Aber ich will nicht mit einem Mann zusammen sein, der nur luxuriös findet, was teuer ist. Luxus ist doch nicht an ein Bankkonto gekoppelt! Wir hatten ja zu Hause nie viel Geld. Wir hatten keine Markenkleider, nie die neusten Spielsachen, nicht mal ein Auto hatten wir. Und trotzdem hatten wir doch irgendwie alles. Alles, was wir brauchten. Keinen Luxus zu haben, keinen Luxus haben zu wollen, ist der größte Luxus, den man haben kann. Denke ich. (Jetzt muss ich nur noch den Mann finden, der auch so denkt.)

Schlaf gut!
Pfpfpf

PS. Morgen treffe ich einen von Tinder, den hast du ausgesucht. Nico heißt er, vielleicht kannst du dich an ihn erinnern.

So richtig gut gefiel mir Nicos Profil nicht. Die Fotos fand ich mittelmäßig und seine Profilbeschreibung »I am a man of the people who drinks« mäßig originell. Ich kapierte sie auch einfach nicht. (Der Satz stammt von den Simpsons, klärt er mich später auf.) Unsere Whatsapp-Unterhaltung beschränkte sich aufs Nötigste. Nico schrieb »Moin« am Morgen und »Schlaf gut« am Abend. Ein spannendes Hin-und-Her entwickelte sich nicht. Aber, das habe ich mittlerweile begriffen: Wie einer online ist, muss nicht viel mit der Person in echt zu tun haben. Die lustigsten Schreiber können die langweiligsten Gesprächspartner sein und umgekehrt.

Fotos können noch stärker von der Realität abweichen. Meist ist das Bild besser als die Realität. Nico scheint die Ausnahme zu sein. Er sieht in echt viel besser aus als auf den Fotos. Er hat ein schönes Lachen, schöne Zähne, seine Augen sind kleine, dunkle

Knöpfe und seine Haare eine klassische Hipster-Frisur. Unten kurz, oben ein Knoten. Nicht, dass mir das besonders gefällt, aber es stört mich auch nicht.

Nico ist Arzt. Und auch wenn ich mich nicht von solchen Dingen beeindrucken lassen will – ist ja nur ein Job, man muss doch den Menschen sehen und überhaupt –, finde ich es sehr attraktiv. (Er könnte mich retten!) Wir trinken ein Glas Wein in der Bar Rossi, und als es aufhört zu regnen, gehen wir los Richtung Schanzenpark, da sei ein Freiluftkino, das wolle er mir zeigen. Dass ich Nico gut finde, weiß ich schnell. Er spricht zwar ebenfalls sehr leise, vielleicht ist das so ein Hamburger-Ding, und das nervt mich, weil ich mich wieder unglaublich anstrengen muss, damit ich alles mitkriege, aber er ist ironisch, intelligent und unaufgeregt. Nachdem wir ein paar Schritte gegangen sind, fängt es wieder an zu regnen. Wir stellen uns unter einen Baum. Nico zieht mich an sich. Er habe das extra so organisiert, das mit dem Regen, dass der im richtigen Moment einsetzt, sagt er lachend und – küsst mich. Ich bin überrumpelt, finde seine Masche aber irgendwie charmant und mutig. Beim Freiluftkino angekommen, es läuft »Sin City 2«, und es wird lautstark gekämpft und geschossen, knutschen wir wieder. Vor dem Mövenpick Hotel im Schanzenpark und an meiner Straßenecke nochmals.

Dann gehe ich nach Hause.

»Du bestimmst, wo's lang geht, hm?«, meint er beim Weggehen. Er scheint enttäuscht zu sein. Ich wollte ihn nicht kränken. Wollte ihm keine falschen Hoffnungen machen. Ich will ihn einfach nicht mit nach Hause nehmen. Vielleicht verstoße ich damit gegen ein ungeschriebenes Tinder-Gesetz. Vielleicht geht es den meisten, die sich so treffen, tatsächlich nur um Sex. Aber das ist mir egal. Ich will nicht müssen, nur weil andere wollen. Aber ich würde Nico gerne wiedersehen, überlege ich, während ich nach Hause gehe. Er gefällt mir. Er ist lustig. Entspannt. Er protzt nicht. Ich würde ihn wirklich gerne wiedersehen.

Meine Liebe zu Hamburg wird jeden Tag ein kleines bisschen größer. Nicht, weil Hamburg zu Beginn schlecht war. Hamburg war anders. Anders als Rom und New York. Anders, als ich es mir vorgestellt hatte. Ruhiger, gesetzter, korrekter.

Und im Gegensatz zu New York und Rom kannte ich hier niemanden, als ich ankam. Ich habe auch keine Mitbewohner. Keine Schulkollegen. Mein einziger Kontakt war Claudio. Claudio ist ein Freund des Freundes einer Freundin aus Zürich. Bei ihm solle ich mich melden, sagten sie. Claudio sei ein waschechter Hamburger und – er sei noch Single. Er könne mir die Stadt zeigen, er kenne alles und jeden. Ich habe Claudio auf Facebook eine Nachricht geschrieben, als ich ankam. Er hat sofort geantwortet. Wir wollten uns treffen. Geklappt hat es nie. Zuerst war er beruflich unterwegs, dann ging ich für den Geburtstag einer guten Freundin nach Zürich und danach direkt nach Berlin zu Freunden. Als ich dann wieder hier war, war er bei einem Junggesellenabschied in Wien.

Jetzt ist Sonntag, und Claudio und ich sind endlich verabredet. Ich bin zwar müde und verkatert, Freunde aus der Schweiz sind in Hamburg und wollten unbedingt den Fischmarkt sehen. Dieser öffnet um fünf Uhr morgens, also mussten wir so lange durchhalten. Aber als mir Claudio am Nachmittag um drei schrieb, ob ich Lust auf einen Kaffee hätte, sagte ich dennoch zu.

Eine Stunde später sitze ich im überfüllten Café Herr Max.

Um drei nach vier schreibt Claudio eine Facebook-Nachricht: »Sorry! Ich bin fünf Minuten zu spät dran!«

Das sei kein Problem, ich würde warten, antworte ich.

Er bedankt sich. Er sei gleich da, schreibt er.

Um zwanzig nach vier ist mein Cappuccino leer. Claudios Stuhl ebenfalls.

Drei Minuten später zahle ich.

Auf dem Heimweg habe ich ein schlechtes Gewissen. Hätte ich warten müssen? Verhalte ich mich gerade wie eine dieser

Frauen, die findet, Männer dürften sich keine Fehler erlauben? Das will ich nicht. Außerdem komme ich ja auch oft zu spät, ich kann nicht verlangen, dass ein Mann total pünktlich ist. Aber eine halbe Stunde ist einfach nicht okay. Nicht bei einem ersten Date! Es ist rücksichtslos und arrogant, jemanden so lange warten zu lassen. Und einen rücksichtslosen, arroganten Mann will ich nicht.

Zu Hause angekommen, gehe ich auf Facebook. Eine neue Nachricht von Claudio: »Liebe Yvonne, ich kann verstehen, dass du gegangen bist. Zu spät kommen ist scheiße. (Ich habe nicht getrödelt, ich hatte ein Parkplatzproblem!) Eigentlich bin ich zuverlässig ... Jedenfalls: Sorry! Ich habe wirklich Lust, was mit dir zu unternehmen, und würde mich freuen, von dir zu hören. Du scheinst eine interessante Frau zu sein, die zur Abwechslung wenigstens weiß, was sie nicht will (nämlich im Café warten). Vielleicht krieg ich noch eine zweite Chance?« Würde es nicht in Strömen regnen, würde ich zurückgehen. Ich bin keine nachtragende Person. Er solle mich das nächste Mal zu Hause abholen, schreibe ich ihm, dann sei mir auch egal, wenn er zu spät käme. Wir verabreden uns für Dienstagabend um neun Uhr.

Es ist Dienstag, viertel nach neun. Claudio ist noch nicht hier. Von wegen »eigentlich bin ich zuverlässig«, denke ich. Aber ich bin ja zu Hause, es stört mich nicht, wenn er zu spät kommt. Mit zwanzig Minuten Verspätung klingelt Claudio an der Tür, ich gehe runter. Claudio ist kleiner, als ich dachte. Sein Kleidungsstil ist durchdacht, viele Schichten, alles dunkel, lässig, locker. Er raucht eine selbstgedrehte Zigarette. Ob ich was essen gehen wolle, fragt er, er habe Hunger. Ich habe überhaupt keinen Hunger, es ist ja schon halb zehn. Aber ich will nicht kompliziert tun, deshalb: »Klar, wir können was essen gehen!« Claudio geht los. Ich muss fast rennen, dass ich hinterherkomme. Dabei ist er kaum größer als ich. Mit meinen Stiefeln, ungefähr sechs Zentimeter Absatz, bin ich fast auf Augenhöhe. Das passiert mir selten.

Ich bin ja nur einsdreiundsechzig. Es regnet, auch heute. Claudio hat versprochen, dass er einen Schirm für uns mitbringt, den hat er auch dabei. Nass werde ich trotzdem: Er hält den Schirm genau über seinen Kopf. Wir hetzen Richtung »Altes Mädchen«, ein sehr hübsches Restaurant. Ein Nichtraucher-Restaurant. Bevor wir reingehen, muss Claudio noch »eine rauchen«. Die Zigarette muss er aber erst drehen. Wir stehen im Regen – er dreht und raucht und redet. Claudio redet gern. Er redet auch zwischen zwei Bissen, dabei wartet das Ketchup auf seinen Barthaaren, bis es abgewischt wird. Er isst, wie er spricht. Schnell. Jede seiner Bewegungen ist schnell. Eckig. Fahrig. Claudio erzählt von seinem Job, er komponiert eigene Elektro-Musik. »Ich mache einfach, was ich machen will.« Aha. Zum Ausgleich kellnert er noch. Klar. Er schwärmt vom Hamburger Nachtleben, er gehe fast jeden Abend weg. Er schlafe oft zu wenig, sagt er und klingt irgendwie stolz. Claudio hat ein hübsches Gesicht, ein schönes Lachen. Tiefe Augenringe.

Claudio redet. Ich höre zu und trinke Rotwein. Ich werde immer müder. Und irgendwie auch wütend. Warum wollten mich meine Freunde mit Claudio verkuppeln? Wie kamen sie nur auf die seltsame Idee, wir würden zusammenpassen? Dann kommt mir in den Sinn, dass es ja der Freund der Freundin war, der Claudio kennt, und den hab ich genau einmal gesehen, der kann ja gar nicht wissen, wer mein Typ ist. Und ich kann mir gut vorstellen, dass Claudio auf andere Männer Eindruck macht. Vielleicht würde er in einer anderen Umgebung auch anders auf mich wirken. Ja, vielleicht, wenn Claudio und ich uns auf einer Party begegnen würden und er nicht so viel reden würde – da gäbe es ja dann Musik und andere Leute und so –, vielleicht würde ich ihn dann interessanter finden. Aber wir sind ja auf keiner Party. Wir gehen auch auf keine Party. Er zwar schon. Ich gehe nach Hause.

Von: Yvonne Eisenring
An: Corinne Eisenring
Datum: 14. Juli 2015 um 23:49 Uhr

Betreff: *Verlieben und überzeugen*

Ich hatte gerade ein Date mit Claudio. (Das ist ein Freund
von Katjas Freund, der hier lebt.) Das Date war mäßig toll.
Also nein, wenn ich ehrlich bin, war es überhaupt nicht
toll. Claudio redete und redete. Ich glaube, er weiß knapp
meinen Namen und dass ich aus Zürich bin. Das passierte mir
schon öfter, dass ein Mann bei einem Date so viel erzählte.
Auch in New York und Rom. Ich muss nicht viel über mich erzählen, es kann gerne der Mann die meiste Zeit reden, aber
wenn ich merke, dass mein Gegenüber gar kein Interesse
zeigt, dann verliere ich das Interesse.
Ich kann mir auch nicht vorstellen, dass Männer mit dieser
Art bei Frauen Erfolg haben. Ich habe nur eine Vermutung,
warum sie es trotzdem machen: Sie wollen beeindrucken.
Also hauen sie jede Geschichte raus, die sie haben und von
der sie denken, dass sie sie in ein besseres Licht rückt.
Sie wollen überzeugen. Bei Dates fühle ich mich manchmal
wie bei einem Casting. Aus irgendwelchen Gründen nimmt der
Mann oft die Rolle des Kandidaten und ich die Rolle einer
Jurorin ein. Nur funktioniert das so nicht, finde ich. Beim
Verlieben geht es doch nicht nur ums Überzeugen.
Aber vielleicht suchen die meisten gar nicht die Person,
in die sie sich verlieben. Vielleicht suchen sie nur die
Person, die in ihren Augen am perfektesten ist. Weil sie
glauben, dass das ihr Leben perfekter macht, wenn sie sich
mit dieser Person zusammentun. Und deshalb wollen sie
ebenfalls perfekt erscheinen. Um begehrenswert zu sein.
Aber begehrenswert und liebenswert sind nicht dasselbe.
Natürlich ist ein Mann, der nahezu perfekt aussieht und den

Anschein macht, ein perfektes Leben zu haben, im ersten Augenblick irgendwie attraktiv. Aber eben auch unehrlich und langweilig.

Ich weiß immer noch nicht, warum ich mich in jemanden verliebe. Aber ich weiß langsam ziemlich genau, warum ich mich nicht verliebe. Das wollte ich ja auch in diesem Jahr herausfinden. Herausfinden, was ich will. Und was nicht. Jedenfalls. Ich will keinen Mann wie Claudio, der sich am liebsten selbst reden hört. Ich will nicht, wie von Julius, bewundert werden. Das ist irgendwie eine komische Rolle. Ich will, dass sich einer bemüht, wie das John gemacht hat, aber nicht, dass er sich dabei selbst verliert. Ich will, dass einer mutig und charmant ist, wie Nico. Ich will ... Eigentlich will ich mich ja nur verlieben. (Das wird trotz der vielen Dates irgendwie nicht einfacher.)

Schlaf gut!
Pfpfpfpf

Der nächste Tag ist wie der Tag davor und der Tag danach. Es ist einfach so: Ich liebe meine kleinen Rituale. Ich hasse es, wenn meine Fixpunkte verschoben werden. Das klingt vielleicht komisch, wenn man bedenkt, dass ich seit Monaten ohne Plan bin. Aber vermutlich macht es genau deshalb Sinn. Ich brauche Dinge, an denen ich mich orientieren kann. Bin ich an einem neuen Ort, wähle ich eine Joggingroute. Die renne ich dann (fast) jeden Tag ab. Ohne Abkürzung. Ohne Extraschlaufe. Ich gehe immer in den gleichen Supermarkt. Kaufe da die drei gleichen Produkte. Nature Joghurt, Eier und schwarze Schokolade. Ich setze mich auch immer ins gleiche Café und bestelle einen Cappuccino und eine Rhabarberschorle. Nicht zu wissen, wo ich die nächste Woche bin oder was ich die nächsten Monate mache, stört mich nicht. Aber ich mag es, wenn sich die kleinen Dinge wiederholen.

Wenn ich aus dem Rhythmus geworfen werde, bin ich gereizt. Heute ist so ein Tag. Im Planten Un Blomen, dem Park, in dem ich während meiner Hamburg-Wochen joggen gehe, ist irgendein großes Festival. Es gibt Kinder, überall Kinder, ich komme praktisch keinen Schritt vorwärts. Und im Café Unter den Linden, wo ich immer hingehe, um zu schreiben, sind alle Tische besetzt. Ich gehe also ins »Pauline«. Auch ein hübsches Café, aber eben nicht »meins«.

Ich sitze im zweiten Stock, da ist sonst niemand, und schreibe an einem Text, den ich bald abgeben muss. Nach einer Stunde setzt sich ein Typ an den Tisch neben mir. Übermäßig begeistert über sein Auftauchen bin ich nicht. Ich fühle mich schnell beobachtet und lasse mich noch schneller ablenken. Der Typ ist groß. Seine Beine passen fast nicht unter die Tischplatte, irgendwie passen sie auch nicht zu seinem Oberkörper. Der ist eher kurz. Er hat einen Drei-Tage-Bart, braune, kurze Haare. Eine Nerd-Brille. Ich tippe auf Informatiker. (Ist er nicht, wie sich später herausstellt. Er ist Pianist.) Er liest in einem zerknitterten Reclam-Büchlein, für eine Seite braucht er gefühlte zehn Minuten. Vielleicht liest er auch gar nicht, und es ist nur eine Masche, denke ich. Ich muss einen Anruf wegen einer Irland-Reportage machen, und während ich telefoniere, schaut er immer wieder zu mir. Ich lege auf und entschuldige mich. Ich weiß, dass ich beim Telefonieren viel zu laut spreche. Man sagte mir schon oft, ich müsse nicht in den Hörer schreien. (Aber wenn ich leiser spreche, verstehen mich die Leute am anderen Ende der Leitung nicht. Echt nicht!) »Du gehst also nach Irland?«, fragt der Typ. Wann ich denn fahren würde, er gehe eben auch. »In einem Monat.« – »Dann sind wir zur gleichen Zeit da«, stellen wir fest. Wir reden über Irland. Dann über meine roten Haare. (Nein, ich bin nicht Irin.) Über meine Haarfarbe rede ich ständig mit

Männern, fällt mir auf. Ich weiß noch nicht, ob ich das gut finde oder nicht.

Ich weiß auch nicht, ob Jan, so heißt der Typ am Nebentisch, auf jemanden wartet. Aber er scheint nichts weiter vorzuhaben. Er bestellt noch einen Espresso, ich einen Cappuccino. Nach den roten Haaren kommen wir auf die Schweiz und auf Zürich zu sprechen. Da war er gerade für ein Wochenende. Sei ja wahnsinnig teuer. Ein Döner, zehn Franken hätte der gekostet, zehn! »Das ist doch krass!«, meint er. Darüber spreche ich auch ständig mit Männern. Über die Preise in Zürich. Und da weiß ich längst, dass ich das nicht gut finde. Klar, Zürich ist teuer. Das bestreite ich gar nicht. Aber trotzdem will ich das nicht ständig hören. Ich fühle mich immer ein bisschen angegriffen, als würde jemand meine Familie beleidigen. Bei Jan stört es mich aber nicht besonders. Vielleicht liegt es daran, dass ich noch immer ein bisschen überrascht bin, dass wir uns gerade unterhalten, vielleicht ist er auch einfach ein sehr angenehmer Typ. Das Gespräch plätschert vor sich hin. Nach dem zweiten Kaffee bestellen wir je ein Stück Kuchen. Er probiert von meinem, ich von seinem. Irgendwie absurd, dass wir das machen. Wir kennen uns ja kaum.

Jan ist hübsch, denke ich, aber sehr unauffällig hübsch. Einzig seine Größe fällt auf. Und große Männer finde ich meistens attraktiv.

Um acht Uhr schließt das Café, wir werden rausgeschmissen. Er gehe jetzt einen Döner essen, sagt er und fragt, ob ich mitkommen wolle. Ich hätte noch nie Döner gegessen, sage ich. Er lacht. (Wenn er lacht, hat er Grübchen auf beiden Seiten.) Man würde doch danach stinken, erkläre ich. »Wir müssen ja auch nicht knutschen«, sagt Jan. Es ist das erste Mal, dass er eine Anspielung in diese Richtung macht. Wir gehen Döner essen. Meinen ersten Döner. In meinem Gaumen riecht es, als hätte ich eine tote Ratte verschluckt. Jan erzählt, dass er sich vor drei Monaten getrennt habe, dass er das erste Mal verlassen worden sei, zuvor sei immer er gegangen. Wir reden über Eifersucht und ob sie ein Zeichen der Liebe oder nur ein Zeichen für zu wenig Selbstbewusstsein ist. »Zu wenig Selbstbewusstsein!«, finden wir beide. Wir sind oft einer Meinung, lachen über die gleichen Dinge. Ich weiß nicht, ob wir uns wiedersehen. Ich weiß auch nicht, ob er mich interessant findet.

Kurz nach neun verabschieden wir uns. Ich habe zwar nichts mehr vor heute Abend, und er, so entspannt und spontan, wie er war, vermutlich auch nicht, aber jetzt noch zusammen weiterzuziehen, wäre ... ja, was wäre das? Dann hätten wir so etwas wie ein richtiges Date, und das würde uns wohl beide überfordern. Er gehe morgen Abend auf einen Flohmarkt, ich solle doch mitkommen, sagt Jan, bevor er geht. Ich würde gerne, antworte ich, aber ich könne leider nicht. Ich bin morgen schon mit Nico, dem Arzt von Tinder, verabredet. »Ja, dann, bis vielleicht in Irland«, sagt Jan und geht, ohne nach meiner Nummer oder meinem Nachnamen zu fragen. Vielleicht dachte er, ich hätte kein Interesse, weil ich ihm für morgen nicht zugesagt habe. Vielleicht fand er mich zwar gut, aber nicht gut genug. Vielleicht wollte er es dem Zufall überlassen, ob wir uns in Irland wieder treffen. Während ich nach Hause gehe, überlege ich, ob ich hätte aktiv werden sollen. Ob ich nach seiner Nummer, einem zweiten Treffen hätte fragen sollen. Aber hätte mich der Gedanke, Jan nicht mehr zu sehen, gestört, hätte ich agiert, denke ich. Und das habe ich nicht. Ich war vielleicht einfach nicht sicher genug, ob ich ihn wiedersehen wollte. Und »nicht genug« ist einfach nicht genug.

Für Nico gibt es, wie es scheint, kein »vielleicht«. Kaum sitzen wir im Auto, küsst er mich. Das Auto ist ein Smart. Ein Leihwagen. Sehr unbequem zum Knutschen. Aber wir haben sowieso keine Zeit dafür, Nico muss später noch ins Krankenhaus. Nachtschicht.

Über zwei Wochen sind vergangen seit unserem letzten Treffen. Zuerst war Nico krank. Ich könne ihn ja pflegen kommen, hat er mir geschrieben. Ich war nicht sicher, ob er es ernst meinte, und ging deshalb gar nicht darauf ein. Dann waren wir verabredet, aber ich musste unser Date kurzfristig absagen, weil ich nach Berlin fuhr. Seit Anfang dieser Woche hat er Nachtschicht und muss immer um zehn Uhr ins Krankenhaus. Tagsüber schläft er.

Ich freute mich, als er schrieb, ob wir uns heute kurz treffen wollten. Dass er danach zur Arbeit muss, stört mich nicht. Im Gegenteil. Das gibt einen Rahmen. Das ist gut. Zweite Dates sind heikel. Die Erwartung ist höher. Die Fallhöhe tiefer. Vor dem zweiten Date bin ich oft verunsichert. Gefiel er mir wirklich? Gefalle ich ihm wirklich? Auch jetzt noch, mit ein bisschen Abstand? Nico wirkt ebenfalls eher nervös. Während wir zum Food Festival auf der Reeperbahn spazieren, erzählt er ohne Unterbrechung irgendwelche Geschichten von seinen Freunden, er zeigt auf Bars und Restaurants, an denen wir vorbeikommen, und erklärt mir, wohin ich unbedingt mal gehen müsse, solange ich noch in Hamburg sei. Wir bleiben vor einer Wand mit einem schönen Graffiti stehen, und ich frage Nico, ob er zeichnen könne. »Penisse!«, antwortet er. Penisse könne er richtig gut zeichnen. Ich muss lachen. Nico hat einen eher einfachen Humor. Mir gefällt das. Mir gefällt auch seine Wohnung. Bevor er zur Arbeit geht, muss er noch kurz nach Hause. Ich könne mit hochkommen, wenn ich wolle. Ich will. Ich finde Wohnungen immer spannend. Sie verraten so viel, sind so persönlich. Nicos Wohnung ist perfekt. Große Fensterfront, schöner Parkettboden. Offene Küche. Auf dem Tisch steht eine Vase mit roten Blumen. Alles hat Stil.

Er fährt mich bis vor meine Haustür und fragt, was ich am Wochenende mache. Er überlege, ein Auto zu mieten und an die Ostsee zu fahren. »Willst du mitkommen?«, fragt er. Ich nicke. Er werde sich melden, verspricht er und fährt los.

Bis Samstagnachmittag höre ich nichts von Nico. Noch vor ein paar Monaten hätte es mich genervt, wenn sich einer längere Zeit nicht meldet. Mittlerweile bin ich entspannter geworden. Sagt einer, er werde sich melden, wird er das schon tun. Wenn nicht, dann hat sich die Sache sowieso erledigt. Aber in den meisten Fällen halten die Männer Wort. Zwei Tage vorher zu fragen, ob die Abmachung noch gelte, ob der Plan noch stehe, das mache ich nicht. Wenn ich so unsicher bin, dass ich mich absichern muss, wenn ich befürchte, dass mich einer sitzen lässt, dann wird das eh nichts, denke ich mir immer. Bei Nico mache ich mir keine Sorgen, dass er sich nicht meldet. Er hat mir erzählt, dass er in der Nacht auf Samstag Nachtschicht hat, er muss also erst mal schlafen. Am Abend um fünf schreibt er. »Ich bin gerade aufgewacht! Was wollen wir unternehmen?« Die Idee, an die Ostsee zu fahren, hat sich wohl erledigt, denke ich. Ich wolle ein Eis essen gehen, schreibe ich zurück. Der Rest sei mir egal.

Wir gehen zur »Eisbande« bei der Sternschanze und fahren danach mit einem gemieteten Cabrio zur »Strandperle« an die Elbe. Wir trinken Weißwein und beobachten die Leute. Wir lachen über eigenartige Kleider, diskutieren über spezielle Paare. Es ist, als würden wir uns schon lange kennen.

Dritte Dates sind immer völlig anders als zweite. Viel vertrauter. Lockerer. Man hat schon ein paar wenige gemeinsame Witze, kann Anspielungen machen. Man muss keine Eckdaten mehr abfragen, sondern kann darauf aufbauen. Auch ist langsam klar, dass man sich gut findet und sich nicht aus Versehen oder mangels Tageslicht gefiel. Das dritte Date ist, wenn es so weit kommt, oft das beste.

Nach zwei Gläsern Wein spazieren wir das Elbufer entlang und fahren dann mit der Fähre weiter zu den Landungsbrücken. Es ist schon zehn Uhr. Wir haben Hunger. Ob ich gut essen wolle, fragt er. Was für eine Frage! »Natürlich will ich gut essen«, sage ich und denke, wer will schon schlecht essen. Nico führt mich in ein edles Restaurant in Hafennähe. Kleine Tische mit weißen Tischtüchern, schummriges Kerzenlicht, Kellner in Uniformen. Ich bin überrascht. Vielleicht sind das die kleinen sprachlichen Unterschiede zwischen Schweizerdeutsch und Hochdeutsch, überlege ich. Mit »gut essen« meint Nico anscheinend »schick essen«. Ich gehe selten in solche Restaurants. Nicht, weil ich sie nicht mag, sondern weil mir schlicht das Geld dazu fehlt. Würde ich mir das öfter leisten wollen, müsste ich anderswo Abstriche machen oder mehr verdienen. Und ich finde »gut essen zu gehen« zwar schön und genieße es auch immer sehr, aber ich gebe mein Geld lieber für ein Flugticket aus. Wenn ich, wie jetzt, so unvorbereitet in einem schicken Restaurant lande, freue ich mich dafür umso mehr.

Als müssten wir unser Benehmen der Umgebung anpassen, wird das Gespräch nun ruhiger und vor allem ernster. Die letzten Stunden haben wir hauptsächlich Blödsinn geredet. Ich habe ihn wegen seines Hipster-Looks aufgezogen, und er hat sich über meine Schweizer Ausdrücke lustig gemacht: Ob wir uns da überhaupt unterhalten könnten, so wie wir sprächen, da müsse man doch die ganze Zeit lachen, wenn man sich reden höre, »Säuli« für Schwein, »Rüebli« für Karotte, »Schööfli« für Schaf, das sei doch zum Schreien komisch. Ich mag Männer, die viel Unsinn reden. Nichts gegen ein tiefgründiges Gespräch, aber eine ironische, sinnlose Unterhaltung ist meiner Meinung nach genauso wichtig. Oder fast wichtiger. Ein solches Gespräch ist ein Duell, ein Tanz. Dabei offenbart sich nicht, ob einer viel weiß oder ob er intelligent ist, aber es zeigt sich, ob ein Mann schnell denken kann. Ob er sich traut, zu kontern. Ob er Fantasie und Humor hat. Nico ist ein hervorragender Gegner und Spielpartner. Er ist nie um eine Antwort verlegen, hat keine Angst, dass er aneckt. Er ist selbstbewusst. Und, wie es scheint, überdurchschnittlich modern. Er sagt: »Mir ist doch egal, wenn eine Frau mehr verdient als ich oder erfolgreicher ist. Im Gegenteil. Ich fände das super, dann müsste ich weniger arbeiten. Männer, die auf unerfahrene, junge Mädchen stehen, haben ein Ego-Problem.« Was er sagt, klingt sehr gut. Fast zu gut. Ich bin erstaunt über seine Gedanken. Im Gegensatz zu den

Männern, die ich in Rom oder New York kennengelernt habe, sagt er nicht einfach, er sei modern und emanzipiert. Er kann seine Meinung mit Argumenten und Beispielen unterlegen.

Kurz nach Mitternacht will das Restaurant schließen. Nico verlangt die Rechnung, ich nehme meinen Geldbeutel hervor. Das sei lieb, aber er werde bezahlen. Ich protestiere nicht. Ich muss ihm nicht beweisen, dass ich selbstständig bin, dass ich für mich selber zahlen kann. Ich finde es schön, wenn mich ein Mann einladen will. Es wäre mir aber auch egal, wenn er es nicht tun würde. Die Moscow Mules in einer kleinen Bar im Schanzenviertel zahle später ich. Nach den Drinks gehen wir ein Lokal weiter. Und dann noch eins. Es ist einer dieser Abende, die man nicht beenden will, weil sie so gut sind. Weil irgendwie alles passt.

Nico und ich verbringen auch den Sonntag zusammen, wir gehen zu einem Elektro-Festival in Wilhelmsburg. Wir sitzen im Gras, und Nico kommentiert die Outfits der Leute. Er lese immer die »Bunte« im Krankenhaus, er wisse genau, was das perfekte Festivaloutfit sei. Mich dünkt, er hat keine Ahnung. Ich bin müde von gestern Abend und froh, dass Nico nicht vor der Bühne tanzen will. Er sei kein Fan von dieser Art Musik. Ich auch nicht. Vor allem jetzt nicht. Ich bin noch verkatert. Je größer der Abstand zu den Lautsprechern, desto besser. »Ich glaube, ich gehe bald mal nach Hause«, sage ich, nachdem die Sonne untergegangen ist. Die Musik, so kommt es mir jedenfalls vor, wird immer lauter. Nico hält mich zurück. Ich solle noch bleiben. »Komm, wir betrinken uns!«, sagt er. Er habe morgen frei, und ich müsse ja nur im Zug sitzen. Ich zögere. Aber er hat ja recht. Ich muss morgen nur packen und nach München fahren. Und ich finde es schön mit ihm. »Okay«, sage ich. Er strahlt. »Jetzt finde ich dich grad noch besser als eh schon!«

Von: Yvonne Eisenring
An: Corinne Eisenring
Datum: 26. Juli 2015 um 13:20 Uhr

Betreff: Ich will, dass ich mein Ticket umbuchen wollen würde

Ich sitze im Zug nach München. Sechs Stunden Fahrt. Zum
Glück dauert das so lang! Sonst käme ich da an und hätte
immer noch ein Durcheinander im Kopf. Knapp sechs Wochen
war ich jetzt in Hamburg. Mit Unterbrechungen, das weißt
du ja. Und viel Besuch. Das ist das Gute, wenn man nicht so
weit weg von zu Hause ist. Alle kommen auf Besuch. In New
York kam mich niemand besuchen, in Rom kamst nur du vorbei.
Aber auch abgesehen von den vielen Besuchen war Hamburg
anders. Die Dates waren anders.
In Hamburg hat mich keiner wie eine Prinzessin behandelt.
Ich wurde nicht so umsorgt wie von den Männern in New York
oder Rom. Ich war oft vor den Männern beim Treffpunkt, in
den anderen Städten musste ich nie warten. Ich glaube, die
Männer hier haben andere Erwartungen an eine Frau. Sie suchen keine, der sie die Welt zu Füßen legen und die Sterne
vom Himmel holen können, sie suchen jemanden auf Augenhöhe. Der Einsatz für eine Frau ist kleiner. Sie wollen
eine Frau zwar von sich überzeugen, aber sie wollen sie
nicht erobern müssen.
So gesehen war es einfacher in den USA und in Rom. Als Frau
ist man (nur) Frau, um den Rest kümmert sich der Mann. In
Hamburg wollen die Männer eher ein »Miteinander« statt ein
»Füreinander«. Obwohl meine Rolle deshalb eine angenehmere
war, ist mir die Kultur hier, die Art der Norddeutschen
näher, vertrauter. Es ist eher das, was ich will.
Ich weiß nach Hamburg deutlich besser, was ich will. Ich
will jemanden, der ironisch ist. Der spontan ist. Der mich
einlädt, weil er es will, nicht weil er denkt, dass er

muss, oder weil er zeigen will, dass er es kann. Ich will jemanden, mit dem ich mich sinnlos betrinken kann, ohne daran zu denken, dass es ungesund und schlecht für Figur und Hirnzellen ist. Eigentlich will ich jemanden wie Nico. Nur will ich Nico nicht.

Und darum hab ich gerade ein Durcheinander im Kopf!

Das Problem, also es ist ja kein Problem, im Gegenteil, also mein Durcheinander ist: Wir hatten ein sehr schönes Wochenende. Nico und ich. Nie wollte ich nicht da sein, wo wir waren, nie dachte ich, ich würde was verpassen. Ich langweilte mich nicht. Ich fühlte mich wohl. Es war alles so einfach, so unkompliziert. Ich wollte Eis essen gehen. Wir gingen Eis essen. Er wollte an die Elbe, wir gingen an die Elbe. Das klingt jetzt sehr banal. Aber ich weiß mittlerweile, wie groß die kleinsten Dinge werden können, wenn man sich nicht einig ist. Wie anstrengend es sein kann, obwohl man sich mag, eigentlich. Bei Nico und mir war es nie anstrengend. Es war vertraut. Sein Denken ist mir vertraut. Als er über sein Bedürfnis nach Freiheit sprach, als er erzählte, dass er sich fast nie auf jemanden einlasse, weil es ihm schnell zu kompliziert werde und weil er so gerne Single sei, da hörte ich viel von dem, was ich selber schon sagte. Und vielleicht ist genau das unser Problem ...

Wenn zwei auf der Bremse stehen, dann rollt der Wagen nicht. Wenn zwei Angst haben abzuheben, bleiben sie am Boden. Vermutlich fehlte es uns beiden an Mut. Oder wir nahmen uns den Mut. Jemanden sagen zu hören, er könne sich praktisch nicht verlieben, ist irgendwie einschüchternd. Das war mir nicht bewusst. Ich habe diese Aussage ja schon oft gehört – von mir.

Vielleicht waren wir beide überfordert, weil es so gut war, weil wir es so gut hatten, obwohl wir ja »nur« ein Tinder-Match waren. Tinder ist nicht schlecht, im Gegenteil. In einer fremden Stadt ist Tinder sehr wertvoll. Ich hätte nie so viele Menschen getroffen und Geschichten gehört, wäre nie an so vielen Orten gewesen, ohne Tinder. Aber Tinder ist eben auch einfach nur Tinder. Es hat keinen Zauber. Ist keine romantische Fügung des Schicksals.

Ich denke, das Problem ist auch, dass uns Tinder wieder zu verklärten, hoffnungsvollen Teenagern macht. Wir sehen diese riesige Auswahl und denken: Irgendwann (er-)wischen wir ihn, den Richtigen, den Perfekten. Solche Apps geben uns das Gefühl, der Traumpartner existiere irgendwo, man muss nur lange genug wischen, und dann findet man ihn. Und so kann man nur verlieren. Man hofft bei jedem Date auf einen Prinzen und kommen tut dann »nur« ein Mensch.

Jetzt fahre ich nach München. Nico und ich haben zwar noch darüber geredet, dass er mich mal an einem der nächsten Orte besuchen kommen könnte, aber ich weiß, dass das nie passieren wird. Und das ist auch okay so. Es stört mich nicht. Ich finde den Gedanken, ihn nicht mehr wiederzusehen, zwar schade, aber nicht wirklich schlimm. Und das müsste ja anders sein, wenn da mehr wäre. Wenn ich verliebt wäre.

Ich habe keine Antwort darauf, was gefehlt hat, was gestört hat. Ob Tinder schuld war. Oder der fehlende Mut. Der Fuß auf der Bremse. Es war sicher ungünstig, dass wir uns erst so spät wiedersahen. Erst wenige Tage, bevor ich abreiste. Aber dass wir keine Zeit mehr hatten, konnten wir nicht wissen. Dass ich schon jetzt weiterziehe, weiß ich auch erst seit einer Woche. Ich habe am letzten Montag das Ticket nach München gekauft. Und ich habe es nicht umgebucht.

Und das ist, was ich will: Ich will, dass ich mein Ticket umbuchen wollen würde.

Pfpf

München

Die Münchner seien offener und charmanter. Sie flirten mehr und umarmen sich sofort. Sagen die Münchner. Die Hamburger sagen genau das Gleiche. Über sich selber. Ich weiß nicht, wer recht hat, ich kann keinen Vergleich ziehen. In Hamburg war ich knapp zwei Monate. Hier in München bin ich knapp eine Woche. Ich wohne bei Deborah, einer Freundin aus Zürich. Vor drei Jahren fuhr sie nach München, verliebte sich in die Stadt und zog hierher. Ich bin oft und eigentlich vor allem wegen ihr hier. Eine Stadt wird gut, wenn man jemanden kennt. Wenn man jemanden wie Deborah kennt, wird sie noch besser. Weil sie alle kennt. Egal, wo wir hingehen. Küsschen hier, Küsschen da. Sofort kenne ich auch Leute. Es ist alles so einfach.

Am dritten Abend gehen wir auf eine Party. Ein Schweizer Arzt hat in seine Wohnung eingeladen. Ein Freund von Deborah. Wir trinken Weißwein und essen Fleisch, das zu lange auf dem Grill war, in einer Ecke wird ein Mini-Mischpult aufgebaut, alle tanzen. Außer uns. Wir sind als Letzte gekommen und noch nicht in Tanzlaune, weil stocknüchtern. Ich unterhalte mich mit Damian. Einem Freund des Gastgebers. Damian erzählt, er habe nur weiße und schwarze Hemden im Schrank, immer der gleiche Schnitt, die gleiche Marke. Am Morgen brauche er zwei Sekunden, um sich zu entscheiden, was er anziehen wolle. Eine kleine, oder wie man auch finden könnte, keine Auswahl zu haben, mache ihn glücklich. »Auch bei Frauen?«, frage ich. »Ja, auch bei Frauen.« Deswegen könne er nichts mit Onlinedating anfangen. Die Auswahl sei viel zu groß. Viel zu viele Fische im Teich. Da schwimme man jahrelang im Kreis, angetrieben von der Idee, dass der Regenbogenfisch irgendwo sei. Aber vielleicht finde man den Regenbogenfisch gar nie. Die Suche könne endlos werden. »Deswegen konzentriere ich mich nur auf Freunde von Freunden. Also auf Frauen, die schon jemanden aus meinem Umfeld kennen«, sagt Damian. Die seien ja dann quasi vorselektioniert worden. Gefiltert. Und, noch wichtiger: »Dieser Teich ist viel kleiner. Die Auswahl ist übersichtlich. Der Aufwand hält sich in Grenzen.« Ich finde eine große Auswahl nicht abschreckend, im Gegenteil, ich finde die Suche umso spannender. Aber die Chance, dass unter Freunden von Freunden ein guter Fang ist, ist vermutlich größer, da gebe ich ihm recht.

Bevor ich gehe, fragt er, ob ich morgen Abend schon was vorhabe. Ich bin überrascht. Ich habe nicht damit gerechnet, dass er sich mit mir verabreden will. Das Gespräch war dafür zu kumpelhaft. Will er auch nicht, stellt sich heraus. Er will mich verkuppeln. Er habe einen Freund, den müsse ich kennenlernen, sagt er. Ich gebe ihm meine Nummer.

Am Sonntagmittag schickt mir Damian eine SMS. Sein Freund würde sich gleich bei mir melden. »Have fun«, schreibt er. Zehn Minuten später, ich sitze auf dem Fahrrad und fahre durch den Englischen Garten, klingelt mein Handy.

»Hallo, hier ist Marlon. Mein Freund Damian hat gesagt, ich soll mich bei dir melden.« Wir unterhalten uns, dann lasse ich mein Handy in der Tasche verschwinden. Zwei Polizisten stehen vor mir. Ich dürfe nicht Rad fahren und gleichzeitig telefonieren. Das koste 25 Euro. Ich jammere und bettle, es sei doch Sonntag, das Wetter schön und überhaupt, ob sie nicht beide Augen zudrücken könnten, es tue mir wahnsinnig leid. Ich klinge leicht hysterisch und hoffe, Marlon hat aufgehängt und hört nicht mit. Irgendwann lassen die Polizisten mich ziehen. Zahlen muss ich nichts.

Kaum sind die Polizisten weg, klingelt das Handy wieder. Nochmals Marlon. Ich erzähle ihm von dem Zwischenfall mit der Polizei, dem Handy und dem Fahrrad. Das sei typisch für München, sagt er. Wir verabreden uns für den Abend. Er würde mir eine Stunde seiner Zeit schenken. »Warum nur eine Stunde?«, frage ich. Ich solle mich freuen, meint er. »Andere Frauen bekommen nur dreißig Minuten! Aber weil Sonntag ist, bin ich großzügig.« Arroganter Typ, denke ich und freue mich trotzdem auf das Treffen.

Um neun Uhr gehe ich zum Lokal, das er angegeben hat. Eine kleine Pizzeria im Glockenbachviertel. Ich weiß nicht, wie Marlon aussieht und ob er mir gefällt. Wäre er ein Freund eines Freundes von mir, hätte ich keine Bedenken. Meine Freunde wissen ja etwa, was mein Geschmack ist. Aber Marlon ist der Freund eines Freundes eines Freundes einer Freundin. Das sind schon eher viele Umwege. Aber ich bin zuversichtlich. Ich mochte Marlons Stimme. Und ich mochte, dass er angerufen und nicht nur eine SMS geschrieben hat. Männer, die anrufen, sind rar. Mit fünf Minuten Verspätung betrete ich das Restaurant Pepenero. Ich muss nicht suchen, der Mann am vordersten Tisch winkt mir zu. Marlon hat dunkle Haare und einen Schnauz. Ich mag keine Schnäuze, ich weiß, sie sind derzeit angesagt, aber ich finde, sie machen das Gesicht zu einem Schnauz-Gesicht. Ich sehe nur noch Schnauz.

Kaum habe ich mich gesetzt, fängt Marlon an, Fragen zu stellen. Zu meiner Reise, meinem Leben, der Liebe. Zu allem. Er will wissen, seit wann ich Single bin, ob ich in den letzten Monaten viele Dates hatte und wo es mir am besten gefallen hat. Ich rede und rede und bin überrascht, dass er immer wieder nachhakt und neue Fragen stellt. Irgendwann brauche ich eine Pause und frage, was er beruflich mache. »Ich sehe schon«, sagt er schnell, »du willst den Spieß umdrehen.« Ich stutze. War abgemacht, dass das eine Fragestunde wird? Marlon scheint zu merken, dass ich überrascht bin. »Ist schon gut, Maus, ich erzähl dir ein bisschen von mir«, sagt er. Er sagt in den nächsten paar Minuten mehrmals Maus zu mir. Oder Süße. Manchmal auch Baby. Vielleicht ist das typisch in München, überlege ich. In Hamburg wurde ich immer beim Namen genannt.

Was er beruflich macht, kann oder will er mir dann doch nicht richtig erklären. Irgendwas mit Werbung, er hat jedenfalls zehn Leute unter sich. Er will mir auch nicht sagen, wie alt er ist. Er überhört meine Frage charmant. Ich hake nicht nach. Ist ja auch egal. Ich schätze ihn auf Mitte dreißig, genauer muss ich es nicht wissen. Auf die Frage, warum er Single ist, reagiert er zuerst auch nicht. Aber ich finde, nachdem er mich nun sicher eine halbe Stunde lang ausgequetscht hat, darf ich beharrlich sein. Ich wiederhole meine Frage. Es funktioniert. Marlon fängt an zu reden. Erst redet er ähnlich wie sein Freund Damian gestern. »Die Auswahl ist einfach zu groß, das macht alles schwieriger«, sagt er. Früher sei noch alles anders gewesen. Als es noch kein Internet gegeben habe. Keine Apps. Als das Leben noch langsamer war. Das war besser, findet er. Ich finde das ewige Jammern über die »heutige Zeit« mühsam. Ich kann auch ziemlich energisch werden, wenn andere so über die Gegenwart schimpfen. Marlon, wie sich herausstellt, ebenfalls. Er bleibt bei seiner These, dass heute schlecht ist, was gestern gut war. Das Gespräch wird hitzig. Wir reden schneller, werden lauter. Irgendwann hat Marlon genug. Er würde meine Ansicht verstehen, aber er sei anderer Meinung. Damit ist die Diskussion beendet. Wir kommen zurück zu meiner Frage, warum er noch Single ist. Viele Frauen seien einfach scheißlangweilig, meint er. »Und, die heutigen Frauen können nicht mehr kochen und wollen nicht mehr putzen. Aber richtig Geld verdienen wollen sie auch nicht.« Ob ich emanzipiert sei, will er wissen. »Ja, doch, schon eher«, sage ich langsam. Aber das heiße ja nicht, dass ich nicht kochen und putzen könne. »Good for you, baby«, sagt Marlon dazu. Er mixt gerne englische Ausdrücke in seine Sätze und erinnert mich ein bisschen an »Voll gechillt«-Juri aus Hamburg.

Nach anderthalb Stunden verlangt er die Rechnung und bezahlt. Zwar hat er die mir auf eine Stunde begrenzte Date-Zeit um die Hälfte verlängert, aber länger hielt sein Interesse dann wohl doch nicht an. Es stört mich nicht. Ich würde Marlon wohl auch kein zweites Mal treffen, wenn ich länger in München bliebe. Aber obwohl er nicht mein Fall ist, er war ein interessantes Gegenüber. Er hat mir widersprochen, wenn er anderer Meinung war. Er war angriffslustig und unterhaltsam.

Ich bedanke mich für das Abendessen. Warum er sich eigentlich so kurzfristig mit mir verabredet habe, will ich noch wissen. »Was hat Damian gesagt, das dich überzeugte?«, frage ich. »Du bist rothaarig, und Damian weiß, dass mir das gefällt. Und er hat gesagt, du seist interessant. Du seist wie Fernsehen, einfach live.« Zu Hause schreibe ich meiner Schwester eine SMS: »Ich bin wie Fernsehen, einfach live! Hat mir gerade einer nach einem Date gesagt. (Ob das gut oder schlecht ist, hat er nicht gesagt.)«

London

Von München fliege ich nach London und dann weiter nach Irland. In London bleibe ich nur ein Wochenende. Ich besuche Marco, einen Freund, der seit einigen Jahren hier lebt. Ich kenne Marco noch aus der Schulzeit. Wir hatten nie was miteinander und werden auch nie was miteinander haben – vor allem weil er schon mit vielen meiner Freundinnen was hatte. Marco arbeitet bei einer Bank und hat zurzeit drei Affären. Er trifft jede dieser Frauen mindestens einmal pro Woche. Dazwischen verabredet er sich mit solchen, die er auf Tinder kennenlernt. In London sei jeder auf Tinder. Jeder habe ständig Dates. Er findet Tinder eine der großartigsten Erfindungen der Neuzeit.

»Warum suchst du auch noch auf Tinder nach Frauen?«, frage ich. »Du hast ja schon drei Affären!« Es gehe um den Kick, sagt er. »Knacke ich sie oder nicht?« Ich finde das keine gute Erklärung. »Und wenn dir die Frau richtig gut gefällt? Willst du dann nur schauen, ob du mit ihr ins Bett kannst?« Wenn er sich verlieben würde, dann wäre das natürlich anders, dann würde es um mehr gehen. Bisher sei das einfach noch nicht vorgekommen. »Hat dir noch keine der Frauen gefallen, die du bisher getroffen hast?«, frage ich. »Also so richtig?« – »Doch, natürlich.« Eine, mit der hatte er dann eine kurze Affäre, in die hatte er sich verliebt. Sie gefällt ihm immer noch. »Aber wir haben gerade nur wenig Kontakt. Einmal pro Woche eine SMS. Höchstens.« Ob sie kein Interesse gehabt habe, will ich wissen. Er winkt ab. Dass sie fast keinen Kontakt hätten, liege hauptsächlich an ihm. Er würde sich kaum melden.

Das ist doch total blödsinnig, überlege ich. »Wie soll diese Frau denn wissen, dass du sie eigentlich gut findest? Wie soll sie das merken, wenn du dich nie meldest und kein Interesse zeigst?«, frage ich. Das ist doch absolut unlogisch, denke ich. Wenn sich einer nicht meldete, hieß das für mich immer, dass er nichts will. Keine SMS, kein Interesse. Habe ich das jeweils falsch gedeutet?

»Du hast recht. Das macht wenig Sinn«, sagt Marco jetzt. Er könne das auch nicht richtig erklären. Es sei einfach so. Damit ist die Sache geklärt. Jedenfalls für ihn. Ich bleibe ratlos und hoffe, dass das nur in London so ist.

Nach zwei Tagen fliege ich weiter nach Irland. Wenn ich in ein Flugzeug steige, und das tue ich derzeit ja oft, kommen mir all diese Filme in den Sinn, in denen sich zwei Menschen im Flugzeug kennenlernen. Ich kenne Dutzende solcher Liebesgeschichten. Privat aber nur eine einzige Person, der genau das passiert ist. Meine Gast-Schwester aus Venezuela, Naty, stieg nach einem Junggesellinnenabschied in Las Vegas völlig verkatert ins Flugzeug, auf dem Sitz neben ihr saß ein netter junger Mann, sie unterhielten sich, tauschten Nummern. Jetzt sind sie verheiratet und haben zwei Kinder. Mir ist nicht mal annähernd etwas Ähnliches passiert. Bisher saß ich immer neben älteren Frauen oder schreienden Babys.

Auf meinem Flug von London nach Dublin ist 22C mein Sitzplatz. Ein Platz am Gang. Am Fenster sitzt eine junge Frau. Zwischen uns ein junger Typ. Sehr muskulös, dunkle Haare, enger Pullover. Sie blättert in einer Frauenzeitschrift, er tippt auf seinem Smartphone rum. Ich nehme mein Lachs-Sandwich hervor. Wir sind noch nicht mal auf dem Rollfeld, da sehe ich, wie der Typ seinen Kopf in die Hände stützt und dann mit dem Handrücken über seine Augen wischt. Er weint. Der Typ weint! Ich schaue zur Frau neben ihm. Diese blättert unbeeindruckt in ihrem Magazin. Ist wohl doch nicht seine Freundin, denke ich. Ich weiß nicht, ob ich irgendetwas tun, sagen, fragen soll. Männer, die weinen, überfordern mich. Nicht, weil ich nicht gut finde, dass sie es tun. Aber weil sie es doch eher selten tun. Wenn eine Frau weint, dann kann man entspannt mal abwarten, das muss überhaupt nichts heißen.

Aber wenn ein Mann weint, dann ist er nicht einfach mal ein bisschen emotional. Dann ist er verzweifelt. Dann ist das ein Notfall. Das denkt er wohl auch, der Typ. Jetzt hält er ein Fläschchen »Notfall-Bachblüten-Tropfen« in der Hand. Ich kenne diese homöopathischen Mittelchen. Meine Mutter hat mir die vor großen Prüfungen gegeben, fünf Tropfen, bevor es losgeht. Mein Sitznachbar hat wohl eine andere Dosis verschrieben bekommen, er pumpt sich eine Pipette nach der anderen in den Mund. Das Flugzeug fährt aufs Rollfeld. Ich weiß nicht, was ich sagen soll, und esse schweigend mein Lachs-Sandwich. Die junge Frau liest in ihrem Magazin. Der Typ weint immer noch. Wir heben ab.

»Helfen die Tröpfchen was?«, frage ich nach dem letzten Bissen. Mäßig geistreich, aber mir kommt nichts Besseres in den Sinn. Er lächelt. »Nicht wirklich, ich bräuchte wohl etwas Stärkeres«, sagt er. Ich biete ihm ein Stück Schokolade an. Er winkt ab. Er ziehe nach Dublin, sagt er, ohne dass ich danach gefragt habe. Er war drei Jahre in London. Aber er habe es nicht mehr ausgehalten in der Stadt. Jetzt wolle er ein neues Leben beginnen. Ein ruhigeres. London sei ihm zu hektisch. Das Tempo zu hoch. Schnell zur Arbeit, schnell nach Hause, schnell was essen, schnell ins Fitness. Alles mache man schnell. Zeit, Freunde zu finden, bleibe keine. In Dublin kennt er eigentlich niemanden. Er wuchs im Norden Englands auf, aber aufs Land wollte er nicht. Das erfahre ich alles innerhalb von zehn Minuten. Der Typ, ich weiß seinen Namen nicht, redet ohne Unterbrechung. Ob er Flugangst habe, frage ich irgendwann dazwischen. Wenn er mit jemandem sprechen könne, gehe es. Wir unterhalten uns weiter. Er ist hübsch. Soweit ich das beurteilen kann. Ich sehe ja nur seine rechte Gesichtshälfte. Er hat kurze braune Haare, eine kleine Nase, ein Tattoo am Oberarm. Was er in Dublin arbeiten und wo er wohnen wird, weiß er noch nicht. Er habe sich noch um nichts kümmern können. Er wisse einzig, in welches Fitnesscenter er gehen werde. Das habe er noch in London ausfindig gemacht.

Wir reden während des ganzen Fluges miteinander. Irgendwann fragt er, wie alt ich sei. Er ist 24. Ich hätte ihn älter geschätzt, gebe ich zu. Das würden alle denken, sagt er. »Ich fühle mich auch älter.« Ich könne ihm leider nicht viele Tipps für Dublin geben, ich würde die Stadt auch nicht kennen, sage ich, kurz bevor wir landen. Ich mache eine Reisegeschichte für ein Schweizer Magazin und bleibe ein paar Tage mit meinem Fotografen in der Stadt, bevor wir durchs Land reisen. Er dürfe sich gerne melden, wenn er mit uns weggehen wolle, biete ich ihm an. Er bedankt sich und tippt meine Nummer in sein Handy. Beim Gepäckband warten wir gemeinsam auf unsere Koffer. Der Typ ist riesig, wie er so neben mir steht. Zuerst nimmt er einen rosa Koffer vom Band, dann eine Gitarre. Männer, die Gitarre oder Klavier spielen, bekommen hundert Extrapunkte. Meine Tasche rollt heraus. Ich verabschiede mich. Er werde sich melden, verspricht er.

Nun. Es hätte eine schöne Geschichte werden können. Es hätte Kino werden können.

Aber: Ich habe nie von ihm gehört.

Dublin

Ich war noch nie bei einem Speeddating. Das hat vor allem damit zu tun, dass ich immer dachte, nur komische Typen, die nächtelang zu Hause Videogames spielen und deshalb noch Single sind, gingen zu solchen Veranstaltungen. Ein bescheuertes Vorurteil, ich weiß. Im Gegensatz zu Onlineportalen und Apps geht man beim Speeddating immerhin noch raus. So gesehen ist es bedeutend mutiger und ehrlicher, als wenn man sich hinter Profilbild und SMS versteckt. Aber nicht weil ich zu diesem Schluss gekommen bin, sitze ich an einem kleinen Tischchen, auf meiner rechten Brust einen Aufkleber mit meinem Namen drauf und vor mir einen Zettel mit drei Spalten: Name, Ja und Nein. Ich bin für eine Reportage bei einem Rothaarigen-Treffen in Irland und auf diesem Festival findet ein Ginger-Speeddating statt.

Die Iren gefallen mir. Sie sind selbstbewusst, aber keine Machos. Sie lachen laut. Reden laut. Und den irischen Akzent mag ich fast noch mehr als den britischen, obwohl ich bedeutend weniger verstehe. Viele sind groß und breitschultrig. Und ganze zehn Prozent von ihnen sind rothaarig. Im Gegensatz zum Rest der Welt mit nur einem Prozent an Rothaarigen ist das unglaublich viel.

Ich habe ein gespaltenes Verhältnis zu rothaarigen Männern. Einige finde ich richtig schön und vor allem speziell. Aber irgendwie wäre es, glaube ich jedenfalls, auch ein bisschen komisch, einen Rothaarigen zu daten. Weil es sich ein wenig wie Bruder-Schwester-Sein anfühlen würde. Eigentlich ein dummer Gedanke. Bei zwei Blonden denke ich ja auch nicht an Inzest. Aber, ob dumm oder nicht, meine Exfreunde waren alle brünett. Mit einem Rothaarigen hatte ich noch nicht mal ein Date. Aber das hole ich jetzt nach. Im Eiltempo.

Zwanzig Männer werde ich daten. Drei Minuten werden die Dates dauern. Die Frauen bleiben sitzen, die Männer rutschen nach rechts. Auf jedem Tisch liegt ein Blatt Papier mit Fragen, falls man nicht mehr weiß, was reden. Das passiert sicher nicht, denke ich. Sind ja nur drei Minuten.

Mein erstes Speeddate. Oli. Oli hat pechschwarze Haare, sieht aus wie ein typischer Südländer. Was er hier mache, frage ich, das sei doch ein Speeddating für Rothaarige. Er streckt mir seine Arme hin. Er sei schon ein bisschen ein Ginger, er habe ganz viele Sommersprossen. Er habe seine Schwester hierher begleitet, sagt er und zeigt auf eine Frau mit dunkelroten Locken, die an der Bar steht. Sie sei aber zu schüchtern für so etwas. Wir müssen uns anschreien, so laut ist es in dem kleinen Raum. Ich verstehe oft nicht, was er sagt. Er versteht mich auch nicht. Es läutet. Ich habe nicht herausgefunden, was er macht, woher er kommt, nichts. Aber er ist sympathisch. Ich kreuze »Ja« an.

Stefan setzt sich. »Ich weiß gar nicht, was ich sagen soll«, sagt er als Erstes. Stefan hat rotblonde Haare, helle Wimpern und Sommersprossen im Gesicht. Ich frage, ob er eine rothaarige Frau wolle, weil er bei diesem Speeddating sei. Nein, auf keinen Fall, sagt er. Er habe Angst vor rothaarigen Frauen. »Sie sind aufbrausend! Zu temperamentvoll! Feurig!« So ein Quatsch, denke ich und kreuze »Nein« an.

Der Nächste ist Fred. Fred macht mich sofort nervös. Nicht, weil er mir so gut gefällt. Er ist sehr hibbelig. Er fuchtelt mit seinen Händen vor meinem Gesicht, rutscht auf seinem Stuhl herum, redet wie ein Wasserfall. Die Zeitbeschränkung scheint ihn zusätzlich anzuspornen. Er will Alter, Herkunft, Job, Hobbys von mir wissen. Bevor ich antworten kann, rattert er seinen Steckbrief runter. Fred ist 44 Jahre alt, aus Dublin, arbeitet bei einer Bank, trainiert gerade für einen Marathon. Die Zeit ist abgelaufen. »Nein«.

Robert setzt sich. Nach dem zappeligen Fred ist seine Ruhe sehr angenehm. Er wirkt entspannt. Fast ein bisschen zu entspannt. Ich merke zum ersten Mal: Drei Minuten können sehr lange sein. Robert ist aus Holland. Er kam mit einem Kumpel. Er hat rote, lange Haare, eine Nerd-Brille. Er öffnet kaum den Mund, wenn er spricht. Nach gefühlten zehn Minuten sind die drei Minuten um.

»Ich will die Eine finden«, sagt Tom, kaum dass er sich gesetzt hat. Tom hat sich extra frei genommen, damit er zum Speeddating kommen kann. Tom ist Hotelmanager. Er arbeitet achtzig Stunden die Woche. Er würde sich aber Zeit freischaufeln, wenn er die richtige Frau treffen würde. Aber es gäbe ja nicht viele gute Frauen. Tom ist höflich und freundlich, aber er interessiert mich irgendwie nicht.

Sam ist der Nächste. Seine Haare sind doppelt so lang wie meine und zu einem Zopf geflochten. Auf seinem T-Shirt stehen die Tournee-Daten einer Band, die »Death« heißt. Sam hat eine Harley Davidson in der Garage stehen und geht jeden Abend ins Pub. Er hat eine tiefe Stimme und ein noch tieferes Lachen. Sam ist aus Dublin. Eine gute Stadt, wenn man gern betrunken ist, sagt er und lacht. Es läutet. »Nein«. Sam ist zwar sympathisch, aber ich bin alles andere als eine Rockerbraut.

Dann kommt Michael. Michael ist klein und rund, und nachdem er mich zehn Sekunden angeschaut hat, macht er eine Persönlichkeitsanalyse. »Du bist ein sehr kontrollierter Mensch«, sagt er. Wie er darauf komme, frage ich. »Du lachst nie. Lach mal! Lach!«, sagt er, sehr energisch und bestimmt. Ich lache nicht. Logisch nicht. Warum soll ich auf Kommando lachen? Überhaupt, denke ich, was fällt diesem Typen eigentlich ein? Michael verschränkt die Arme vor der Brust, lehnt sich im Stuhl zurück und schaut mich wütend an. Ich bin leicht schockiert, aber auch amüsiert. So wie er da sitzt, sieht er ein bisschen aus wie ein schmollender Zwerg. Ich mag ihn nicht. Er mag mich nicht. Es läutet. »NEIN.«

Dann kommt Josh aus Crosshaven, einer der Helfer, ich habe ihn schon am Nachmittag gesehen. Seine rote Mähne hat er mit einem grünen Band zusammengebunden. Er ist interessiert und nett, aber nicht mein Typ. Danach setzt sich Tom aus Chicago zu mir. Tom ist 26, sieht aber viel jünger aus. Er hat einen Lollipop im Mund und spricht deshalb sehr undeutlich. Justin aus Michigan ist der Nächste. Er reist gerade durch Irland. Alleine. Seine Freunde würden alle Kinder kriegen oder heiraten. Justin hat heute Geburtstag, er wird 25 Jahre alt. Connor ist noch jünger als Justin, gerade mal 22 Jahre alt. Er hat einen Lachkrampf von seinem Date vor mir. Er schaut auch die ganze Zeit zum Nebentisch. Es läutet. Ich mache, wie schon bei den Männern zuvor, ein Kreuz bei »Nein«.

Dann setzt sich Liam. Liam hat dunkle Haare, eine Brille, sehr weiße Zähne. Ich schaue auf seinen Zettel. Im Gegensatz zu seinen Vorgängern hat er ihn nicht umgedreht, er zeigt offen, was er angekreuzt hat. Überall ist ein Kreuz bei »Nein«, auch bei mir steht »Nein«, dabei haben wir uns noch gar nicht unterhalten. Der weiß aber genau, was er will, denke ich. Bei einer Frau gibt es ein großes »Ja«. Umrundet. Warum denn das, frage ich. »Was war an ihr so spannend?« – »Das ist meine Freundin«, sagt Liam und lacht. Es sei ja eh nicht ernst hier.

Nick sieht das anders. Er nimmt die Sache sehr ernst. Er will hier eine Ehefrau finden. Er hat kupferrote, schulterlange Haare, und weil er immer gehänselt wurde, will er gern eine rothaarige Freundin, die gleiche Erfahrungen gemacht hat. Eine Selbsthilfegruppe mit ein bisschen Sex, quasi. Nick schaut mir gerne lange in die Augen. Er lehnt sich auch gerne weit über den Tisch. Irgendwie ist mir das unangenehm.

Es kommen noch Sandro, dessen größte Leidenschaft sein Auto, ein alter Mini Cooper, ist, Peter, der einen Bauernhof mit hundert Kühen hat, und der brünette Christopher aus Paris, der eine feuchte Aussprache hat und hier eine Geliebte finden will.

Ich bräuchte oft nicht mal die drei Minuten und wüsste trotzdem, ob ich jemanden wiedersehen will oder nicht. Ein überlegter Entscheid ist das natürlich nicht. Ich muss mich auf mein Bauchgefühl verlassen. Eigentlich die absolut perfekte Form von Dating, überlege ich, weil man unglaublich viel Zeit und Energie spart. Dann schaue ich auf meinen Zettel und bin nicht mehr ganz so sicher. Abgesehen von Oli, und der hatte wohl einen Start-Bonus, haben alle bei »Nein« ein Kreuz bekommen. Vielleicht sind drei Minuten doch zu wenig. Vielleicht würde ich meine Meinung ändern, hätte ich mehr Zeit.

Und dann, als Zweitletzter, setzt sich Ryan. Ryan sitzt keine zehn Sekunden vor mir und hat mich schon total überzeugt. Dabei hat er kaum was gesagt. Er kann auch kaum was sagen. Er hat ein Bonbon im Mund und flucht, weil er deshalb gar nicht mit mir reden kann. Ryan hat hellblaue Augen. Seine Haare sind rostrot. Ich finde ihn attraktiv. Er erzählt, dass er Gitarre spiele und eigene Songs schreibe. Weiter kommen wir nicht. Es läutet. Ich bin sicher, das waren keine drei Minuten. Ich schaue auf sein Papier, will sehen, ob er einer der Typen ist, die einfach mal jeder Frau ein »Ja« geben, damit ihnen auch sicher kein Match durch die Lappen geht, oder ob er gezielt auswählt. Ich stutze. Auf Ryans Papier sind alle Spalten leer. Er hat nicht mal die Namen der Frauen notiert. Er müsse das doch ausfüllen, sage ich, warum denn das nicht ausgefüllt sei. Ich merke, dass meine Stimme einen Tick zu laut und schrill ist, und werde sofort rot. Er werde das schon noch machen, bevor er den Zettel abgebe, sagt er ruhig. Er habe ein gutes Gedächtnis, er könne sich bestimmt an die Frau erinnern, die ihm gefallen habe.

Zwei Stunden später begegne ich Ryan noch einmal an der Bar. Ob er brav ausgefüllt und abgegeben habe, frage ich. »Aber sicher«, sagt er und klingt dabei sehr sarkastisch. Ich traue mich nicht, nachzuhaken oder zu fragen, ob er bei mir ein Kreuzchen gemacht hat. Ich frage ihn auch nicht nach seiner Nummer oder E-Mail-Adresse. Bringt ja wahrscheinlich eh nichts, denke ich. Ich gehe ja übermorgen schon nach New York.

New York

Vier Tage nach dem Speeddating in Irland sitze ich im Café Le Pain Quotidien in der Upper East Side in Manhattan und bereite mein Interview für den nächsten Tag vor. Ich bekomme eine Nachricht von einer unbekannten Nummer. »Hi Yvonne, deine Matches von letztem Samstag sind: Oli und Ryan. Danke fürs Mitmachen! Das Team von Ginger-Speeddating.« Dahinter stehen die Nummern der beiden Männer.

Ich schreibe Ryan eine SMS: »Du hast den Zettel doch noch ausgefüllt! Aber die E-Mail kam ein bisschen zu spät: Ich bin schon in New York.« Zwei Minuten später antwortet er: »Neeeeeeeein, sag das nicht!!! Aber ... ich beginne in zwei Wochen einen Road Trip durch Europa. Falls du dann in der Schweiz bist, komme ich dich besuchen. Oder du kommst bald wieder mal nach Irland.«

Wir schreiben noch ein paar Mal hin und her. Ich frage, wann er denn genau plane, in die Schweiz zu kommen, ich sei nur zwei Monate in Zürich. »Ich plane nicht, ich fahre einfach los«, antwortet er. Aber er werde sich melden, verspricht Ryan. Ich würde mich freuen, schreibe ich.

Ich bleibe diesmal nur zehn Tage in New York, dann gehe ich für zwei Monate zurück nach Zürich. Um zu arbeiten. Wieder als Reporterin beim Fernsehsender TeleZüri. Das war nicht geplant. Nicht so. Aber ich freue mich. Mein Bankkonto freut sich ebenfalls. Dass ich jetzt nochmals hier in New York bin, in der Mitte meines Experiment-Jahrs, war ebenfalls nicht geplant. Ich wurde angefragt, ein Porträt über eine Schweizer Unternehmerin zu schreiben, die hier lebt. Ich habe natürlich zugesagt. Wenn ich nach New York kann, sage ich immer Ja.

Dass ich während dieser kurzen Zeit per Zufall auf einen Mann treffe, den ich von meinem letzten Aufenthalt kenne, ist praktisch unmöglich. New York ist viel zu groß dafür. Will man jemanden sehen, muss man sich schon mit jemandem verabreden. Ben würde ich gerne sehen, aber er ist gerade im Urlaub. Am Tag meiner Abreise wird er zurückkommen. Jakob, der Grafiker, würde mich gerne sehen. Er schreibt mir ein paar Mal auf Facebook, aber irgendwie kommt trotzdem kein Treffen zustande. Er arbeitet viel, und an den beiden Abenden, die er vorschlägt, habe ich schon etwas vor. Dafür treffe ich José. José war einer der Letzten, mit denen ich auf Tinder gematcht habe, als ich das letzte Mal hier war. Getroffen haben wir uns nie. Im Frühling wohnte ich die letzten Wochen im East Village. José lebt in der Upper West Side. In New York können Wohnorte in zwei verschiedenen Stadtteilen ein Treffen problemlos unmöglich machen.

Aber dieses Mal wohnen wir näher, es trennt uns nur noch der Central Park. Wir verabreden uns für Montagabend um acht Uhr. Ich komme zehn Minuten zu spät in die »Pony Bar« in der Upper East Side. Sie ist zwar gleich bei mir um die Ecke, aber ich war tagsüber mit Freunden unterwegs und wollte mich noch rasch umziehen. Von meinem Make-up ist nicht mehr viel übrig, und meine Haare sehen aus, wie Haare nach einem Tag bei 35 Grad aussehen. Aber ich hatte keine Zeit, das noch zu ändern. José sitzt an der Bar, vor ihm ein Glas Wasser. Ob er noch was anderes bestellen wolle, frage ich ihn. Nein, er trinke keinen Alkohol. Männer, die nicht trinken, sind mir immer ein wenig suspekt. Hatte er ein Alkoholproblem? Oder ist er wie Ben auf einer krassen Low-Carb-Diät? Er habe in seiner Jugend übertrieben, erklärt er, ohne dass ich danach fragen muss, deshalb habe er mit 19 aufgehört zu trinken. »Ich bin aber auch ohne Alkohol lustig«, verspricht José.

Und behält recht: Ich muss manchmal so sehr lachen, dass ich mich verschlucke. José schreibt Komödien für ein Theater in Chelsea, deshalb kam er nach New York. Er ist aus Uruguay. Uruguay sei so winzig – das Land ist noch kleiner als die Schweiz, da leben nur drei Millionen Einwohner –, da bestünde kein Markt für Comedy-Autoren. Er erzählt, wie er nach New York kam und sich durchschlagen musste. Um Geld zu sparen, mietete er in Brooklyn ein kleines Zimmer bei drei Travestie-Prostituierten und erfuhr unter anderem, welches Kondom am besten geeignet ist für Oralsex. »Eines ohne Gleitmittel!« Ich muss lachen, weil er mir das so ernst erzählt

Wir reden über kulturelle Unterschiede. Über Männer und Frauen in Südamerika, in Europa und den USA. In seiner Heimat würden alle Männer ihre Frauen betrügen, sagt José. Alle. Man würde das von den Männern fast erwarten. Frauen würden auch betrügen, aber es sei nicht gleichermaßen akzeptiert. Deshalb wolle er nicht zurück nach Uruguay. Weil ihm diese Mentalität nicht gefalle. »Weil ich nicht betrügen will, habe ich keine feste Freundin«, sagt er. Ich finde diese Erklärung mäßig einleuchtend. »Weil du nicht betrügen willst, hast du keine Freundin?«, frage ich ungläubig. Er finde es auch einfach zu schön, Single zu sein, gibt er zu. Das ist wohl der wahre Grund, denke ich. Er wolle nun mal keine Beziehung, erklärt er. »Aber das sage ich den Frauen immer. Gleich zu Beginn! Ich bin immer ehrlich zu ihnen!«, verteidigt er sich, obwohl ich ihn gar nicht kritisiert habe. Ich kenne Männer wie José. Männer, die ganz früh laut aussprechen, dass sie eigentlich nichts wollen. Manche schieben noch den Satz »Verlieb dich bloß nicht in mich!« nach und denken, damit seien sie fein raus, wenn sich eine Frau nach einer längeren Affäre eben doch verliebt. »Ich habe dich doch gewarnt«, können sie dann sagen. »Und was passiert, wenn du dich verlieben würdest?«, frage ich José. »Dann würdest du doch eine Beziehung wollen, nicht?« José schüttelt energisch den Kopf. Das werde nicht passieren. »Ich verliebe mich nicht. Nie!«

Ich müsse gehen, sage ich nach knapp zwei Stunden. Abgesehen von seinen Aussagen zum Thema Fremdgehen und Verlieben gefällt mir, was er sagt. Und mir gefällt, wie er aussieht. Er hat eine große

Nase, das gefällt mir immer, und schöne Lippen. Wenn er lacht, bekommt er Grübchen. Was mir am meisten auffällt: Er riecht unglaublich gut. Oder sein Parfüm. Das weiß man ja nie so genau.

Er begleitet mich bis zu meiner Wohnung. Wir stehen vor den Stufen meines Backsteinhauses. Erst jetzt fällt mir auf, dass José eher klein ist. Er ist höchstens einen Kopf größer als ich. Aber es stört nicht. Im Gegenteil. Seine Größe ist perfekt. »You're a great kisser«, sagt er irgendwann. »Du auch«, sage ich. Was für eine Untertreibung! Würde er mich nicht festhalten, würde ich zusammensacken. Meine Beine sind Käsefondue. Ich fühle mich betrunken, obwohl ich nur einen Martini und danach Wasser getrunken habe. Wer so gut küsst, hat Übung, denke ich. Dann gehe ich die Treppen hoch. Allein.

Am nächsten Tag skype ich mit meinem schwulen Freund Kari in Bogotá und erzähle ihm vom Date mit José. »Aber Yvchen, warum hast du ihn nicht mit hoch genommen? Wenn er doch so gut geküsst hat!« Er schüttelt verständnislos den Kopf. »Ich kenne den Typen doch fast nicht!«, sage ich. Wir hatten ja gerade mal ein einziges Date. Und ich hätte heute Morgen nicht neben einem fast unbekannten Mann aufwachen wollen. »Du kennst mich doch. Ich habe keine Lust auf One-Night-Stands«, sage ich ihm. Meine Haltung mag altmodisch sein. Oder verklemmt wirken. Schon möglich. Beim ersten Date Sex zu haben, ist heute fast die Norm. Es gilt als wild und emanzipiert, wenn man sofort mit einem Mann schläft. Ich finde das auch völlig okay. Wenn eine Frau beim ersten Date Sex haben will, soll sie beim ersten Date Sex haben. Aber ich will nicht wollen müssen, nur weil es andere so machen. »Ich habe einfach keine Lust auf schlechten, unpersönlichen Sex«, sage ich. »Vielleicht wäre es mit José ja gar nicht schlecht gewesen«, erwidert Kari. »Vielleicht wäre es hervorragend gewesen!« Ich gebe ihm recht. Das könne ich nicht wissen. »Ich wollte ihn einfach nicht mit hoch nehmen. Das muss als Erklärung reichen«, sage ich. Kari nickt.

Über dieses Thema rede ich nicht nur mit Kari. Ich führte schon viele Diskussionen darüber, wie schnell man mit einem Mann schlafen soll. Ich glaube, es gibt keine Regel. Ich bin wohl eher langsam, eher abwartend, aber ich finde, das muss jede Frau selber entscheiden. Am wenigsten halte ich von der Taktik, den Sex künstlich hinauszuzögern, weil man damit signalisieren will, dass man schwer zu kriegen ist. Das ist doch bescheuert! Dass ich nie bei einem ersten Date und sehr selten bei einem zweiten oder dritten mit einem Mann schlafe, hat einen anderen Grund: Mein Interesse ist meistens einfach nicht groß genug. Mich stört es nicht, dass ich so bin. Ich habe nicht das Gefühl, dass ich etwas verpasse. Den Sex hole ich in Beziehungen oder Affären nach.

Vier Tage, bevor ich nach Zürich fliege, treffe ich Alvaro. Alvaro ist Kameramann und ein Bekannter einer Schweizer Freundin. Ich müsse ihn kennenlernen, hat sie gesagt. Mehr nicht. Ich schrieb ihm auf Facebook. Er antwortete sofort und fragte, ob ich Samstagabend Zeit hätte. Ich bin dann schon mit meiner Freundin Megan verabredet. Aber ich kann ihn vorher treffen, überlege ich. »Wollen wir uns für einen kurzen Drink treffen?«, frage ich, ich wolle später noch weitergehen. Er ist einverstanden und schlägt die Bar St. Mazie vor. Ich brauche fast eine Stunde von meinem Hotel in der Upper East Side nach Williamsburg. Aber es stört mich nicht, ich gehe ja danach zu Megan, und sie wohnt ebenfalls in Brooklyn.

Ich bin, untypisch für mich, aber typisch schweizerisch um exakt sieben Uhr an der Bar und bestelle einen »Said & Done«. Sieben nach sieben ist auch Alvaro da. Er trägt, obwohl draußen noch die Sonne scheint, eine schwarze Wollmütze. Überraschen tut mich das nicht. Es hätte mich überrascht, wäre er ohne Hut oder Mütze gekommen. Er trägt immer eine Kopfbedeckung. Jedenfalls auf all seinen Facebook-Fotos. Alvaro hat mich gestern gefragt, ob ich auf der Social-Media-Plattform sei, und – wie er mir gleich erzählt – da dann auch all meine Videos und Fotos durchgeklickt. Er habe leider nichts verstanden, weil alles auf Schweizerdeutsch sei. »Aber es sieht super aus, was du machst!« Mir gefällt, dass er offen zugibt, dass er mein Facebook-Profil durchforstet hat. Ich habe sein Profil ebenfalls kurz angeschaut. Mir ist neben seiner Mütze eine Frau aufgefallen, die immer wieder auf seinen Fotos auftaucht. Ich kenne die Frau, sie ist eine bekannte New Yorker Designerin. Die Frau sei seine Exfreundin, erklärt er. »Wir waren zwei Jahre zusammen. Seit drei Jahren sind wir getrennt, aber immer noch gut befreundet.« Zu wissen, wer die Exfreundin ist, ist ein wenig eigenartig, aber nicht zwingend schlecht. Je nach Exfreundin ist es sogar gut. Wenn diese Frau mit ihm zusammen war, dann spricht das für ihn, denke ich. Was sein Typ Frau sei, frage ich. »Mir gefallen starke, erfolgreiche Frauen. Frauen, bei denen niemand sich traut, sie anzusprechen, interessieren mich oft am meisten«, sagt Alvaro. Ich glaube, dass er bei diesen Frauen erfolgreich ist. Alvaro hat ein hübsches Gesicht, das sieht man, obwohl man davon wenig sieht, oben die Kappe, unten der Bart. Er erzählt spannende Geschichten, stellt gute Fragen. Und ich mag selbstbewusste Männer. Alvaro ist sehr selbstbewusst.

Nach zwei Stunden will Alvaro Zigaretten kaufen gehen. Auf dem Weg zum Tabakladen gehen wir an einem Restaurant vorbei, an einem der Tische sitzt ein Pärchen. Der Mann und die Frau schweigen sich lächelnd an. Die seien bestimmt bei ihrem ersten Date und wüssten nichts mehr zu reden, sage ich. »Das ist mindestens das zweite Date«, glaubt Alvaro. »Wollen wir zurückgehen und fragen?« Ich staune selber über meinen Vorschlag. Aber noch mehr staune ich, dass Alvaro darauf eingeht. Wir gehen zum Pärchen zurück. »Dürfen wir kurz stören?«, frage ich, als wir vor ihrem Tisch stehen. Dann schaue ich zu Alvaro rüber, mir ist die Situation plötzlich unangenehm. Wie kommen wir aus dieser komischen Nummer bloß wieder raus? »Wir machen einen Dokumentarfilm zum Thema Dating«, sagt er ruhig. »Können wir ein kleines Interview mit euch machen?« Er hält sein iPhone in beiden Händen, als wollte er gleich filmen. Das Pärchen reagiert mäßig begeistert, sie hätten gerade eine schwierige Phase, sagt die Frau. Wir gehen. Ich bin begeistert. Von Alvaro. Weil er mich aus der Situation gerettet hat, und vor allem auch, weil er bei dem Blödsinn mitgemacht hat.

Wir gehen zurück zur Bar, und ich schreibe Megan, sie solle doch dazukommen. Alvaro sei lustig, ich würde gerne noch ein bisschen Zeit mit ihm verbringen. Sie antwortet, sie sei zu müde und wolle nicht mehr raus. Wir verabreden uns für morgen. Ich bin froh, dass Megan unser Treffen verschoben hat. Ich will noch nicht gehen, Alvaro gefällt mir. Er berührt mich zwar einen Tick zu oft, fast jedes Mal, wenn er mich was fragt oder eine Antwort gibt, streift er kurz meinen Arm, hält meine Schultern. Und optisch ist er eigentlich nicht mein Typ, aber ich mag ihn. Das Gespräch kommt nie ins Stocken, wir verstehen uns hervorragend.

Hätte ich gehen müssen, hätte ich Alvaro unbedingt wieder treffen wollen. Aber ich gehe ja nicht. Wir essen Miesmuscheln und Pommes, dann gehen wir eine Bar weiter. Je später der Abend, desto öfter liegt Alvaros Hand auf meinem Arm. Oder meinem Knie. Er lehnt sich zu mir rüber, streicht mir die Haare hinters Ohr. Ich sei atemberaubend, flüstert er mir zu. Er habe schon immer eine Schwäche für Rothaarige gehabt. »And you«, haucht er und macht zwischen jedem Wort eine kleine Pause, »You. Are. Absolutely. Stunning.« Er streicht mir über den Rücken, rückt mit seinem Stuhl näher. Er sagt, er sei ganz anders als andere Männer, er wolle immer nur die Frau glücklich machen. »I love to go down on a woman.« Er liebe es, eine Frau oral zum Orgasmus zu bringen. Ich bin irritiert. Ich meine, das ist ja schon okay, dass er das gerne macht, aber wir haben gerade überhaupt nicht über Sex geredet. Wieso erwähnt er das so unvermittelt?

Um Mitternacht will ich gehen. Ich müsse ja noch zurück nach Manhattan, erkläre ich. Alvaro wirkt enttäuscht. »Darf ich morgen für dich kochen?«, fragt er. Ich wäre schon verabredet, sage ich. Das stimmt auch. Aber ich könnte absagen, wenn ich wollte.

Von: Yvonne Eisenring
An: Corinne Eisenring
Datum: 30. August 2015 um 01:47 Uhr

Betreff: Ich will nicht wollen müssen

Ich komme gerade von dem Date mit Alvaro. (Der Kameramann aus Brooklyn. Mütze, Bart, ich hab dir ein Foto geschickt.) Und ich bin leicht irritiert. Ich hätte nie gedacht, dass Eindruck und Druck machen so nah beieinanderliegen. Da waren nur zwei Stunden dazwischen. Nach zwei Stunden war meine Meinung völlig eine andere. Ich war am Anfang ehrlich begeistert von Alvaro. Er stehe auf starke Frauen, hat er gesagt. Das gefällt mir ja sowieso, diese Einstellung, dann muss ich mich nicht schwächer machen, nur damit sich der Mann stark fühlt. Alvaro ist sehr selbstsicher. Die ersten zwei Stunden hat mich das beeindruckt. Hätte er mich da gefragt, ob wir uns wiedersehen, hätte ich »Ja« gesagt. Aber nach den nächsten drei Stunden fühlte ich mich nicht mehr wohl. Ich fühlte mich eingeengt und unter Druck gesetzt. Es war, als wäre es nicht mehr meine Entscheidung, ob ich will oder nicht, es war, als wäre das schon entschieden. Von ihm. Weil er will. Das will ich nicht.
Ich will nicht wollen müssen.
Das mit dem Eindruck machen ist eh so eine Sache. Hab ich auch beim Speeddating wieder gemerkt. Je kürzer die verfügbare Zeit, desto angestrengter wollen manche Männer beeindrucken. Einige versuchten in den drei Minuten, so viele Infos reinzudrücken wie nur möglich. Sie betonten, was sie alles können, was sie alles haben, machen und sind. Mir gefiel

keiner dieser prahlenden Männer vom Speeddating. Je weniger Eigenlob, desto interessanter. Finde ich. Über den, wie ich finde, interessantesten Teilnehmer, Ryan, erfuhr ich zum Beispiel so gut wie nichts. Nur dass er Vegetarier ist und eigene Songs schreibt. Vielleicht lernst du ihn kennen. Er hat gesagt, dass er nach Zürich kommt.

Du glaubst nicht, wie sehr ich mich auf Zürich freue. Auf die Stadt, die Leute, ich freu mich sogar aufs Arbeiten. Vor allem aber auf dich. Am allerallermeisten auf dich. Manchmal denke ich deshalb, dass es eigentlich mäßig schlau ist, dass ich umherreise und in anderen Städten Dates habe. Weil, angenommen ich treffe tatsächlich jemanden, bei dem ich den Megaflash habe, das Gefühl, das ich will, und dann will ich mit ihm sein und er mit mir, und er lebt aber irgendwo in einem anderen Land, mehrere Flugstunden entfernt, was machen wir denn dann? Das geht doch nicht! Ich will nicht leben, wo du nicht lebst, also so für kurz schon, aber nicht für immer. Und wenn ich nicht bleiben will, müsste der Mann ja mit mir in die Schweiz kommen. Und das will dann vermutlich er nicht. Ich hab mir deshalb überlegt, dass ich vielleicht gar nicht nur im Ausland date. Ich wollte in Zürich eigentlich eine Datingpause einlegen. Damit ich Zeit für die Menschen habe, die ich die letzten Monate vermisst habe. Aber vielleicht ist das blöd. Vielleicht macht es umso mehr Sinn, auf dem Datingkarussell mitzudrehen, wenn ich in Zürich bin. Weil ich dann nie das Problem hätte, dass ich einen Mann davon überzeugen muss, nach Zürich zu ziehen. Weil seine Heimat auch meine ist. Und deine.

Ich freu mich so sehr, dich in drei Tagen zu sehen! So sehr! Pfpfpf

Ich wollte meinen Datingmarathon noch aus einem anderen Grund unterbrechen: Zürich ist klein. Alle kennen alle. Das ist nicht nur schlecht. Zu wissen, das Date ist der Freund eines Freundes, gibt Sicherheit. Man kennt jemanden schon, bevor man ihn kennenlernt. In fremden Städten sind die Männer unbeschriebene Blätter. Ich weiß nichts über sie, keiner meiner Freunde weiß etwas über sie. Sie können die schlimmsten Machos oder die langweiligsten Nerds sein, entscheidend ist nur, wie sie zu mir sind. Im Ausland bin ich meine einzige Referenz. Ich habe ein einziges Urteil – mein eigenes. In Zürich, wo ich vernetzt und verankert bin, ist das anders. Die Männer sind keine unbeschriebenen Blätter, und die Meinung meiner Freunde ist mir wichtig.

Am John F. Kennedy-Flughafen lösche ich meinen Tinder-Account. Ich will die App in der Schweiz nicht benützen. Ich will nicht über Freunde von Freunden und Exfreunde von Freundinnen wischen. Ich will nicht, dass mein Bild auf ihrem Bildschirm erscheint. Ich habe – typisch schweizerisch – Hemmungen. Logischerweise schmälert das meine Aussicht auf viele Dates. Schweizer Männer sind nicht für ihre offensive Art bekannt. Angesprochen wird man selten. Am häufigsten passiert es um fünf Uhr morgens, wenn statt gesprochen nur noch gelallt wird. An Selbstbewusstsein mangelt es den Männern zwar nicht, aber sie sind zu anständig und haben vielleicht zu großen Respekt vor Frauen. Zürcher Männer – und auch Frauen – gelten innerhalb der Schweiz als arrogant und unnahbar. Die Datingszene sei kühl und kompliziert, wird über meine Heimatstadt oft gesagt. Ich finde diese Kritik übertrieben, bin aber wohl auch nicht objektiv. Ich würde die Stadt immer verteidigen, auch wenn die Kritik berechtigt wäre. Es ist schließlich meine Stadt. Und ich finde, die Dichte an guten Männern ist in Zürich überdurchschnittlich hoch. Ob das überall in der Schweiz so ist, weiß ich nicht. Ich hatte in einer anderen Schweizer Stadt kaum Dates. Das ist das Absurde an der Schweiz. Alles ist so nah beieinander. Ist etwas weiter als zehn Minuten entfernt, finden wir es schon anstrengend, da hinzufahren. Und ich habe nie in einem anderen Kanton als Zürich gelebt. Ich wuchs in

Dietikon, einem Vorort von Zürich, auf. Mit 21 zog ich in die Stadt, ins berüchtigte Langstraßen-Quartier. Da blieb ich, bis ich vor sechs Monaten loszog.

»Geh ruhig vor! Du wartest schon länger«, sagt der Typ neben mir in breitem Berner Dialekt. Ich schaue von meinem Handy hoch, ich finde es immer wieder eigenartig, meine Muttersprache in einem fremden Land zu hören. »Ich werde eh rausgenommen«, sage ich, »ich bleib hinter dir, sonst musst du warten«, lehne ich sein Angebot ab. Wir sind bei der Sicherheitskontrolle am JFK-Flughafen in New York. Warum ich mir da so sicher sei, fragt der Typ und reiht sich vor mir ein. Ich bin die letzten Monate insgesamt zwölf Mal geflogen, und jedes Mal wurde mein Handgepäck extra untersucht. »Heute passiert dir das nicht«, sagt der Typ bestimmt und legt seine Tasche und Schuhe aufs Band. »Wollen wir wetten?«, fragt er. Ich nicke. »Auf ein Bier!«, sagt er. Dann geht er durch den Body-Scan.

Ich werde nicht rausgenommen. Ich bin total überrascht, ich habe nicht anders gepackt als sonst. »Das ist, weil ich dabei bin«, sagt der Typ stolz und lacht. Er heiße Lukas, stellt er sich vor. Wir gehen gemeinsam weiter, er fragt, woher ich komme, und macht dann dumme Sprüche über Zürcher. Er selber ist aus einem kleinen Dorf im Berner Oberland. Mir gefällt, wie er spricht. Berner, Bündner und Walliser Männer finde ich nur schon wegen ihres Dialekts toll. Auf dem Weg zum Gate muss ich zweimal anhalten, weil ich meine schwere Tasche kaum tragen kann. Lukas schaut zu, wie ich umständlich das Gepäck hochhieve und weiterschleppe. Seine Hilfe bietet er mir nicht an. Typisch Schweizer, denke ich. Und finde mich dann selber blöd. Ich habe die Sachen ja eingekauft, also kann ich sie auch selber schleppen.

Lukas kauft sich im Food-Corner etwas zu essen, und wir setzen uns an eine große Fensterfront in der Nähe des Gates. Er erzählt, dass er gerade vier Monate in Südamerika war. Er ist braungebrannt, seine Augen sind blaugrün. Er hat ein hübsches Gesicht. Ein junges Gesicht. Ich schätze ihn auf 25, aber bei Männern habe ich mich schon oft verschätzt. Was ich in all den Ländern, in denen ich gewesen sei, gemacht hätte, fragt er. »Ich hatte Dates«, sage ich ehrlich. Eigentlich vor allem, weil ich schauen will, wie er reagiert. Lukas lacht. Das würden doch alle tun. »Bei wie vielen Dates warst du? Was ist dein Durchschnitt?«, will er wissen. Vier in einer Woche sei mein Maximum. Aber das hätte ich nur einmal gehabt. »Okay, das ist tatsächlich sehr viel!« Das sei hier in New York gewesen, wiegle ich ab. New York ist ein Dating-Mekka. »In Zürich wird das bestimmt anders«, sage ich. Ich bin sicher, dass ich in der Schweiz nicht mehr so viele Dates haben werde. »Ach was! Du wirst doch überall angesprochen«, meint er. Ich müsse nur ein bisschen nett dreinschauen, mehr nicht. Vorhin am Security-Check hätte das ja auch funktioniert.

Ich frage nach seinen Plänen in der Schweiz. Er will eine Weiterbildung machen. Wirtschaft. Management. Ich reagiere vermutlich eher unbeeindruckt, denn er fragt sofort, welcher Beruf denn besser ankäme bei mir. »Arzt oder Pilot.« – »Ah, das habe ich bis jetzt verschwiegen, aber ich bin eigentlich auch Pilot. Und Arzt ebenfalls. Ein fliegender Chirurg sozusagen.« Ich muss lachen. Lukas gefällt mir. Er ist ein bisschen arrogant, aber irgendwie auch attraktiv. Wir gehen als Letzte an Bord. Ich sitze auf 24A, er auf 22B. Auf dem Platz neben ihm sitzt schon eine junge Frau mit braunen langen Haaren. Ich weiß nicht, ob sie sich schon kannten, aber sie unterhalten sich miteinander, kaum hat er sich gesetzt. Sie hören auch gar nicht mehr auf. Ich bin ein bisschen neidisch. Neben mir sitzt ein alter, dicklicher Herr mit ungepflegtem Bart.

Um sieben Uhr morgens stehe ich vor der Flugzeugtoilette an. Lukas kommt mir mit einem leeren Becher entgegen. Er gehe Rotwein auffüllen. Schon zum fünften Mal. Seine Zähne sind rot gefärbt. Ist er betrunken? »Du hast immer geschlafen, wenn ich an dir vorbeigegangen bin, um Nachschub zu holen!« Es klingt wie ein Vorwurf, wie er es sagt. Ich sei müde gewesen, sage ich. Er und seine Sitznachbarin hätten keine Minute geschlafen, sagt er stolz. Er schwärmt von der interessanten Unterhaltung, dem guten Zufall, dass er neben dieser Frau saß. Ich bin noch zu verschlafen, um reagieren zu können. Ich weiß auch nicht recht, was ich mit diesen Infos anfangen soll, und kehre zu meinem Platz zurück. Zwei Stunden später landen wir in Zürich. Ich nehme meinen Koffer vom Gepäckband und gehe Richtung Exit. Jemand hält mich an der Schulter fest. Lukas. Er wirkt immer noch angetrunken. Ich solle ihm meine Nummer geben, wir müssten in Kontakt bleiben. Er holt einen Kugelschreiber hervor. Einen Zettel habe er nicht. Er hält mir seinen Arm hin. Meine Schrift ist auch auf Papier grässlich, auf seinem Arm sind die Zahlen nicht zu entziffern. Er schreibt meine Nummer selber nochmals auf. Mit zwei Nummern auf dem Arm geht er davon. Ich fühle mich geschmeichelt, bin aber auch leicht irritiert: Jetzt hat er doch eine »so tolle Nacht, einen so spannenden Flug« hinter sich, wegen dieser Frau mit den braunen Haaren, warum will er jetzt meine Nummer?

Zürich

Ein Tag später, es ist drei Uhr morgens, ich bin immer noch wach, meine Freunde haben mit mir meine Heimkehr in der Olé-Olé-Bar gefeiert, und ich habe viel getrunken. Mein Handy vibriert. Eine Whatsapp-Nachricht. Lukas, der Typ vom Flugzeug: »Hallo du! Ich bin der Pilot, der nebenbei als Arzt Leben rettet. Der aus dem Flugzeug, dem du deine Nummer gegeben hast! Der Grund, warum ich dir schreibe: Ich wäre gerne eines deiner vier Dates in der nächsten Woche. Sounds good?«

Ich schreibe, ich sei bei zehn von zehn auf der Betrunkenheitsskala, was eigentlich keine Information ist, die ich teilen muss. Aber ich freue mich, dass er sich gemeldet hat, und bin wohl ein wenig übermütig. Ich schlage ihm Freitagabend vor. Am Wochenende habe ich keine Zeit. Am Samstag hat Corinne Geburtstag, und Sonntagabend ist immer für sie, unsere Fast-wie-eine-Schwester Gabi und den »Tatort« reserviert. Das hat Tradition. Das will ich nicht für ein Date hergeben. Es wird ein mühsames Hin und Her, ob der Freitagabend klappt oder nicht. Er hätte eigentlich keine Zeit, aber er werde schauen, was er machen könne. Irgendwann schreibt er: »Ich kann doch nichts machen, ich habe keine Zeit. Sorry!« Ich schreibe zurück, er soll sich doch melden, wenn er Zeit habe.

Am Sonntag meldet er sich. Aber nicht, weil er Zeit hat.

In der SMS steht: »Wow, ich bin, seit ich in der Schweiz bin, jeden Abend weg gewesen. Und das Lustige daran: Gestern traf ich per Zufall eine Frau, die ich schon seit Ewigkeiten toll finde. (Nicht nur toll für einen One-Night-Stand. Als Freundin!) Jetzt habe ich mich mit ihr verabredet, ich treffe sie in einer Stunde!« Am nächsten Tag entschuldigt er sich für die Nachricht, er sei wohl betrunken gewesen. Ich reagiere nicht. Das ist mir zu blöd.

Überhaupt: Was soll dieses Hin und Her? Erst spricht er mich an, dann schwärmt er von seiner Sitznachbarin, dann will er ein Date mit mir und dann erzählt er von einem Treffen mit einer anderen. Der ist vermutlich noch sehr jung, überlege ich. Und ich will keinen jungen Mann. Er kann schon jünger sein als ich, alterstechnisch gesehen. Aber wenn sich einer so benimmt, wie sich Lukas benimmt, dann ist er im Kopf jung, denke ich. Und das mag ich nicht.

Ich schreibe Ryan. Dem Iren vom Redhead-Speeddating. Wenn ich richtig gerechnet habe, dann müsste er bald seinen Road Trip durch Europa beginnen. Sein Plan sei ins Wasser gefallen, schreibt er mir. Er habe den Job gewechselt und könne deshalb nicht so lange verreisen. Er erzählt mir von seiner neuen Stelle, irgendwann dazwischen schreibt er: »Sorry, wenn ich langsam antworte. Ich tippe und fahre gleichzeitig.«

Ich sage ihm, er solle sofort damit aufhören, das sei gefährlich.

Er sei geübt darin, antwortet er.

Jaja, klar, das sage jeder, schreibe ich.

Drei Nachrichten später er: »Shit, I just crashed!!!«

Ich: »Wirklich???«

Ryan: »Nein. (Aber gut zu wissen, dass du dich um mich sorgst.)«

Ich lache. Und schäme mich ein bisschen, dass ich ihm geglaubt habe. Er solle doch spontan in die Schweiz kommen, schlage ich ihm vor. Er fragt, wie teuer ein Flug von Dublin nach Zürich sei. Nicht teuer, schreibe ich, obwohl ich keine Ahnung habe, wie die Preise sind.

Eine halbe Stunde später. Eine Whatsapp-Nachricht von Ryan: »Ich habe gebucht!«

»Ja klar«, schreibe ich zurück. Ich falle kein zweites Mal rein, denke ich. Aber es war kein Witz! Ryan schickt mir eine Kopie seines Tickets. Er kommt tatsächlich in die Schweiz. In drei

Wochen. Für fünf Tage. Ich bin baff. Und beeindruckt. Ryan scheint ein Mann zu sein, der schnelle Entscheidungen trifft. Der nicht wie Lukas einen Schritt nach vorne und zwei zurück macht. »Ich freue mich!«, schreibe ich ihm.

Dann werde ich plötzlich unsicher. Ich kenne Ryan gerade mal drei Minuten. Drei Minuten! Was, wenn wir uns nichts zu sagen haben? Wenn ich ihn blöd und langweilig und komisch finde? Oder wenn er mich blöd und langweilig und komisch findet? Und: Muss ich die ganzen fünf Tage mit ihm verbringen? Muss ich ein Programm zusammenstellen? Ihm die Stadt, Land und Leute zeigen? Muss ich ihn bei mir unterbringen? Das geht eigentlich alles nicht. Ich arbeite die meisten Tage beim Fernsehsender, und ich habe keine eigene Wohnung. Meine habe ich für das ganze Jahr untervermietet und wohne deshalb bei meiner Schwester. Ich kann Ryan nicht beherbergen, überlege ich. Er wird in einem Hotel übernachten und dafür ein Vermögen ausgeben müssen. Ich habe fast ein schlechtes Gewissen, dass ich ihm gesagt habe, dass er kommen soll. Zürich ist doch so teuer. Dann denke ich, dass er ja alt genug ist, auch wenn ich sein Alter nicht kenne, um das abzuklären. Er wird schon wissen, was ihn erwartet und was er nicht erwarten kann, beruhige ich mich.

Bis Ryan kommt, dauert es noch drei Wochen. Ich arbeite viel und fülle meine freie Zeit mit Verabredungen, aber nicht mit Dates. Zürich berauscht und lähmt mich zugleich. Ich freue mich, dass ich jeden Tag all die Menschen sehe, die ich so gerne sehe, und dass ich abends weggehen kann und da noch mehr Menschen sehe, die ich kenne. Zufällig. Weil Zürich so klein ist. Aber ich bin gehemmter. Schüchterner. Es ist, als hätte ich meinen Mut am Flughafen gelassen, meine Unbekümmertheit an der Grenze. Ich gehe nicht mehr spontan zu Dates. Auch wenn sich mir die Möglichkeit bietet. Das Datingkarussell muss sich ohne mich drehen. Ich stehe am Rand und schaue zu, wie es Runde um Runde macht, aber ich steige nicht auf. Ich brauche auch über zwei Wochen, bis ich mich endlich überwinden kann und mich bei Sandro melde. Dabei kenne ich Sandro eigentlich schon lange. (Wie man in Zürich irgendwie jeden »schon lange kennt«, der etwa im gleichen Alter und am Wochenende in den gleichen Lokalen ist. Ein Zürich-Phänomen: Man kann sich jahrelang immer wieder über den Weg laufen, man kann sich auch gegenseitig attraktiv finden, aber dass man sich mal verabredet, ist eher unwahrscheinlich.)

Sandro fand ich schon immer attraktiv. Er hat schwarze Haare, feine Gesichtszüge, ist klassisch-schön. Gesagt oder getan habe ich aber nie etwas. Im Gegensatz zu meinen schwulen Freunden. Wenn wir ihm per Zufall in einer Bar begegnet sind, sind sie manchmal fast ausgeflippt, weil sie ihn so schön fanden. »Yvonne, schau! Gott ist wieder da!« Ihre Begeisterung versteckten sie wenig. Sie machten ihn ganz offensiv an, ich stand amüsiert und leicht beschämt daneben. Zum Glück ging er gut damit um. Richtig unangenehm war es ihm anscheinend nicht. Meine Freunde waren deshalb auch absolut überzeugt, dass er ebenfalls schwul ist.

Sandro schickte mir im April dieses Jahres eine Facebook-Nachricht. Ich hatte ihn kurz davor zufällig in der Stadt getroffen, und wir hatten uns zugewinkt. Dann sah er mein Foto aus New York auf Facebook und schrieb mir. »Jetzt haben wir uns doch gerade noch in Zürich gesehen, und nun bist du schon in New York? Beneidenswert! Ich liebe New York! Gehen wir einmal Kaffee trinken, wenn du zurück bist, und du erzählst mir von deiner Reise?« Bevor ich ihm antwortete, machte ich ein Screenshot und schickte diesen meinen schwulen Freunden. »Da, der Beweis! Nicht schwul!«, schrieb ich dazu. Sie schickten Smileys mit heraushängender Zunge und rote Herzchen zurück.

Ich antwortete Sandro, dass wir uns gerne treffen könnten, ich würde mich melden, wenn ich zurück sei. Das könne aber noch eine Weile dauern.

Wir verabreden uns für Donnerstag, obwohl ich danach noch zur Eröffnungsfeier des Zurich Film Festival will, aber an allen anderen Abenden habe ich oder hat er schon etwas vor. Eine volle Agenda ist nichts Außergewöhnliches hier. Wir Zürcher verplanen jeden Tag, jede Stunde. Wir wissen schon am Montag, was wir am Freitag machen.

Treffpunkt ist um acht Uhr beim Helvetiaplatz. Ich bin ein paar Minuten zu spät. Ich unterschätze die Distanzen meiner Heimatstadt oft. Mit dem Fahrrad, mit dem ich immer unterwegs bin, habe ich das Gefühl, in fünf Minuten an jedem beliebigen Ort der Stadt zu sein. Wenn es eilt, trete ich einfach schneller in die Pedale. Aber ich bin nirgends in fünf Minuten, egal, wie schnell ich trete. Sandro ist schon da. Er wartet vor dem »Hooters«. Irgendwie fühlt es sich komisch an, ihn zu treffen, also so richtig, nachdem ich ihn so oft zufällig getroffen habe. Wir gehen die Langstraße entlang, bei der Post stelle ich mein Fahrrad hin. Ein Obdachloser spricht uns an, fragt, ob wir »eincn Stutz« hätten. Seine Stimme krächzt, sie ist fünf Oktaven tiefer als alle Stimmen, die ich je gehört habe. »Eine schöne Frau, hast du da«, sagt er zu Sandro. »Ja, sehr, danke, das ist mir bewusst«, sagt dieser. Ich hantiere konzentriert an meinem Fahrradschloss herum – was soll ich da auch sagen? »Kinder habt ihr auch?«, fragt der Obdachlose. »Vier!«, antwortet Sandro souverän. Es gäbe sicher noch ein fünftes, meint der Obdachlose und hört nicht auf, Fragen zu unserer erfundenen Familie zu stellen. Sandro erfindet immer abstrusere Geschichten. Ich hätte ihm so viel Humor nicht zugetraut. Ich fand Sandro zwar schon immer sehr gut aussehend, er könnte problemlos für Männerhemden modeln, aber eher trocken. Ein bisschen steif. Nett, aber eher langweilig. Vielleicht dachte ich das, weil ich wusste, dass er bei einer Versicherung arbeitet und ich Versicherungsleute immer ein wenig steif finde. Ein blödes Vorurteil, ich weiß. Und, es trifft nicht zu. Nicht auf Sandro.

Wir sitzen im »Aargauerhof«, weil wir beide fanden, dass wir nicht immer in die gleichen Bars gehen sollten, sondern mal etwas Neues ausprobieren müssten. Das Durchschnittsalter im »Aargauerhof« ist sechzig. Aber immerhin kennen wir hier niemanden. Und das ist eher selten in Zürich.

Irgendwie kommen wir auf meine schwulen Freunde zu sprechen. »Schwule Männer machen doch den ganzen Tag nichts anderes, als zu vögeln«, sagt Sandro. Es sei ein Glück, dass es Frauen gebe, Wesen, die nicht so sexfixiert seien. Wären alle Menschen Männer, würde die Wirtschaft um vierzig Prozent schrumpfen, weil niemand mehr arbeiten wolle, sondern nur noch Sex habe, glaubt er. Ich lache über seine Theorie. Sage aber nicht viel dazu. Wir reden darüber, dass meine schwulen Freunde ihn immer sehr offensiv angebaggert haben. »Ich hätte ja vielleicht gar nicht Nein gesagt zu Sex mit ihnen«, sagt er darauf. Ich weiß nicht, ob er das ernst meint. Bei dem ganzen Nonsens, den wir reden, wäre es gut möglich, dass er es ironisch meint. Oder nicht? Ist er doch schwul? Bisexuell? »Bist du bisexuell?«, frage ich. Ich sei ja ganz schön forsch, findet er. Er antwortet nicht, sondern stellt mir die gleiche Frage. Ob ich denn bisexuell sei, will er wissen. »Nein«, sage ich, ohne lange darüber nachzudenken. Ich finde einige Frauen zwar erotisch und attraktiv. Aber angezogen fühle ich mich nie von ihnen. Er sei auch nicht richtig bisexuell, sagt Sandro. »Nur so zehn Prozent.« – »Zehn Prozent bisexuell?« Ja, es störe ihn zum Beispiel nicht, wenn auch mal ein Mann im Spiel sei. Bei einem Dreier oder so. Das fände er okay. Ich schaue wohl irritiert drein, denn er fragt, ob ich denn noch nie einen Dreier gehabt hätte. Er fragt das, als würde er fragen, ob ich noch nie am Meer gewesen sei. Als wäre es völlig absurd, wenn ich diese Erfahrung noch nicht gemacht hätte. »Äh, nein«, sage ich, »ich hatte noch nie einen Dreier.« Ich komme mir blöd vor. Hat sich irgendetwas verändert, seit ich das letzte Mal in Zürich war? Ist Sex zwischen zwei Menschen, ist der out? Muss man heute mehrere Personen involvieren?

Beim Gruppensex hört es nicht auf. Mit Transen hatte Sandro auch schon mal was. »Also, das machte ich nicht oft. Vielleicht so drei-, viermal«, sagt er. Warum, will ich wissen. Diese Penis-und-

Brüste-Kombination, die sei lustig. Das hat was. Findet er. »Heutzutage gibt es super Fake-Brüste, da merkt man keinen Unterschied mehr«, meint Sandro. Ob ich noch nie Silikon-Brüste angefasst hätte. »Nein, auch das nicht«, sage ich. Mir ist das irgendwie peinlich. Dreier, Vierer, Transen, Männer, Frauen, alles durcheinander – da kann ich nicht mithalten. Ich weiß nicht recht, wie ich das einordnen soll. Ich fühle mich unsicherer als zu Beginn unseres Treffens. Wie ein unerfahrener Teenager. Wie jemand, der nicht weiß, »wie es läuft«. Irgendwie ist das spannend. Irgendwie auch einschüchternd.

Um elf Uhr muss ich weiter. Auf die Filmfestival-Eröffnungsparty. Sandro sagt, er gehe nach Hause und esse einen Teller Quinoa mit Spinat und Ei. Ich verziehe das Gesicht. Das sei sehr lecker, ich hätte ja keine Ahnung. Er werde mal für mich kochen. Er sei ein guter Koch. Und nein, ich müsse mir keine Sorgen machen, er gebe bei Google »Rezept für etwas anderes wie Quinoa mit Spinat« ein. Wann ich Zeit hätte, fragt er. Ich müsse zu Hause in meine Agenda schauen, sage ich. Das stimmt. Aber ich will auch noch kurz darüber nachdenken, ob ich mich von ihm bekochen lassen will. Wenn ich ehrlich bin, macht mir der Gedanke, zu ihm nach Hause zu gehen, ein bisschen Angst. Was, wenn er dann sofort Sex will, aber anfängt zu gähnen, weil ich weder Silikon-Brüste noch Penis habe und nur eine Person und nicht zwei bin?

Nun. Sandro wird nicht sofort Sex wollen. Er wird überhaupt keinen Sex wollen. Am nächsten Tag, noch bevor ich ihm Terminvorschläge machen kann, schickt er mir eine Nachricht auf Facebook.

»Liebe Yvonne, unser Treffen hat mir sehr gefallen, es war sehr lustig, aber es hatte einen stärkeren Date-Charakter, als ich erwartet habe. Vielleicht täusche ich mich, dann wäre das auch okay, aber für den Fall, dass du dir mehr erhoffst, muss ich einfach klarstellen, dass mein Herz schon vergeben ist. Jedenfalls ein großer Teil davon. Also, wir können uns sehr gerne wieder treffen, auch bei mir, um zu kochen, und eine gute Zeit haben, aber mehr wird leider nicht möglich sein. Ich hoffe, ich verwirre dich nicht mit diesem Geständnis. Aber ich dachte, es ist wichtig, dass ich das klarstelle, dann gibt es keine falschen Erwartungen. Wir hatten es ja gestern schon sehr gut zusammen ...« Am Schluss noch ein zwinkerndes Smiley.

Ich habe nicht erwartet, dass er mich nach den ganzen Sexgeschichten noch überraschen kann. Aber ich habe auch nicht mit einer solchen Nachricht gerechnet. Ich gehe nochmals den gestrigen Abend im Kopf durch. Überlege, ob ich ein »wir« überhört oder eine Aussage überinterpretiert habe. Zuerst haben wir über meine Kolumne gesprochen, die am Vortag erschienen ist. Ich schrieb über Sex beim ersten Date. Ich schrieb, dass ich praktisch nie Sex beim ersten Date habe. Er sprach mich auf diesen Text an, fragte frech, ob es als zweites Date gelten würde, wenn wir einmal um den Block spazieren und uns wieder an den Tisch setzen würden. Er machte mir mehrere Komplimente zu meinen engen Lederhosen und berührte meine Knie, wenn er das Wort an mich richtete. Und am Schluss fragte er, ob er einmal für mich kochen dürfe!

Logisch bin ich verwirrt! Ich bin auch ein bisschen enttäuscht. Er gefiel mir. Obwohl ich mit seiner, ich nenne es mal »sexuelle Offenheit«, vermutlich überfordert gewesen wäre. Ich schreibe ihm, dass es vielleicht besser sei, wir würden weitere Treffen unterlassen. Und dass er gefunden habe, unser Treffen hätte den Charakter eines Dates gehabt, das läge vermutlich daran, dass es ein Date gewesen sei.

Am Freitag darauf landet Ryan in Zürich. Ich muss arbeiten und kann ihn erst am Abend um neun beim Hotel treffen. Ich freue mich, ihn zu sehen. Gegen Abend schicke ich ihm eine SMS, frage, ob er gut angekommen und ob alles okay sei. Es sei gar nichts okay, antwortet er. Er sei frustriert. Und betrunken. Sein

Zimmer habe weder TV noch Internet gehabt. Er habe sich beschwert und ein Zimmer mit TV und Internet bekommen, aber dafür sei sein Badezimmer auf dem Flur. Jetzt wisse er nicht, ob er im neuen Zimmer bleiben oder wieder zurück ins alte wechseln solle. Ich schreibe, dass ich ihm helfen werde, wenn ich ihn abhole. Er geht nicht darauf ein. Er ist »stuck in a moment of drunken confusion«, wie er schreibt. Er schickt mir eine SMS nach der anderen. Zählt Pro und Kontra der beiden Zimmer auf. Er fragt, was er tun soll, wartet aber keine Antwort ab, sondern beschreibt weiter die vielen Probleme, mit denen er sich gerade herumschlagen muss. Ich weiß nicht, was ich ihm raten soll. Ich glaube, es ist auch völlig egal. Er will einfach jammern, will seinen Frust zelebrieren. Ich muss aufpassen, dass ich nicht genervt reagiere. Leute, die kleine Probleme zu großen werden lassen und nicht mehr aufhören zu jammern, finde ich schnell mühsam. Ich mag keine komplizierten Menschen. Und ich dachte, Ryan ist unkompliziert. Ich dachte, er gehört nicht zu diesen Leuten, die sich über solche Kleinigkeiten aufregen. Aber ja, ich kenne ihn ja eigentlich überhaupt nicht. Mein Eindruck von ihm basiert auf drei Minuten.

Ich versuche, daran zu denken, wie gut er mir damals bei dem Speeddating in Irland gefallen hat und wie beeindruckt ich war und immer noch bin, dass er ein Ticket buchte und nach Zürich geflogen ist. Und, Ryan sieht aus, wie ich ihn in Erinnerung habe. Oder sogar noch besser. Er ist fast zwei Köpfe größer als ich. Seine rostroten Haare sind raspelkurz. Er trägt eine gelbe Regenjacke und ein kariertes Hemd. Eine eigenartige Kombination, aber wie sich ein Mann kleidet, ist mir ziemlich egal. Ryans Augen sind hellblau. Er hat ein hübsches Gesicht, ein schönes Lachen, eine spezielle Gangart. Wenn er geht, schiebt er seine Hüften vor sich her, den Oberkörper leicht nach hinten gekippt. Es sieht aus, als würde er sofort seine Arme ausbreiten und »Hallo alle meine Freunde und herzlich willkommen« rufen wollen. Das ist natürlich Unsinn. Jedenfalls hier. Er kennt ja nur mich. Wir gehen in die Olé-Olé-Bar, an der Langstraße, eine meiner Lieblingsbars, die ihm aber nicht besonders gefällt, weil es nur wenige Stühle gibt. Wir unterhalten uns, wie man sich eben unterhält, wenn man sich nach zwei Monaten und drei Minuten das erste Mal wiedersieht. Das Gespräch kommt immer wieder ins Stocken, was auch damit zu tun hat, dass ich ihn kaum verstehe. Sein irischer Akzent ist so stark, dass ich mir manchmal gar nicht sicher bin, ob er tatsächlich Englisch spricht. Ich gebe mir große Mühe, am Gespräch teilzunehmen, aber es ärgert mich, dass ich ihn fast bei jedem zweiten Wort unterbrechen muss, weil ich nicht die geringste Ahnung habe, wovon er spricht. Er unterbricht sich auch selber ständig. Alle paar Minuten hält er sich die Hand vor den Mund. Das Essen stößt ihm auf, er hat eine Falafel für zehn Franken gegessen, zehn! Noch oft wird er mir sagen, wie teuer in Zürich alles ist. »Gas, so viel Gas in meinem Magen!«, sagt er nach jedem Mal Aufstoßen. Ich finde das befremdend. Warum sagt er das so offen? Liegt es an meiner Schweizer Verklemmtheit, dass ich finde, dass er mir das nicht mitteilen muss? Er könnte das diskreter machen, ich muss das doch nicht so genau wissen. Ryan findet aber, so macht es jedenfalls den Eindruck, dass ich möglichst viel über ihn wissen sollte. Er erzählt und erzählt. Von sich, seiner Heimat, dem Leben allgemein. In Irland, da sei die Wirtschaftslage so mies, dass er, wie alle seine Freunde, noch bei den Eltern wohnen würde, das sei auch einfach bequem, weil ihm dann jemand das Bett mache, die Wäsche wasche und Abendessen koche. Er erzählt, warum er kein Fleisch und auch keinen Fisch mehr isst. »Wegen der Tiere! Kein Wesen soll leiden wegen mir!« Über Fleisch spricht er oft. Vor ein paar Monaten wurde er Vegetarier und Ernährung somit zu einem seiner Lieblingsthemen. Er wolle ab jetzt nur noch gutes Essen essen. Aha. »Wie bei der Musik. Ich will auch nur gute Musik machen.« Ehm ja, klar, denke ich. Ich meine, wer will schon schlechte Musik machen? Er schreibt eigene Songs und spielt Gitarre. Irgendwann will er berühmt werden, er ist überzeugt, dass er das Zeug dazu hat. An Selbstbewusstsein mangelt es ihm nicht, denke ich.

Ich bin an meinem ersten Wodka Soda, er hat schon drei Bier runtergekippt. Eine meiner Lieblingsfreundinnen, Nicole, und ihre Mitbewohnerin stoßen zu uns. Ryan scheint mehr Gesellschaft (oder besser: mehr Publikum) zu schätzen, er plaudert zufrieden weiter. Ich kann mich problemlos wegdrehen und mit anderen Leuten reden. Er braucht mich nicht an seiner Seite. Das gefällt mir. Muss ich mich darum kümmern, dass sich ein Mann in einer Gruppe wohlfühlt, finde ich das schnell anstrengend. Ryan ist in dieser Hinsicht sehr unkompliziert. Er unterhält sich mit jedem, den ich ihm vorstelle. Dass wir alle nur seinetwegen Englisch sprechen, fällt ihm gar nicht auf. Er gibt sich keine Mühe, langsamer oder deutlicher zu sprechen. Er macht dafür Witze über meinen anscheinend ausgeprägten amerikanischen Akzent. Ich überlege, ob ich ihm sagen soll, dass ich immerhin eine Fremdsprache sprechen könne, lasse es dann aber bleiben. Wir Schweizer sind oft wahnsinnig stolz, dass wir mehrere Sprachen beherrschen, und müssen dies immer wieder betonen, dabei ist es mehr Not als Tugend: Würden wir nur Schweizerdeutsch sprechen, kämen wir auf der Welt nicht weit. Hat man Englisch als Muttersprache, ist das natürlich anders. Er habe mal Deutsch gelernt, erzählt Ryan jetzt, in der Schule. In Irland hätten die Jungen die Wahl zwischen Französisch und Deutsch, die Mädchen müssten Spanisch lernen. Er könne sich nur noch an ein Wort erinnern, ein kompliziertes, langes deutsches Wort. Er sagt etwas, das klingt wie »Geschlechtsverkehr«. Ob er das wirklich sagen wollte, weiß ich nicht.

Kurz nachdem Nicole und ihre Mitbewohnerin dazugekommen sind, fragt Ryan in die Runde, ob jemand von uns Gras dabei hätte und ihm das verkaufe. Er würde so gerne ein bisschen kiffen. Ich bin überrascht über seine Frage. Nicht weil ich kiffen schlimm finde. Ich kiffe selber nicht. Aber wer kiffen will, soll kiffen. Trotzdem ist es mir irgendwie peinlich, dass er meine Freundinnen anschnorrt. Aber auch sie kiffen nicht.

Um Mitternacht gehen wir alle eine Bar weiter. In der »Stubä«, ebenfalls an der Langstraße, sind Freunde von uns. Ich stelle Ryan als meinen Besuch aus Irland vor, dass er quasi mein Date ist, sage ich nicht, und irgendwie denkt das wohl auch keiner. Ein paar Mal werde ich gefragt, ob er mein Cousin sei. Bei zwei Rothaarigen denken die Leute sofort, die seien verwandt. Ein rothaariges Paar, das passt irgendwie nicht in unser Weltbild. Eigentlich komisch. Aber ich selber stehe ja auch nicht besonders auf Rothaarige. Auch nicht, wenn sie so gut aussehend sind wie Ryan. Mir gefallen grundsätzlich eher Männer, die einen Kontrast zu mir bilden. Ryan sieht das anscheinend anders. Er habe schon immer eine Schwäche für rothaarige Frauen gehabt, sagt er einmal in einem Nebensatz und schaut mich lange an. Ich versuche so zu tun, als hätte ich ihn nicht verstanden.

Ryan wird mit jedem Bier gesprächiger. Jeder Fremde ist sein Freund. Ich merke: Bars und Pubs – Puubbs, wie er sie nennt – sind seine Welt. Ich bin müde. Meine Woche war streng, es ist bald drei Uhr morgens, ich würde gerne schlafen gehen. Und Ryan braucht mich ja eigentlich nicht. Er redet schon lange nicht mehr mit mir. Dass er mit mir hier ist, merkt man nicht. Wir könnten eines dieser coolen Paare sein, die zusammen ankommen, dann einen Abend lang kaum miteinander reden und am Schluss wieder zusammen nach Hause gehen. Mit dem Unterschied, dass ich Ryan nicht nach Hause mitnehme, nicht nach Hause mitnehmen will. Ich sage ihm, dass ich gerne gehen würde. Er will noch bleiben. Ich verabschiede mich, und er geht allein in den Klub Gonzo.

Am nächsten Morgen höre ich nichts von Ryan, obwohl wir einen Ausflug geplant haben. Ich frage ihn per SMS, ob alles okay sei, ob er wach sei. Keine Antwort. Ich vermute, dass er noch schläft, fahre zusammen mit Gabi auf gut Glück um elf Uhr zu seinem Hotel. Aber ich habe ihn falsch eingeschätzt. Wie vereinbart steht er an der Kreuzung. Er nimmt auf dem Rücksitz Platz und fängt sofort an zu erzählen. Ohne Punkt und Komma. Völlig aufgekratzt. Eine Wahnsinnsnacht sei das gewesen. Im »Gonzo« habe er drei Frauen kennengelernt. Die eine habe ihm »MDMA« gegeben. »Ich habe ihr nur einen Drink dafür bezahlen müssen!«, sagt er stolz. Ob wir keine Drogen nähmen, fragt er dann, weil wir vermutlich nicht angemessen begeistert reagieren. Wir verneinen. »Bei uns in Irland nehmen alle Jungen Drogen.« Sein Chef kokse ständig, da kokse er halt mit. Er redet während der ganzen Fahrt, fragt bei jeder Abzweigung, wo wir seien und warum die Ortschaft heiße, wie sie heiße. Dazwischen kritisiert er meinen Fahrstil. Ich staune, dass er sich das traut, aber es stört mich nicht. Ich weiß, dass ich eine schlechte Autofahrerin bin. Bis jetzt hat jeder Mann, der auf dem Beifahrersitz gesessen hat, blöde Sprüche gemacht oder mit mir den Platz getauscht. Mir ist das recht. Ich lasse gerne den Mann ans Steuer. Ich würde auch mit Ryan die Plätze tauschen, gehörte das Auto nicht meiner Mutter und wäre er nicht auf Drogen.

Nach einer Stunde sind wir in Stans. Stans ist ein typisches Schweizer Dörfchen, die Stanserhorn-Seilbahn eine typische Schweizer Touristenattraktion. Ich war selber noch nie hier, aber Gabi hat Tickets bekommen, und wir dachten, ein bisschen Programm müssten wir dem irischen Besuch schon bieten. Ryan ist zuerst sehr begeistert vom Stanserhorn. Wir sind über dem Nebelmeer, er rennt beeindruckt auf der Aussichtsplattform umher, macht gefühlte hundert Fotos. Dann setzt plötzlich der Kater ein, er wird müde, im Restaurant fängt er an zu schwitzen. Es ist ihm zu heiß, also geht er raus, legt sich in die Sonne und schläft sofort ein. Wir wecken ihn nach einer halben Stunde und gehen den Berg hoch. Unsere Wanderung – insgesamt zehn Minuten! – ist ihm zu anstrengend. Die Luft sei sehr, sehr dünn, findet er. Wir sind auf knapp 1900 Meter über Meer, das ist doch nicht so hoch, denke ich. Aber nun gut, er ist aus Irland, er hat wohl einen anderen Maßstab. Wir wollen ihm eigentlich noch Luzern zeigen, aber er will lieber schlafen gehen, also fahren wir zurück nach Zürich. Er bedankt sich mehrmals für den Ausflug, er würde das sehr schätzen, dass wir ihn mitgenommen hätten, sagt er.

Auch am Abend bedankt er sich mehrmals für alles. Wir sind bei meiner Schwester und Gabi zu Hause und essen Raclette. Typisches Schweizer Menü. Und, ganz nach seinem Geschmack: vegetarisch. Ryan isst und trinkt trotzdem nur sehr wenig. Er sagt auch kaum was. Hin und wieder fragt er, wie das Lied heiße, das gespielt wird, sonst beteiligt er sich wenig am Gespräch. Ich weiß nicht, ob ihn stört, dass noch ein weiterer Mann in der Runde ist – wir sind zu viert, Gabi hat noch einen Freund eingeladen –, oder ob er einfach müde und verkatert ist. Er habe Bauchschmerzen, sagt er. »Immer wenn ich Drogen genommen habe, habe ich danach Verdauungsprobleme.« Er teilt wohl einfach gerne seine körperliche Befindlichkeit mit seinen Mitmenschen, denke ich. Um Mitternacht geht er. Ich bleibe zu Hause. Ich muss am nächsten Tag vor der Kamera stehen, ich hätte sowieso nicht ewig weggehen können. Aber die Arbeit ist nur ein Vorwand. Wenn ich ehrlich bin, ist mein Interesse an ihm eher gering. Ich habe keine große Lust, viel Zeit mit ihm zu verbringen. Geschweige denn, etwas mit ihm anzufangen. Ich frage mich, ob er deshalb wütend ist auf mich. Ist er enttäuscht, weil ich ihn wie einen Bekannten und nicht wie ein Date behandle? Habe ich ihm, indem ich ihm sagte, er solle doch nach Zürich kommen, etwas versprochen, das ich nun nicht einhalte? Ich frage Gabi, ob sie denke, er sei mit anderen Erwartungen nach Zürich geflogen. Gabi findet, dass ich mir da keine Gedanken machen müsse, ich sei zu nichts verpflichtet und er würde ja auch keine Avancen machen, er flirte zum Beispiel nicht wirklich mit mir. Ich glaube oder hoffe, dass sie recht hat.

Am Sonntag sehe ich Ryan nicht, ich muss arbeiten, danach gehe ich zu meiner Mutter zum Abendessen. Sonntagabend im Elternhaus zu verbringen hat im Gegensatz zu vielen Schweizer

Familien keine Tradition bei uns. Eigentlich verbringe ich ihn ja jeweils mit Corinne und Gabi und dem »Tatort«, aber heute läuft keiner, und ich hatte Lust, zu meiner Mutter zu gehen. Ich hatte keine Lust, Ryan zu treffen. Die Unlust war stärker als mein schlechtes Gewissen. Er wird schon alleine klarkommen, denke ich. Er ist ja kein Kind mehr.

Am nächsten Abend sehe ich Ryan ein letztes Mal. Wir treffen uns um acht Uhr beim Kino Corso, da werden die Tickets fürs Zurich Film Festival verkauft. Ich wolle zuerst die Tickets holen gehen, später sei die Vorstellung sicher ausverkauft, sage ich ihm und laufe Richtung Abendkasse. Ryan bremst mich ab. »Du bist immer so gehetzt. Entspann dich mal ein bisschen!«, findet er. Ich bin sofort genervt. Ich kann nicht entspannt sein, wenn ich das Gefühl habe, ich müsse mich um alles kümmern! Es macht ja Sinn, dass ich und nicht er sich kümmert. Zürich ist meine und nicht seine Stadt. Dass ich aber so angespannt bin, hat einen anderen Grund: Bei Ryan habe ich permanent das Gefühl, dass er nicht klarkommt, dass er irgendeine Dummheit macht, dass ihm etwas zustößt. Er hat nichts Konkretes falsch gemacht, aber seine Art lässt mich zu einer besorgten Mutter werden. Und ich hasse es, wenn ein Mann dieses Gefühl in mir weckt. Ich hasse es, wenn ich Dinge tue, wie etwa einem Mann den Wecker zu stellen, weil ich nicht darauf vertraue, dass er das selber tut. Bei Ryan mache ich solche Dinge. Bei ihm war ich die letzten Tage so. Und so bin ich eigentlich nicht. So will ich nicht sein. Ich weiß, dass es viele Frauen gibt, die so sind. Die auch gerne so sind. Ich kenne viele Paare, bei denen die Frau alles regelt, alles organisiert, rechtzeitig die Geschenke für die Schwiegereltern kauft, den Urlaub bucht und den Freund mehr wie einen Sohn statt einen Partner behandelt. Ich finde nicht, dass das nur die Schuld der Frauen ist. Männer können so unselbstständig sein, ihre Frauen werden ganz automatisch in diese Rolle gedrängt. Das ist auch nicht per se schlecht. Sofern die Frau das mag, ist das ja gut. Wenn es ihr nichts ausmacht, wenn der Mann von

»der Regierung zu Hause« spricht. Aber ich mag das nicht. Ich bin das nicht. Ich bin keine Mami-Frau. Es nervt mich, wenn ich für zwei denken muss. Wenn ich das Gefühl habe, dass ich für alles die Verantwortung trage. Ich habe nichts dagegen, Verantwortung zu übernehmen, ich übernehme sie, wenn ich muss. Im Job, für mich, irgendwann mal für ein Kind. Aber ich will das nicht bei einem Mann. Ich will nicht so sein. So mütterlich. Aber wenn einer so ist wie Ryan, dann passiert das ganz automatisch. Vermutlich nervt mich das an Ryans Anwesenheit am meisten: wie ich bin, wenn ich mit ihm bin.

Ich schlucke meinen Ärger runter, und wir gehen ins Restaurant Hiltl. Ryan ist begeistert von dem vegetarischen Buffet. Man bezahle nach Gewicht, warne ich ihn. Er nickt und belädt seinen Teller. Mit einem Berg von Essen kommt er zurück. Er ist fassungslos. Vierzig Franken habe das gerade gekostet. Er kann es nicht glauben. Ich verzichte darauf, ihm zu sagen, dass ich ihn ja gewarnt hätte. Er berichtet von all den verrückten Preisen, die er in den letzten Tagen habe bezahlen müssen. Fünf Franken für einen Kaffee, sechs Franken für ein Sandwich, sieben Franken für ein großes Bier, das sei doch absurd. Die hohen Preise sind nicht das Einzige, was ihm an Zürich nicht gefällt. Er findet die Stadt gefährlich. »Unheimlich!« Sein Hotel ist, zugegeben, an der Kreuzung, an der oft viele Obdachlose und Drogenabhängige sind, aber als unsicher würde ich Zürich nie bezeichnen. Ob er sich denn in anderen Städten wohler fühle, frage ich. »In allen, in denen ich bisher war, fühlte ich mich sicherer«, sagt Ryan bestimmt. Ich staune. »Wo warst du denn als Letztes?«, frage ich. Er überlegt lange, dann kommt ihm in den Sinn: Vor zwei Jahren war er das letzte Mal weg, ein paar Tage in Barcelona, danach hat er Irland nicht mehr verlassen. Ich sage nichts dazu. Ich sage auch sonst praktisch nichts. Ryan redet und redet. Er schwärmt von seiner Gitarre, die zu Hause auf ihn wartet, als wäre es seine Geliebte. Er sei sehr inspiriert von den neuen Eindrücken, er werde viele gute

Songs schreiben können, wenn er zurück sei. Er spricht von seinen Zukunftsplänen. Er will zuerst als Musiker Erfolg haben. Dann eine Farm kaufen, Bio-Gemüse anpflanzen. Danach will er ein Event-Lokal kaufen. Für Konzerte und so. Nach dem Film, wir spazieren zusammen die Limmat entlang in Richtung Hauptbahnhof, stellt er mir die erste und einzige Frage des Abends. Ob ich denn keine Träume hätte, keinen Plan für meine Zukunft, will er wissen. »Gibt es nichts, das du unbedingt machen willst?« Ich überlege kurz. Dann will ich antworten, dass ich als einzigen Plan habe, glücklich zu bleiben, und dafür eben machen würde, was ich machen muss. Glücklich zu bleiben ist in meinen Augen ein kompliziertes Unterfangen. Das ist mal ein berufliches Ziel, dann wieder etwas Privates. Ich komme mit meiner Antwort bis »I wanna stay …«, dann ist Ryans Aufmerksamkeit weg, er sieht irgendeine Tafel, die ihn fasziniert, und steuert darauf zu. Ich höre auf zu sprechen. Er bemerkt es nicht. Beim Bahnhof verabschieden wir uns. Wir umarmen uns kurz. Er läuft rasch davon. So, als hätte er es plötzlich eilig, wegzukommen. Ich fahre mit dem Fahrrad nach Hause und überlege, ob ich ihn gefragt hätte, nach Zürich zu kommen, wenn wir bei unserem ersten Treffen mehr als drei Minuten Zeit gehabt hätten. Wenn ich ihn besser hätte kennenlernen können. Wahrscheinlich nicht. Drei Minuten sind genug für einen ersten Eindruck, aber zu wenig, um sich eine Meinung bilden zu können. Aber vielleicht hätte auch die doppelte Dauer ein falsches Bild gegeben. Vielleicht hätte auch ein erstes Date nicht gereicht, überlege ich. Nach der Erfahrung mit Ryan will ich vorsichtiger sein. Ich nehme mir vor, in Zukunft erst nach zwei Treffen ein Urteil zu fällen.

Zwei Wochen nach Ryans Besuch fahre ich nach München. Ich werde Tim treffen. Als ich im Sommer in München war, habe ich eine Freundin von ihm kennengelernt. Sie erzählte mir von einem Mann, »der macht beruflich fast das Gleiche wie du«, sagte sie, und den müsse ich mal treffen. Mir war nicht ganz klar, ob aus beruflichen oder privaten Gründen, aber ich nickte. Zwei Tage später schickte mir Tim eine Freundschaftsanfrage auf Facebook. Ich schickte ihm eine Nachricht. Wir schrieben uns ein paar Mal, aber er schien mir eher unmotiviert. Die Umstände waren auch nicht gut. Ich war nicht mehr in München, sondern in Irland und New York, später dann in Zürich, und er war in Wien oder Berlin oder sonst irgendwo. Die Unterhaltung verstummte.

Ich wusste nicht recht, ob er mich in erster Linie kennenlernen wollte, weil ich ebenfalls schreibe. Vielleicht wollte er einfach sein Netzwerk vergrößern, Kontakte in die Schweiz knüpfen. Ein bisschen über die Medienbranche diskutieren. Ihn zu fragen, ob der Grund für unser Treffen eher beruflich oder privat sein würde, wäre natürlich komisch gewesen.

Wir hörten fast zwei Monate nichts voneinander. Erst als meine Freundin Nicole und ich vor einer Woche fanden, dass man das Oktoberfest einmal im Leben gesehen haben müsse, und Zugtickets nach München kauften, schrieb ich ihm wieder. Ich sei bald in seiner Stadt, ob er sich treffen wolle. Er wollte. Zu spät realisierte ich, dass das gar nicht wirklich aufging. Zeitlich nicht. Nicole und ich legten die Zugfahrten so, dass wir knapp 24 Stunden in München sein würden. Dass ich da noch Zeit für ein Date hätte, war eher unwahrscheinlich, dachte ich. Ich beschloss kurzerhand, schon am Freitag zu fahren.

Im Zug überlege ich, wann ich das letzte Mal so viel Einsatz für einen Mann zeigte, den ich eigentlich nicht kannte. Wann war ich das letzte Mal so neugierig, dass ich sogar ein neues Zugticket kaufte? Mir kommt keiner in den Sinn. Warum bin ich so interessiert daran, Tim kennenzulernen? Ich kenne ihn ja nur auf Papier. Weiß nur, wie er schreibt. Nachdem er mich auf Facebook hinzugefügt hat, googelte ich seinen Namen, las seine Texte. Mir gefiel, was ich las. Und Männer, die gut schreiben können, finde ich per se spannend. Kann einer schreiben, was er sagen will, hat das etwa die gleiche Wirkung auf mich, wie wenn einer Klavier oder Gitarre spielen kann. Bei Männern, die die dass/das-Regel nicht beherrschen und klein schreiben, was groß sein müsste, verschwindet mein Interesse dafür erschreckend schnell. Ich finde mich da selber ein bisschen streng, kann das aber leider nicht ändern. Bei Tim mache ich mir keine Sorgen, dass er mich mit Grammatikfehlern vertreibt.

Ich mache mir andere Sorgen. Ich befürchte nicht, dass er mir nicht gefällt, sondern dass ich ihm nicht gefalle. Was, wenn er mich langweilig findet? Wenn ich nicht mitreden kann? Es ist ein dummer Gedanke, das ist mir bewusst. Ich kann nur, was ich kann, und bin nur, was ich bin. Wenn das nicht reicht, dann reicht es nicht. Und dann ist das auch egal, ist meine Überlegung. Aber das vergesse ich vor Treffen mit Männern wie Tim, das ist mir plötzlich nicht mehr egal.

Als ich um neun Uhr im »Kismet« ankomme, einem hippen Gastro-Ding an der Löwengrube, unten Restaurant, oben Bar, da bin ich nervös. Vielleicht ist das nur ein freundschaftliches Treffen zweier Autoren, versuche ich mich zu beruhigen. Der Gedanke entspannt mich mäßig. Ich steige langsam die Treppe hinauf und verfluche mich, dass ich meine neuen Stiefel trage. Erstens kann ich mit den hohen Absätzen nicht elegant Treppen steigen, und zweitens sind sie leicht unbequem. Tim ist schon da. Er sitzt am Fenster, steht aber sofort auf, als er mich reinkommen sieht. »Wo willst du sitzen? Hier oder dort drüben?«, er fuchtelt herum. Er ist nervös! Ich beruhige mich. Wäre er, wie ich das erwartet habe, superlocker und entspannt, wäre ich wohl den ganzen Abend eingeschüchtert und verkrampft geblieben. Aber er ist nicht so. Er ist auch nicht arrogant. Oder über-cool. Er ist sympathisch. Seine Augen sind heller als auf den Facebook-Fotos und seine Haare kürzer. Er sieht sehr gut aus.

Je später der Abend, desto wohler fühle ich mich. Unsere Sätze flechten sich ineinander, es ist, als hätten wir geübt, als hätten wir schon mehrmals zusammen geprobt. Es fühlt sich nicht an wie ein Date, es ist irgendwie vertrauter. Ich muss mich nicht bemühen. Tim kümmert sich darum, dass das Gespräch nicht ins Stocken gerät, textet mich aber nicht mit zusammenhanglosen Anekdoten aus seinem Leben zu. Ich finde spannend, was er erzählt, er hat Thesen zu Themen, die ich mir noch nie überlegt habe. Seine Theorien machen Sinn, seine Sprüche sind lustig. Manchmal muss ich so sehr lachen, dass ich keine Luft mehr bekomme und deshalb rot werde. Zum Glück ist es dunkel in der Bar.

Tim scheint aufrichtig interessiert. Er hört zu, hakt nach. Ich habe nicht das Gefühl, einen perfekten Schauspieler zu treffen oder nur seine Idee von sich selber kennenzulernen. Er verhält sich nicht wie bei einem Bewerbungsgespräch und versucht auch nicht, mit möglichst vielen und möglichst protzigen Storys zu beeindrucken. Dafür ist er zu ehrlich. Dafür sind wir beide zu ehrlich. Wir reden über Missgeschicke beim Kennenlernen, festgefahrene Rollen in Beziehungen und über Exfreundinnen und Exfreunde. Irgendwann sagt er: »Wir machen das doch völlig falsch! Das sind keine Themen, die man bei einem ersten Date bespricht!« Ich lache. Weil er recht hat. Und weil ich erleichtert bin, dass er unser Treffen als Date sieht und nicht als ein Treffen unter Berufskollegen. Für ein Job-Meeting bleiben wir auch zu lange sitzen. Bis kurz vor eins.

Ob ich noch weiterziehen wolle, fragt Tim. Ich nicke. Ich freue mich, dass er vorschlägt, noch in eine Bar zu gehen. Auch wenn ich drei Drinks hatte und mein Abendessen aus einem Sandwich bestand – eine Kombination, für die ich morgen büßen werde. Aber ich fände es schade, wäre der Abend jetzt vorbei. Ich will, dass er noch möglichst lange dauert. Mit morgen befasse ich mich morgen, sage ich mir. Das geht dann schon. Ich kenne mich: Wenn ich die Folgen eines Abends ausblende, ist das ein ziemlich klares Zeichen. Ich kann sehr vernünftig sein, wenn ich von einem Mann nicht besonders begeistert bin. Und ich kann sehr unvernünftig werden, wenn das Gegenteil der Fall ist. Meine Bereitschaft, am nächsten Tag zu leiden, ist ein guter Gradmesser für mein Interesse.

Wir spazieren am Michael-Jackson-Denkmal vorbei Richtung Karlsplatz und weiter ins »Café Kosmos«, das kein Café, sondern eine Bar ist. Wir bestellen zwei Drinks, Tim zahlt wie schon vorher auch diese, wir gehen in den hinteren Bereich der Bar. Es ist eng und laut und dunkel. Aber ich fühle mich dank dem kurzen Spaziergang wieder klarer im Kopf und beginne zu erklären, warum Penelope Cruz die schönste Frau der Welt ist. Ich bin mitten im Satz. Tim macht abrupt einen Schritt auf mich zu. Was ich über Penelope sagen wollte, habe ich schon vergessen. Ich habe nicht erwartet, dass er mich küssen wird. Ich schwanke leicht. Zum Glück ist hinter mir die Wand.

Um drei bringt mich Tim zu meiner Freundin, bei der ich übernachte. Er begleitet mich bis vor die Haustür. Da stehen wir eine Ewigkeit und für die vorbeigehenden Leute sehen wir wohl aus wie zwei Teenager, die gerade das Knutschen entdeckt haben.

Der nächste Tag am Oktoberfest ist eine Katastrophe, weil ich so verkatert bin, dass mir schon bei dem Gedanken an Bier schlecht wird. Ich schaffe eine halbe Maß, dann gebe ich auf. Aber – der Freitagabend war so gut, dass ich es okay finde, dass ich leide. Und er war es wert, dass ich extra ein neues Zugticket kaufte. Ich bin begeistert. Von ihm. Von dem Abend. Von allem. Aber ich will diesmal abwarten. Ich müsse ihn ein zweites Mal sehen, bevor ich etwas zu ihm sagen könne, erkläre ich meinen Freundinnen nach dem Treffen. Mit meiner Antwort sind sie aber nicht zufrieden. Gar nicht. Der Grund dafür: Sie haben sich ihre Meinung längst gebildet. Sie finden Tim super. Dabei kennen sie ihn gar nicht. Also nicht richtig. Sie haben wie ich einige Texte von ihm gelesen. Und weil sie mögen, wie und was er schreibt, mögen sie ihn. Und weil er, wie sie finden, dazu noch sehr gut aussehend ist. Ich will trotzdem kein Urteil abgeben, ich will mindestens ein zweites Treffen abwarten, sage ich ihnen.

Die ersten Tage nach dem Date schreiben wir uns oft. Tim verspricht, nach Zürich zu kommen, sein bester Freund wohnt hier. Er sagt, er wolle ihn sowieso bald besuchen. »Bald«, merke ich bald, muss nichts heißen. Tim macht keine konkreten Pläne. Er macht eigentlich gar keine Pläne. Ich fange an, genervt zu sein. Ich hasse es, wenn etwas kompliziert wird. Aber Tim gefiel mir. Wenn ich ehrlich bin, sogar sehr. Ich verbiete mir zu viel Begeisterung, weil ich mir ja vorgenommen habe, nicht sofort ein Urteil zu fällen. Aber ich würde ihn gerne wiedersehen. Sehr gerne.

Nur, wie überzeuge ich Tim davon, nach Zürich zu kommen? Kann ich das überhaupt? Kann ich nach einem einzigen Date Einfluss auf die Entscheidungen eines Mannes nehmen? Während ich darüber nachdenke, wird mir bewusst, dass ich mir schon lange nicht mehr so viele Gedanken gemacht habe.

Vier Tage nach dem Date mit Tim bekomme ich eine SMS von Mirco. »Lädst du mich morgen zum Abendessen ein?«, fragt er. Mirco darf das fragen. Mirco und ich kennen uns, seit wir fünf sind. Wir sind Freunde. Nur Freunde. Wir könnten zusammen in einem Einzelbett liegen, und es würde nichts passieren. Wir sind wie dieses Lied von Klaus Lage: »Tausendmal berührt, tausendmal ist nichts passiert.« Mit dem Unterschied, dass die Strophe »Tausend und eine Nacht, dann hat es Zoom gemacht«, dass dieses »Zoom« nie kam, nie kommen wird. Nicht, weil wir uns nicht mögen. Nicht, weil Mirco unattraktiv wäre. Aber wir kennen uns schon so lange. Wir sind miteinander in den Kindergarten gegangen. Später in die Grundschule. Wir haben über zu viel geredet. Schon jedes Geheimnis gelüftet. Er kennt alle meine Macken. Ich kenne all seine Fehler. Wir können uns nichts mehr vormachen. Wir können uns nicht mehr verzaubern.

Wir sehen uns ein-, zweimal im Jahr. Vielleicht haben wir so wenig Kontakt, weil unsere Treffen meist mit einem Streit enden. Also, sie enden dann zum Glück nicht wirklich. Wir sind bisher jedes Mal so lange sitzen geblieben, bis wir uns wieder vertragen haben. Aber dass wir einen Abend verbringen, ohne uns gegenseitig klarmachen zu wollen, dass der andere komplett falsch liegt, ohne dass sich einer wahnsinnig über die, wie ihn dünkt, stumpfsinnige Ansicht des anderen aufregt, das kommt so gut wie nie vor. Manchmal kippt die Stimmung, und wir werden verletzend. Dann versuchen wir, das zerbrochene Glas mit Komplimenten wieder zusammenzusetzen.

Dass ich Mirco zum Abendessen einlade, hat einen einfachen Grund. Wir haben gewettet. Wie schon so oft. Wir wetten immer. Ich habe verloren, warum weiß ich nicht mehr, aber ich weiß, dass ich zahlen muss. Wir sitzen im Restaurant Volkshaus. Vor ihm ein hübsch aufeinandergestapelter Fisch mit Fenchelsalat, in meinem Teller Hackbraten und Kartoffelstock. (Das ist ein anderer Grund, warum aus uns nichts wird. Ich kann nicht mit einem Mann zusammen sein, der gesünder isst als ich.)

Ich erzähle Mirco von meinem Date mit Tim. Ich will wissen, was seiner Meinung nach eine Frau tun müsste, damit auf ein erstes Date ein zweites folgte. Mirco findet, ich müsse gar nichts tun. Eine Frau muss sich rar machen. »Wenn mir eine gleich sofort zurückschreibt, dann wird sie langweilig. Uninteressant.« Er führt aus, was ich in mehreren Datingratgebern gelesen und was ich von einigen Frauen in New York gehört habe. Ich finde diese Haltung bescheuert. Aber Mirco beharrt auf seiner Meinung: »Wenn ich weiß, dass ich eine problemlos rumkriege, dann will ich sie nicht mehr unbedingt haben.« Ich habe große Lust, ihm meinen Hackbraten an den Kopf zu werfen, so dumm finde ich, was er sagt. Wir sind doch modern. Emanzipiert. Und überhaupt: »Ich will mich doch nicht spannender machen müssen, indem ich nicht zurückschreibe!« Wenn ich das brauche, damit ich in den Augen eines Mannes reizvoller wirke, dann läuft doch sowieso schon viel schief. Ich, meine Person, muss doch interessant genug sein. »Was du willst, ist ein Game. Ein beschissenes Spiel!«, werfe ich ihm vor.

Schließlich gehe es ihm nicht um die Frau. Es gehe nur darum zu gewinnen.

Es passiert, was immer passiert. Ich werde lauter. Er wird lauter. Es stört mich, dass Mirco, der, wie ich dachte, intelligent und modern ist, so klischiert und altmodisch denkt. Warum muss er sein Ego stärken, indem er sich beweist, dass er eine Frau haben kann, die ihm etwas vorspielt, die davonrennt? Sind wir nicht zu alt für solche Spiele? Er findet, es sei ja gut und recht, wie ich denke, aber das sei nun mal nicht die Realität. Männer seien nicht so, wie ich wolle, dass sie seien. »Männer sind Jäger!« Ich schweige. Er schweigt. Wir sind beide wütend.

Dann wird es aber doch noch ein schöner Abend. Weil wir beide nicht nachtragend sind. Weil wir mittlerweile wissen, dass wir oft nicht gleicher Meinung sind. Wir kennen uns ja.

Am nächsten Morgen denke ich nochmals über unsere Diskussion nach. Warum wurde ich so wütend? Wollte ich einfach nicht hören, was Mirco sagt? Wollte ich einfach nicht, dass er recht hat? Was, wenn er recht hat? Wenn Männer tatsächlich so sind?

Sie sind nicht so. Zum Glück. Jedenfalls nicht alle. Das Antibeispiel treffe ich einige Abende später. Ich bin bis spät auf Dreh. In der Schweiz wird das Parlament neu gewählt, ich muss warten, bis die Stimmzettel ausgezählt sind, erst dann kann ich meine Interviews führen. Dass das so lange dauert, stört mich nicht besonders. Ich bin gut unterhalten. Roman, ein Radioreporter, ist ebenfalls vor Ort. Wir kennen uns schon lange. Zürich ist ein Dorf, und die Journalisten sind ein überschaubares Völkchen. Ich weiß aber wenig über Roman, nur bei welchem Radio er arbeitet, dass er knapp dreißig ist und dass er, wenn ich richtig informiert bin, seit ein paar Monaten von seiner Freundin getrennt ist.

Nach dem Dreh sitzen wir in der Bar Dini Mueter, vor mir ein Glas Rotwein, er bestellt ein Bier. Es ist schon kurz nach neun, wir haben bis jetzt gearbeitet. Eigentlich bin ich müde. Aber Roman hat gefragt, ob wir noch was trinken gehen. Ich sagte Ja.

Dass zwischen Roman und mir etwas läuft, ist ausgeschlossen. Er ist einfach nicht mein Typ. Ich wohl auch nicht seiner. Vielleicht sprechen wir deshalb bald über Dates. Über Frauen und Männer. Darüber, wer den ersten Schritt machen soll. Roman findet, die Frau müsse auf ihn zukommen. Nicht, weil er faul sei oder finde, das sei Frauensache. Aber weil er so die Sicherheit habe, dass sie interessiert sei. Lernt er eine Frau kennen, die ihm gefällt, und diese Frau schreibt dann nur unregelmäßig oder gar nicht zurück, dann beendet er die Geschichte, bevor sie richtig angefangen hat. Weil er sich keine Blöße geben will. Weil er keiner Frau nachrennen will. Macht sich eine rar, verliert er das Interesse. Nein, das Spiel spiele er nicht. Er sei schnell verunsichert. Eine Frau, die ihm nicht ausdrücklich zeigt, dass sie ihn will, die würde er nie einfach küssen. Er wolle doch niemanden in eine unangenehme Situation bringen. Obwohl ich seine Überlegungen moderner und besser finde als die von Mirco, sage ich Roman, dass das doch so nicht funktioniere. Nicht alle Frauen sind so mutig und machen den ersten Schritt. Ich zum Beispiel würde nie den ersten Schritt machen. Einfach, weil ich zu schüchtern dafür bin. Ich warte, bis der Mann auf mich zukommt.

Auf dem Weg nach Hause, wir haben knapp zwei Stunden in der Bar gesessen, am nächsten Tag müssen wir wieder arbeiten, überlege ich, ob ich mich ändern könnte. Könnte ich über meinen Schatten springen, meine Unsicherheit ignorieren und den ersten Schritt machen? Bei einem Mann wie Roman wäre die Warterei schließlich endlos. Und das kann doch auch nicht die Lösung sein. Dass beide warten, bis der andere etwas unternimmt.

Nun habe ich kurz hintereinander mit zwei Männern über dieses Thema gesprochen und habe zwei komplett verschiedene Ansichten vorgesetzt bekommen. Ich bin immer noch ratlos. Ich weiß nicht, was ich machen soll, damit Tim sich entscheidet, nach Zürich zu kommen. Ist er wie Mirco, würde ich alles kaputtmachen, wenn ich aufs Gaspedal drücken würde. Würde ich ihn quasi erobern wollen, würde er die Flucht ergreifen. Ist er aber wie Roman, dann würde er erwarten, dass er erobert wird. Er würde aber die Flucht ergreifen, wenn ich mich erobern lassen wollte. Wie weiß ich, wie er tickt? Wie weiß ich, bei welchem Mann welche Taktik funktioniert, überlege ich und schäme mich sofort für meine Gedanken. Und auch dafür, dass ich überhaupt über Taktiken nachdenke. Bei der Liebe, war und bin ich doch eigentlich überzeugt, geht es nicht um Taktik. Die Liebe ist kein Spiel. Hat keine Regeln. Sie ist einfach. Oder eben nicht. Und wenn sie nicht wird, dann soll sie auch nicht sein. Weniger überlegen, mehr machen, sage ich doch immer allen. Ich schreibe Tim eine SMS, ich hätte in zwei Wochen das Wochenende frei, er solle doch dann nach Zürich kommen. Er schreibt sofort zurück: »In zwei Wochen? Das könnte gehen!«

Zwei Tage später treffe ich einen Mann, den ich schon hundertmal getroffen habe. Mehr als jeden anderen Mann. Mehr als alle Männer zusammen. Ich weiß, wie er tickt. Ich würde seine Taktik sofort durchschauen. Aber er hat keine. Hatte nie eine.

Ich fahre mit dem Fahrrad zum Bellevue Platz und sehe ihn schon von Weitem. Er steht vor dem Kiosk, wie vereinbart, in dunklen Jeans mit Lederjacke, er sieht aus wie immer. Fast ein Jahr haben wir uns nicht mehr gesehen. Sein Gesicht ist schön, wie es immer war. Seine Augen blau. Die dunklen Locken. Alles wie immer. Wir umarmen uns lange und ich sage ihm, dass er gut rieche. Er rieche wie immer, sagt er. Er hat recht. Er riecht wie immer. Wie früher. Er schenkt mir eine Sonnenblume, und wir lachen, weil wir uns daran erinnern, dass ich Blumen früher nicht mochte. Also Schnittblumen, die man in Vasen stellen und ständig schneiden muss. Um mir zu zeigen, dass meine Abneigung gegen Blumen völlig bescheuert ist, hat mir Luca mindestens einmal in der Woche Blumen heimgebracht. Drei Jahre lang. So lange waren wir zusammen. Luca ist mein Exfreund. Meine letzte Beziehung. Meine längste Beziehung.

Wir kaufen eine Bratwurst beim »Sternen Grill« und setzen uns auf den Sechseläutenplatz. Unsere Gespräche sind anders. Statt über den vergangenen Tag reden wir nun über das vergangene Jahr. Aber sonst ist es wie immer. Er hält mir unaufgefordert seinen Kartoffelsalat hin, weil er weiß, dass ich sowieso frage, ob ich probieren kann. Ich warte, ohne zu murren, als er zurückrennt, weil er mein Geschenk im Café am Bellevue liegen gelassen hat. Wir sind ein eingespieltes Team. Nur sind wir keines mehr.

Wir waren ein gutes Team, finde ich. Obwohl wir eine laute Beziehung hatten. Wir stritten viel und versöhnten uns viel. Ausgemacht hat uns das lange nichts. Wir sind einfach so, sagten wir uns, Luca ist Italiener, also das ist er nicht, er ist Tessiner, aber in meinen Augen ist er italienischer als jeder Italiener. Ich bin zwar Schweizerin, aber vermutlich genauso temperamentvoll. Woran es lag, dass es irgendwann nicht mehr ging, ist rückblickend schwer zu sagen. Vielleicht trafen wir uns zum falschen Zeitpunkt. Vielleicht waren wir noch zu jung. Vielleicht. Ich weiß es nicht. Irgendwann wollten wir einfach nicht mehr – nicht »einfach«, es dauerte mehrere Wochen, war ein tränenreiches Hin und Her, es gab viele Gespräche und Briefe und Neuanfänge.

Meine Freunde konnten unseren Entscheid nicht verstehen. Sie vergötterten ihn. Er sei doch perfekt, ich sei wahnsinnig, dass ich ihn ziehen lasse. Im Gegensatz zu unserer Beziehung war die Trennung nicht laut und stürmisch. Sie war ruhig. Vorbildlich. Keine Vorwürfe, keine Szenen.

Luca zog aus. Ich blieb. Nach der Trennung war ich komplett erschöpft. Ich war müde, immer müde. Und doch lag ich wach. Nacht für Nacht. Wenn ich dann irgendwann einschlief, erwachte ich kurze Zeit später. Schweißgebadet.

Jeden Morgen fragte ich mich, ob wir nicht einen großen Fehler gemacht hatten. Ob wir zu früh aufgegeben hatten. Jeden

Morgen war die Antwort gleich: Es fühlt sich zwar scheiße an, aber richtig.

Ich weiß, dass Luca ebenfalls unter der Trennung litt. Aber ich weiß auch, dass es ihm heute gut geht. Luca kennt die Vorzüge des Allein-Seins. Die Freiheit findet er genauso reizvoll wie ich. Er hatte noch nie Probleme, Frauen kennenzulernen. Die Frauen mögen ihn, er mag die Frauen. So einfach ist das.

So einfach war das auch bei uns. Als Luca und ich uns kennenlernten, wusste er nach dem ersten Treffen, dass er mich wollte. Das sagte er mir auch ganz direkt. Ich war beeindruckt, dass er das so genau wusste, und wohl auch ein bisschen überrumpelt. Ich zögerte. Ich gab mein Single-Leben auch damals nur ungern auf. Bis wir ein Paar wurden, dauerte es deshalb mehrere Monate.

Einmal fragte ich Luca, wir waren schon länger zusammen, ob er mich auch gewollt hätte, hätte es weniger lange gedauert, hätte er nicht um mich kämpfen müssen. Er schaute mich irritiert an. Natürlich, sagte er. Er habe ja mich gewollt. Nicht das Spiel.

So einfach ist das. So einfach muss das sein.

Zwei Stunden später muss Luca zurück nach Bern.

Ich begleite ihn zum Hauptbahnhof. Wir umarmen uns, und ich bin irgendwie traurig, dass er geht, dass ich ihn lange nicht mehr sehen werde. Luca steigt in den Zug. Der Zug fährt ab. Ich überlege, ob der Zug für uns abgefahren ist.

Ich glaube, ja. Zu viel, das nicht mehr rückgängig gemacht werden kann. Zu viel, das ausgesprochen wurde. Zu viel, das unausgesprochen blieb. Es heißt: Alte Liebe rostet nicht. Aber ich glaube, das ist falsch. Ich glaube, Liebe rostet, wenn man sie nicht pflegt. Ganz weg ist sie aber vermutlich nie.

Es mag Zufall sein. Oder Schicksal. Oder weder noch. Aber während ich aus dem Bahnhof gehe, bekomme ich eine SMS von Tim. Es sei leider doch nicht sicher, ob er nach Zürich kommen könne, schreibt er. Er müsse vermutlich arbeiten. Ein Interview in Madrid. »Aber wenn es dann nicht klappt, vielleicht ein anderes

Mal?«, schreibt er noch. Ich merke, wie meine Hoffnung zusammenschrumpft. Meine Begeisterung für ihn ebenfalls. Dann sehen wir uns eben nicht, denke ich fast ein bisschen trotzig. Muss ich zu lange warten, nehme ich meinen Einsatz wieder vom Tisch. Vielleicht ist das ein Schutzmechanismus. Vielleicht ist das auch einfach nur menschlich.

In den letzten Monaten ist mir das noch bewusster geworden: Vergeht zwischen zwei Dates viel Zeit, starte ich wieder bei null. Meine Emotionen kühlen runter. Meine Erinnerung verblasst. Wie ein Foto, das an der Kühlschranktür klebt und jeden Tag den Sonnenstrahlen ausgesetzt ist, wird sie immer schwächer. Irgendwann sieht man nur noch die Umrisse. Irgendwann weiß man gar nicht mehr, was mal darauf zu sehen gewesen ist.

Bei mir kann Erinnerung nicht nur verblassen, sie kann sich im Laufe der Zeit auch verändern. Ursprüngliche Begeisterung kann nach langer Funkstille in Desinteresse umschlagen. Meldet sich einer nach langer Zeit wieder, habe ich manchmal gar keine Lust mehr, ihn zu sehen. Nicht, weil er dazwischen etwas gemacht hat, das mir nicht gefiel, sondern einfach, weil wir uns nicht gesehen haben. Aus den Augen, aus dem Sinn. Das funktioniert nicht nur, wenn ich jemanden absichtlich vergessen will.

Am Mittwochmorgen schickt mir Tim die nächste SMS. »Ich habe eine gute und eine schlechte Nachricht. Die gute: Du kamst letzte Nacht in meinem Traum vor, dabei erinnere ich mich nie an Träume. Die schlechte: Ich schaffe es definitiv nicht nach Zürich. Ich muss arbeiten. Tut mir leid, dass ich so kurzfristig absage. Ich hätte große Lust gehabt, dich wiederzusehen.«

Ich habe mit dieser SMS gerechnet. Nach seiner letzten Nachricht ahnte ich, dass er nicht kommen würde. Aber immerhin ist seine Absage charmant. Immerhin hat er sich noch diesen Dreh mit dem Traum einfallen lassen. »Kein Problem!«, schreibe ich. »Melde dich doch, wenn du es wieder ruhiger hast, und ich sage dir, wo ich gerade bin. Vielleicht klappt's ja irgendwann. Und wenn du mich in deinen Träumen siehst, ist ja eh alles gut. (Ich hoffe, mein Traum-Ich ist nett und schön und überhaupt. Sonst wär das natürlich blöder.)«

Am Wochenende, das ziemlich unverplant ist, weil ich ja damit gerechnet habe, dass ich es zumindest teilweise mit Tim verbringe, gehe ich mit ein paar Freundinnen auf eine Halloween-Party. Mein Kostüm ist ein uninspiriertes Durcheinander von alten Kleidern, meine »Maske« sind ein paar schlecht gemalte Herzchen im Gesicht. Beim Eingang treffe ich auf die ganze Clique von Luca und muss feststellen: Freunde des Exfreundes zu treffen ist nicht lustig. Dass sie alle wie Vampire, Monster oder sonst irgendwelche wüsten Kreaturen aussehen, macht es nicht besser. Ich versuche, mich mit Wodka aufzuheitern, aber nach zwei Gläsern gebe ich auf. Ich kaufe erst einen und dann noch einen zweiten Hotdog und streue extra viel geröstete Zwiebeln auf die Würstchen. Um zwei Uhr morgens habe ich genug. Ich will nach Hause. Kaum bin ich draußen und habe die steile Treppe mit meinen Monster-Absätzen geschafft, verbessert sich meine Stimmung.

Ich sehe ihn schon von Weitem. Er ist auch nicht zu übersehen. Er ist fast zwei Meter groß. Wenn wir uns umarmen, baumeln meine Füße weit über dem Boden. Ich freue mich, ihn zu sehen. Ich freue mich immer, wenn ich ihn sehe. Wir haben uns vor vielen Jahren das erste Mal gesehen. »Wir waren noch nicht mal volljährig«, erklärt Leon seinem Kumpel, der neben ihm steht. Wir haben den gleichen Erste-Hilfe-Kurs besucht. Den muss man machen, wenn man in der Schweiz den Führerschein machen will. Ich besuchte den Kurs mit einer Schulfreundin. Wir fanden Leon beide gut. Er fand vor allem meine Freundin gut. Am Ende des Kurses waren sie ein Paar. Das sei ein Fehler gewesen, sagte mir Leon schon mehrmals. Er hätte sich damals richtig falsch entschieden. Ein Jahr nach dem Erste-Hilfe-Kurs traf ich Leon wieder. Ich ging in ein Konzert, er stand auf der Bühne. Ich fand ihn immer noch toll. Aber er hatte schon wieder eine Freundin. In den Jahren danach blieben wir in Kontakt. Wir gingen ins Kino, Pizza essen, er spielte mir auf dem Klavier vor, ich half ihm, wenn er etwas schreiben musste. Ich glaube, wir waren latent ineinander verliebt, nie so richtig und nie so gar nicht. Unser Problem war: Das Timing stimmte nie. War er in einer Beziehung, war ich Single. Trennte er sich, war ich in einer Beziehung oder kurz davor.

»Ich habe gar nicht gewusst, dass du in der Stadt bist. Ich dachte, du bist ein ganzes Jahr weg«, sagt er mir jetzt. »Ich bin auch nicht mehr lange hier«, antworte ich. Und während ich das sage, merke ich, wie bescheuert die Aussage ist. Ich versuche die Situation zu retten und frage, ob er morgen schon etwas vorhabe. Er müsse arbeiten, aber für mich würde er sich schon Zeit freischaufeln. Am nächsten Morgen, es ist Sonntag, ich bin früh wach, schreibe ich Leon eine SMS. Ich wolle in den Zoo gehen, ob er mitkomme. Ich gehe eigentlich nie in den Zoo. Aber eine Freundin ging mit ihrem Date in den Zoo, und seither geht mir die Idee nicht mehr aus dem Kopf.

Ich bekomme erst am frühen Nachmittag eine Antwort. Er habe bis jetzt geschlafen, aber: »Zoo ist gut, ich bin um drei da!« Deshalb mag ich ihn, denke ich. Er ist unkompliziert. Mit ihm ist es immer unkompliziert. Wir kaufen Marroni und spazieren zum Elefantenpark. Leon regt sich auf, dass die Tiere in den Gehegen keinen Platz haben, ich rege mich auf, dass wir fast keinen Platz haben. Es wimmelt von Leuten. Großfamilien schreiten durch die Anlage. Babywagen werden durch die Tierhäuser geschoben. »Kinder, so viele Kinder!«, sage ich leicht genervt. »Das war es, warum ich dein Dossier geschlossen habe! Jetzt weiß ich es wieder! Du willst keine Kinder!«, sagt Leon. Ich drehe mich abrupt um. Ich hätte doch nie gesagt, dass ich keine Kinder wolle, sage ich. Ich wolle mal Kinder. Irgendwann. Nur nicht jetzt. »Das hast du falsch im Kopf«, sage ich zu Leon. Er lacht. Ja, dann wisse er auch nicht, warum er mein Dossier geschlossen habe. Vielleicht müsse er es wieder öffnen. Nicht jetzt, sage ich ihm, jetzt gerade würde ich ja noch keine Kinder wollen. Er solle es in drei, vier Jahren aufmachen. Leon verspricht, dies zu tun. Aber ich weiß, dass er dieses Versprechen nicht halten wird. Jetzt gerade scheint Leon offen zu sein. Für eine Beziehung. Für die Liebe. Aber in drei, vier Jahren sieht das sicher anders aus.

Während er uns etwas zu trinken holt, überlege ich, ob ich mich in ihn verlieben könnte. Jetzt. Auf Kommando. Er gefällt mir ja. Er gefiel mir schon immer. Und es gefällt mir, wie er aussieht. Er ist groß. Hat breite Schultern, ein schönes Lachen. Er ist entspannt und unverkrampft. Es gefällt mir, wie er mich behandelt. Er ist respektvoll, großzügig. Er lacht über mich, wenn ich dummes Zeug rede, und stimmt mir zu, wenn er findet, ich habe recht. Er kennt mich. Er kennt mich seit zehn Jahren.

Er war nie der Grund, dass ich eine Beziehung beendete, aber er war oft der Grund, dass es mir danach wieder besser ging, dass ich mich schnell wieder begehrens- und liebenswert fühlte. Ich glaube, die Rolle des Trostpflasters spielte ich oft auch bei ihm. Und das ist gut. So wie es war und so wie es ist. Vielleicht sollen wir nicht mehr sein, überlege ich. Vielleicht können wir auch nicht mehr sein.

Wenn mich meine Freundinnen fragten, warum aus Leon und mir kein Paar würde, habe ich immer seinen Job als Grund genannt. Leon habe seine Musik, erklärte ich, die sei alles für ihn. »Die Liebe eines Musikers gilt der Musik. Und ich brauche zwar nicht überdurchschnittlich viel Aufmerksamkeit, ich fühle mich ja sogar sehr schnell eingeengt, aber ich will, wenn es darauf ankommt, an erster Stelle sein, und das ist man bei einem Musiker nie. Bei einem Musiker steht an erster Stelle die Musik.« Das sagte ich immer und war überzeugt, dass ich recht hatte. Aber vielleicht lag ich immer falsch, überlege ich jetzt. Vielleicht war ich diejenige, die nicht wollte, und habe es nur auf ihn abgewälzt. Aber es lohnt sich nicht, über früher nachzudenken. Gerade jetzt, merke ich, will ich jedenfalls nicht. Aber ich bin sicher: Wenn ich will, will er nicht.

Nach dem Zoobesuch gehen Leon und ich ins Café Kafischnaps und wärmen uns auf. Wir haben fast keine Tiere gesehen, irgendwie waren sie nie da, wo wir waren, und die Affen, die wir beide am liebsten haben, saßen nur gelangweilt herum. (Ihr gutes Recht, müssen ja nicht rumturnen, nur weil Leute zugucken.) Es war auch ohne große Tierschau ein schöner Nachmittag, sogar ein sehr schöner, eigentlich war es ein perfektes Date. Wir verabschieden uns, er umarmt mich, meine Füße baumeln in der Luft, und ich weiß wieder, warum ich ihn, warum ich die Schweizer Männer so mag. Sie sind anständig. Respektvoll. Sie würden mich nicht in eine unangenehme Situation bringen, würden mich nicht hinter das Löwengehege zerren und abknutschen. Sie spüren, wenn man nicht will. Sie sind, wie es das Klischee besagt, angenehm zurückhaltend.

Und doch sind sie irgendwie anders geworden. Anders, als ich sie in Erinnerung hatte. Tinder hat das Datingverhalten der Schweizer massiv verändert, dünkt es mich. Oder Blinq. Die Schweizer Version der App. Wir haben ja gern die Extrawurst, wir wollen was Eigenes. Jedenfalls bin ich überrascht, wie date-freudig alle sind. Schweizer Männer trauen sich zwar immer noch nicht, in einer Bar oder auf der Straße eine Frau anzusprechen, aber es wird ihnen nicht mehr zum Verhängnis. Sie kommen nun auch so zu ihren Dates. Diese Datingportale und Apps sind wie gemacht für Menschen mit Schweizer Mentalität. Man muss sich nicht aus dem Fenster lehnen. Denn wenn es einen Match gibt, wenn sich zwei gefallen und dies mit einem Rechts-Wisch zeigen, dann ist der erste Schritt ja getan. Dann ist das Ego schon ein bisschen gepusht, dann ist der Rest ein Kinderspiel. Ich würde bestimmt mehr Dates haben, hätte ich mein Tinder-Profil nicht gelöscht. Das denke ich oft während meiner Zeit in Zürich. Aber ich würde bestimmt auch ein paar unangenehme Erlebnisse haben. Wie eine

Freundin, die ein Date mit einem Typen hatte, den sie auf Tinder kennenlernte, und dann feststellen musste, dass der gleiche Typ auch eine gute Freundin von ihr traf. In der gleichen Bar. Einfach einen Tag später.

Wie immer am Mittwoch klingle ich fast pünktlich bei Manuel. Er öffnet schwungvoll die Tür. »Bezaubernd siehst du aus, komm rein.« Ich gebe das Kompliment zurück. Manuel ist einer der schönsten Männer, die ich kenne. Sogar meine Mutter findet das. Und sie hat eine komplett andere Vorstellung davon, wie der Mann an meiner Seite aussehen soll. Sie hat Manuel einmal kurz getroffen und denkt seither, wir sollten heiraten. Manuel gibt mir ein Glas Rotwein, ich setze mich auf sein Sofa, falsch, ich lege mich hin, Manuel kocht, ich erzähle irgendwelche Geschichten, Dinge, die ich erlebt habe, die mich beschäftigen, die ich plane. Ungefiltert. Ich überlege nicht, ob die Geschichten spannend sind, ob sie mich in ein besseres Licht rücken oder schlecht darstellen. Ich fühle mich viel zu wohl in seiner Gegenwart. Und ich will einfach alles erzählen. Es kommt selten vor, dass ich will, dass ein Mann meine Geschichten kennt. Nach dem Essen gehe ich zurück aufs Sofa. Manuel bringt mir eine Decke und das selbstgemachte Dessert. »Können wir bitte heiraten?«, frage ich ihn. »Aber sicher, Schatzilein«, sagt er. Unsere Ehe würde perfekt funktionieren. Finden wir beide. Die Sache hat nur einen Haken. Manuel ist bereits verheiratet. Mit einem Mann.

Wie es mit den Männern laufe, will er wissen. Er habe den Überblick verloren, klagt er jedes Mal, wenn wir uns sehen. Systematisch fragt er mich ab.

»Der Typ vom Flug von New York nach Zürich?« – »Lukas? Der hat sich noch einmal gemeldet. Hat eine SMS geschrieben. ›Wie läuft's?‹, hat er gefragt. Ich habe mit ›Super!‹, geantwortet. Fertig.«

»Okay. Der Ire?« – »Nichts mehr gehört.«

»Verständlich. Der kam und bekam nix. Logisch meldet er sich nicht mehr.« – »Pffzt!«

»Du warst noch in München, oder? Bei diesem Autor? Den fandest du doch gut. Was ist mit ihm passiert?« – »Tim, ja. Der wollte letztes Wochenende nach Zürich kommen. Und kam dann nicht. Sehr schade. Den fand ich schon sehr gut. Irgendwie habe ich aber das Gefühl, dass diese Geschichte noch nicht zu Ende ist, warum, weiß ich auch nicht.«

Wir staunen beide, dass ich mit vielen Männern, die ich in den letzten Monaten kennenlernte, noch Kontakt habe. Zum Beispiel mit Nico, dem Arzt aus Hamburg. Der meldet sich regelmäßig. Von Ben, dem Model aus New York, höre ich auch etwa einmal pro Monat. Der Kurzgeschichten-Schreiber aus Rom, Francesco, gibt mir für jedes Facebook-Bild ein Like, und Shayan schickt hin und wieder Fotos von irgendwelchen Architektur-Dingen.

Kurz vor Mitternacht quäle ich mich aus dem bequemen Sofa und radle nach Hause. Ich war erschöpft und gestresst, als ich bei Manuel ankam, jetzt bin ich zufrieden und entspannt. Warum ist es nicht mit allen Männern so?, frage ich meine Schwester, als ich zu Hause ankomme. Das Gute an Manuel ist nämlich nicht nur, dass ich ihn sehr mag, sondern, dass ich auch mich sehr mag, wenn ich bei ihm bin. Ich finde, ich bin meine beste Version, wenn wir zusammen sind.

Ist Sex die Antwort? Der Sex, der nicht stattfindet? Die fehlende Anziehung? Ist das nicht zu einfach?, überlege ich. Wenn es nur daran läge, warum ist es dann nicht mit allen Männern so, mit denen wir keinen Sex haben, keinen Sex haben wollen? Warum ist es denn zum Beispiel mit den Männern auf der Arbeit nicht so entspannt? Mit denen haben wir ja auch keinen Sex. Aber vielleicht geht es nicht darum, dass man keinen hat, sondern darum, dass man ihn haben könnte.

Mit Noel könnte ich zum Beispiel Sex haben. Habe ich nicht, ich bin eine Verfechterin der »Never fuck the company«-Regel, und Noel und ich arbeiten für den gleichen Fernsehsender. Aber weil wir oft an unterschiedlichen Tagen im Studio sind, haben wir nicht viel miteinander zu tun. Wir arbeiten quasi aneinander vorbei. Das ist eigentlich schade. Ich mag Noel. Alle mögen ihn. Er gehört zu den Attraktivsten im Büro, vor allem die schwulen Kollegen schwärmen für ihn. Ich weiß nicht, ob ich mich nach ihm umdrehen würde, würde er in der Menschenmenge an mir vorbeigehen, aber er ist unbestritten ein gut aussehender Mann. Am attraktivsten ist sein Humor: Ich kenne wenige, die so sarkastisch sein können, ohne böse zu werden.

Rein statistisch gesehen wäre es sehr gut möglich, dass wir ein Paar werden. Die meisten Paare lernen sich bei der Arbeit kennen. Auch meine Mutter lernte meinen Vater in der Schule, an der sie beide unterrichteten, kennen. Das macht in meinen Augen auch absolut Sinn. Bei der Arbeit steht die Arbeit im Vordergrund, nicht das Kennenlernen. Das nimmt dem Ganzen den Druck. Bei gewöhnlichen Date-Bekanntschaften wird ja relativ früh entschieden, ob man sich wiedersehen will. Bei der Arbeit ist das anders. Wir können nicht fliehen, außer wir kündigen. Wir lernen das Gegenüber immer besser kennen, finden es immer interessanter, weil viele Menschen ja erst mit der Zeit attraktiv werden, wenn sich das Bild verfeinert, wenn immer mehr spannende Seiten auftauchen, und dann, dann verlieben wir uns.

Nun. Ich lernte noch nie einen Mann bei der Arbeit kennen. Ich war noch nie mit einem zusammen, mit dem ich auch zusammenarbeitete. Ich hatte auch nie ein Date mit einem Arbeitskollegen oder betrunkenen Sex nach einer Weihnachtsfeier. Am Morgen danach ins Büro zu kommen, den Arbeitskollegen zu sehen und sich zu erinnern, wie er verschwitzt, keuchend neben einem im Bett liegt, stelle ich mir als sehr unschön vor. Es war auch nie wirklich ein Thema für mich, ich war, während ich beim Fernsehsender TeleZüri arbeitete, meist in einer Beziehung. Noel auch. Er war immer liiert. Bis jetzt. Nun ist er Single. Das scheint ihm zu gefallen. Er fragt mich immer mal wieder, in welches Lokal er seine Dates ausführen soll. Ich frage jeweils am nächsten Tag, wie es gelaufen sei, und er sagt mir jedes Mal, dass mich das nichts angehe. Weil wir heute beide länger arbeiten mussten, ist es nur logisch, dass wir wieder einmal etwas zusammen trinken gehen. Wir sitzen in einer Bar gleich neben dem TeleZüri-Studio und reden übers Geschäft. Über den Job redet man ja immer, wenn man mit einem Arbeitskollegen etwas trinken geht. Aber irgendwann reden wir über Privates, und er erzählt von seinem letzten Date und dass ihn die Frau fast zu Tode geredet habe. Er schweige meist bei Dates. Ich würde auch viel mehr zuhören als reden, sage ich. »Das passt ja hervorragend! Wir sollten mal auf ein Schweig-Date gehen«, schlägt er vor. Ich stimme zu.

Am Montag arbeiten wir beide, und wie das bei unserem Fernsehsender üblich ist, gehen alle Redakteure etwa zur gleichen Zeit aus dem Büro. Mir wäre das irgendwie unangenehm, wenn alle wüssten, dass Noel und ich miteinander ein Date haben. Ich gehe extra früh raus und warte vor dem Gebäude auf ihn. Fünf Minuten später kommt Noel mit dem ganzen restlichen Team raus. Na super, denke ich, so merken doch alle, dass wir verabredet sind! Aber ihm ist das egal. Und er hat ja recht, ist ja nichts dabei. Wir haben schon am Mittag entschieden, dass wir an die Expovina gehen, die Zürcher Weinmesse auf fünf Schiffen am Bürkliplatz. Ich will mein Fahrrad mitnehmen, sonst komme ich danach nicht mehr nach Hause. Noel will nicht zu Fuß gehen – »Das dauert hundert Jahre bis wir da sind!« –, also fährt er mich einmal quer durch Zürich. Ich sitze auf dem Gepäckträger, bei jedem Randstein schreie ich auf. Abgesehen davon finde ich es aber großartig. Auf dem Gepäckträger durch die Stadt gefahren zu werden, erinnert mich an meine Zeit auf dem Gymnasium. Es ist, als wären wir nicht Arbeits-, sondern Schulkollegen. Aber so hätten wir uns nie getroffen. Noel ist sieben Jahre älter als ich. Als ich in der Schule war, hat er längst studiert.

Wir schaffen es ohne Panne an den See und müssen dann aber feststellen, dass die Weinmesse eine sehr unromantische Angelegenheit ist. Eigentlich ungeeignet für ein Date. Das Licht ist grell, und man kann sich nicht richtig unterhalten, weil immer noch ein Sommelier mitredet. Außerdem kann es schnell peinlich werden, wenn die Weinhändler merken, dass man keine Ahnung von Wein hat. Ich habe keine Ahnung von Wein. Noel aber schon, wie er sagt. »Können wir einen schweren, kräftigen, aber auch leicht fruchtigen Roten probieren?«, fragt er den Weinhändler. Beim dritten Weinstand habe ich seine Masche durchschaut: Er fragt immer das Gleiche. Aber auf Kommando wechselt er seinen Auftritt, weil ich mich beklage, dass der Abend sonst langweilig werde, ich würde ihn ja schon von der Arbeit kennen. Was ich denn für einen Typen wolle, fragt Noel. Zuerst entscheide ich mich für einen machohaften Tischler mit »Guggenmusik« als Hobby. Noel klopft mir auf die Schulter, nennt mich fortan »Häsli« und erzählt schlechte Blondinen-Witze. Was die Blondinen mit dem Tischler zu tun haben, verstehe ich nicht ganz, aber ich lache und wünsche mir als Nächstes einen tiefgründigen Akademiker. Noel beginnt, über gesellschaftspsychologisches »Framing« zu dozieren. Es klingt irgendwie logisch, was er sagt. Ob es stimmt, weiß ich nicht. Aber das ist auch egal, ich amüsiere mich. Nach zwei Stunden auf dem Schiff haben wir genug Wein getrunken. Wir gehen in das schlechteste Lokal, das wir kennen. Eine fast leere Kneipe mit Live-Musik in der Zürcher Altstadt. Wir sind uns einig, dass auch dieser Ort ein absolutes No-Go für ein Date wäre. Genau deshalb finden wir es vermutlich besonders lustig. Nach einem Drink fahren wir weiter zur »Amboss Rampe« an der Langstraße. Jeweils montags werden hier Tischtennis-Tische aufgestellt, und Noel will mir zeigen, wie gut er spielen kann. Er sei ein Riesentalent. Es sind aber so viele Leute da, dass wir nur einmal mitmachen. (Noel fällt schon nach einer Runde raus.) Irgendwie ist es viel zu schnell Mitternacht, und Noel muss den letzten Zug erwischen. Ich begleite ihn zum Hauptbahnhof, und wir verabschieden uns. Das peinliche »Sehen-wir-uns-wieder-Gespräch« können wir uns sparen, wir sehen uns ja sowieso wieder. »Bis morgen«, sage ich und fahre mit dem Fahrrad den Hügel hoch. Das war ein richtig gutes erstes Date, denke ich und bin überrascht, dass mich das so überrascht.

Nach unserem Abend ist es irgendwie anders, zur Arbeit zu gehen. Es ist, als hätten wir ein Geheimnis. Als hätten wir etwas getan, das man sonst nicht tut. Dabei ist nichts passiert, jedenfalls nichts, das man nicht erzählen könnte. Er sei verkatert, sagt mir Noel, als wir zu zweit bei der Kaffeemaschine stehen. »Und du hast auch schon besser ausgesehen«, fügt er an. Müsse ja ein fantastischer Abend gewesen sein, den ich hinter mir habe. Mir fällt kein Spruch darauf ein, also grinse ich nur blöd vor mich hin.

Die nächsten Tage arbeiten wir öfter zusammen als in all den Jahren zuvor. Kann Zufall sein, ist es vielleicht aber nicht. Ich freue mich, wenn wir zusammen eingeteilt sind. Jeweils am Morgen schaue ich, ob er auch im Arbeitsplan eingetragen ist, und je nachdem gebe ich mir mehr oder weniger Mühe mit meinem Make-up und der Kleiderauswahl. Es ist schon lustig, denke ich, da sieht man sich mehrere Jahre fast jeden Tag und sieht sich doch nicht. Nicht richtig. Aber vielleicht musste ich um die Welt fliegen, um in Zürich anzukommen. Vielleicht stoppt mein Karussell wie bei so vielen anderen auch – direkt vor der Haustür, bei der Arbeit. Vielleicht passt das Klischee auch zu mir. Irgendwie gefällt mir der Gedanke. Der Gedanke, dass die Liebe in Zürich sitzt und ich sie bisher einfach nicht gesehen habe. Der Vorteil der Männer in Zürich, verglichen mit allen anderen, sogar mit jenen in Hamburg oder München: Sie sprechen meine Sprache, und zwar exakt meine. Ich hätte nie gedacht, dass das so wichtig ist. Dass das so anders ist. Aber es ist anders. Ich bin anders. Ich bin schlagfertiger, ironischer, überlegter, wenn ich Schweizerdeutsch spreche. Ich kann genau das sagen, was ich sagen will. Dabei spreche ich fließend Englisch, Hochdeutsch sowieso. Und doch ist es nicht das

Gleiche. Die gleiche Sprache verbindet, sie fühlt sich an wie Heimat, und Heimat fühlt sich gut an.

Und plötzlich ist meine Zeit in Zürich fast um. Mein Vertrag bei TeleZüri war auf zwei Monate befristet, ich wusste, dass ich nicht ewig bleiben würde. Die Monate in Zürich waren wunderschön und sehr hektisch. Ich habe Vollzeit gearbeitet und nebenbei Projekte für die kommende Zeit in die Wege geleitet. Für mehr Dates hatte ich schlicht keine Zeit. Wie das andere Singles machen, ist mir ein Rätsel. Jeden Tag Arbeit, Sport, Hobbys, Freunde und dazwischen auf Verabredungen gehen – ein Pensum, das meiner Meinung nach nicht machbar ist. Die Suche nach der Liebe ist sehr zeitintensiv, es ist schon gut, dass ich bald wieder frei bin. Und arbeitslos. So halb. Als freie Journalistin arbeite ich ja weiter. Wie ich das finanziell schaffen würde, wurde ich in den letzten Monaten oft gefragt. Wenn mich etwas nervt an den Schweizern, dann ist es ihr Umgang mit Geld. Das Thema ist sehr dominant. So zentral. Und doch will niemand richtig darüber reden. Ein bizarres Verhältnis. In der Schweiz muss ich oft erklären, wie ich als Freelancerin durchkomme. Wann ich denn wieder »richtig« arbeiten würde, werde ich oft gefragt. Die Schweizer haben eine klare Vorstellung, wie ihr Leben, ihr Lebenslauf aussehen muss. Erst die Arbeit, dann das Vergnügen. Dass man beides zusammen machen will, dass man beides nicht zeitlich voneinander trennen will, dass man manchmal zuerst das Vergnügen und dann die Arbeit haben will, das stößt auf Unverständnis. Schweizer haben gerne alles geregelt. Viele wollen auch keine Träume haben, die nicht im Bereich des Möglichen, des Machbaren liegen. Aber dann sind es, wenn man mich fragt, keine wirklichen Träume mehr. Träume müssen ein bisschen über das Erreichbare hinausgehen. Damit der Wunsch, dass sie sich irgendwann erfüllen, einen weiterträumen lässt.

Auch den Traum von der großen Liebe scheinen viele begraben zu haben. Schweizer sind sehr pragmatisch. Sehr nüchtern. Vielleicht verstecken sich die Romantiker aber auch einfach. Vielleicht traut sich niemand, offen zu sagen, dass er in die Liebe investieren will. Vielleicht tu ich meiner Heimat Unrecht, wenn ich sage, dass sie nicht mehr an die große Liebe glaubt.

Am 30. Oktober ist mein letzter Arbeitstag. Ich bin traurig, dass meine Zeit beim Fernsehen vorbei ist. Und dass auch die Zeit, die ich mit Noel gearbeitet und in der ich ihn endlich richtig kennengelernt habe, nun schon vorbei ist. Aber vermutlich hätten wir noch Monate miteinander arbeiten können und wären doch nicht weitergekommen. Vermutlich ist die von mir gerühmte Schweizer Zurückhaltung daran schuld. Er machte keinen Schritt auf mich zu, ich machte keinen auf ihn zu. Dass wir nun zusammen im Auto Richtung Flughafen sitzen, ist Zufall. Wir müssen eine Umfrage machen. Also er, ich helfe nur. Ich arbeite seit ein paar Stunden nicht mehr für den Sender. Ich wollte ins Kino. Fragte, ob er mitkomme. Er wollte, musste aber kurzfristig arbeiten. Ich bot an zu helfen. Mich stört das nicht. Mit einem Mann zu arbeiten, den man gut findet, ist nicht wie arbeiten, es ist wie ein Date, einfach dass man nebenbei noch etwas macht, was man sonst nicht macht bei einem Date, eben arbeiten. Die Umfrage haben wir relativ schnell erledigt, er beklagt sich auch nur kurz darüber, dass er überhaupt den Auftrag dafür bekommen hat. Das war meine Bedingung. Fünf Minuten darf er jammern, mehr nicht. Sonst würde ich nicht mitkommen, habe ich gedroht. Ich mag keine Männer, die jammern. Noel hält sich an die Abmachung. Er jammert praktisch nicht. Er freut sich viel zu sehr, so scheint es, dass ich nicht wieder abgesagt habe, als ich erfuhr, dass er zum Flughafen müsse.

Wir schaffen es erst in die 23-Uhr-Vorstellung, aber das ist nicht weiter tragisch. Ich muss ja morgen nur packen und fliegen, er kann ausschlafen. Nach dem Film gehen wir noch etwas trinken. Und dann noch etwas und noch etwas. Ob ich eine komische Seite hätte, fragt mich Noel irgendwann. Eine, die man nicht sofort sieht. Ich überlege. Mir kommt nichts in den Sinn. Ich sei, glaube ich, völlig normal. Ein Durchschnittstyp. »Du bist sicher nicht Durchschnitt!«, widerspricht er energisch. Es ist das erste Mal, dass er mir ein Kompliment macht. Und er hört gar nicht mehr auf. Er lobt nun auch meine Figur, dann mein Gesicht, meine Haare, ich sei in den Top 3 der schönsten Frauen. Ich bin überrumpelt, fühle mich aber geschmeichelt. Wir gehen noch zwei Bars weiter, später zur 24-Stunden-Bäckerei und holen uns etwas zu essen. Früh am Morgen begleitet er mich nach Hause. »Du bist super!«, sagt er und umarmt mich zum Abschied. »Du auch«, sage ich und meine das absolut ehrlich.

Fünf Stunden später geht mein Flug.

Von: Yvonne Eisenring
An: Corinne Eisenring
Datum: 31. Oktober 2015 um 14:11 Uhr

Betreff: Ich will so sein können, wie ich bin, und sein wollen, wie ich sein könnte

Ich bin noch im Flieger nach Budapest. Nicole schläft und Filme gibt's hier keine.

Es tut mir so leid, dass ich so gestresst war heute Morgen und durch die Wohnung gehetzt bin und gepackt habe. Ich wollte dir ja eigentlich noch von gestern erzählen. Und ich wollte noch von deinem Abend hören. Jetzt schreibe ich dir halt, weil, wenn ich dir nicht schreibe und zuwarte, dann verändert sich, was ich erzählen will. Nicht bewusst, aber weil meine Erinnerung sich verändert. So ist das immer, habe ich festgestellt. Die Erinnerung ändert sich mit der Zeit. Luca hat sich zum Beispiel auch verändert im letzten Jahr. Also in meinem Kopf. Deshalb war ich wohl so überrascht, als ich ihn wiedersah. Weil er sich eben eigentlich nicht verändert hat. Weil sich nur meine Erinnerung geändert hat. Das Schlimme ist, dass man dagegen eigentlich machtlos ist. Ich wollte nicht, dass sich meine Erinnerung ändert. Wir hatten ja drei großartige Jahre, Luca und ich. Und doch habe ich mich, nachdem wir uns getrennt haben, an den Dingen festgehalten, die eben nicht großartig waren. Vielleicht muss das so sein. Weil man sonst gar nicht mit der Trennung fertig würde.

Aber es ist trotzdem erstaunlich. Ich war ja richtig überrascht, wie gut ich ihn fand, als wir uns trafen. Dabei müsste mich das ja nicht überraschen. Wäre ja komisch, wenn es keine Gründe gäbe, warum ich ihn geliebt habe. Warum das mit uns überhaupt funktionierte. Einer der Gründe war vermutlich, dass er mir nicht jede Marotte durchgehen ließ. Dass er mir immer Blumen geschenkt hat, ich habe mich ja immer darüber beklagt, war, wenn ich mir das jetzt überlege, absolut richtig. Ist doch bescheuert zu sagen, man will keine Blumen! Er hat mich damals einfach nicht ernst genommen. Hat konsequent weiter Blumen geschenkt. So lange, bis ich nichts mehr dagegen hatte. Ich glaube, das brauche ich. Weil, wenn sich ein Mann von meinen blöden Aussagen einschüchtern lässt, dann geht das nicht auf. Dann fühle ich mich überlegen. Und das will ich nicht sein. Und, ich glaube, darum will ich einen Mann wie Noel nicht.

Irgendwann gestern Abend ist mir klar geworden, warum er sich nie getraut hat, mich zu küssen. Er war eingeschüchtert! Von mir! Das geht doch nicht. Ich bin doch nicht einschüchternd. Ich will doch nicht einschüchternd sein. Wenn ich merke, dass jemand unsicher ist, dann verunsichert mich das. Dann habe ich Angst, mich fallen zu lassen, weil ich Angst habe, dass ich nicht aufgefangen werde, wenn ich falle.

Und deshalb wird nichts aus Noel und mir. Das habe ich dir
ja heute Morgen schon gesagt. Das ist nur die Erklärung
dazu. Ich will nicht verunsichert sein, weil einer unsicher ist. Das hat mir bei Luca so gefallen, er war nie unsicher, er ließ sich von mir nicht einschüchtern. Oder
auch bei München-Tim, der war zwar kurz nervös, aber dann
völlig sicher. Mich entspannt, wenn ein Mann entspannt
ist. Wenn einer entspannt spielt, ist das natürlich nicht
das Gleiche.

Das Schöne am Zusammensein mit Noel war jedoch: Ich fühlte
mich absolut wohl mit ihm. Logisch, ich merkte ja irgendwann, dass er mich richtig, richtig gut findet, das sagte er
auch mehrmals, und dann habe ich natürlich keine Angst,
dass ich nicht genüge. Aber die Frage ist: Reicht das? Ist
es gut, wenn man für jemanden das Beste aus sich heraus-
holen will, wenn man sich möglichst viel Mühe geben will,
um zu gefallen – oder ist es besser, wenn man weiß, dass man
genügt, wenn man sicher ist, dass man sowieso schon überzeugt hat? Ich habe mir das lange überlegt. Ich glaube, man
braucht eine Mischung. Wenn ich weiß, dass ich, so wie ich
bin, gut genug bin, und mich gleichzeitig bemühe, noch besser zu sein, weil ich meinem Gegenüber gefallen will, ich
glaube, dann ist das so, wie es sein muss. Dann ist das der
richtige Mix.

Ich glaube, die Männer in der Schweiz sind einfach verwirrt. Das habe ich oft gedacht. Die Schweizer wissen nicht
mehr, was sie sollen. Sollen sie noch eine Frau erobern,
oder ist das schon zu machohaft? Müssen sie der Frau den
Lead überlassen oder wirkt das dann feige? Ein Dilemma! Das
Problem ist, dass vor allem die guten Männer überfordert
sind. Weil sie sich Gedanken machen. Reflektiert sind. Weil
sie nicht einfach ein Programm abspulen. Keine billigen
Spiele spielen, Tipps anwenden, die sie irgendwo mal auf-

geschnappt haben. Und diese guten Männer, die auf eine Frau eingehen und sich anpassen wollen, die versuchen, so zu sein, wie sie denken, dass eine Frau will, dass sie sind, genau diese Männer bekommen dann ein Durcheinander. Sie wissen gar nicht mehr, wie sie sind. Wie sie sein wollen. Sie sind nur noch, wie sie denken, dass sie sein müssen. Und das ist ein Wischiwaschi-Konzept.

Jetzt sind wir gerade gelandet. Ich rufe morgen an! Pfpfpf

Budapest

Mein Freund Kari findet in Budapest alle Männer wunderschön. Alle! Meine Freundin Nicole und ich sind aber nicht wegen der Männer hier. Sondern einfach, weil wir noch nie in Budapest waren. Budapest finden wir super. Die Männer? Nun, wir finden, Kari liegt falsch. Die Männer, die wir in den drei Tagen, die wir jetzt hier sind, gesehen haben, fanden wir eher durchschnittlich hübsch. Wie sie sonst sind, können wir nicht beurteilen. Näher kennengelernt haben wir keinen.

Karis Urteil war vermutlich vom Alkohol beeinflusst. In Budapest wird viel getrunken. Die Getränke sind billig. Die Bars, sogenannte Ruinenkneipen, riesig. Auf mehreren Stockwerken gibt es verwinkelte Räume. An unserem letzten Abend gehen wir in die älteste dieser Ruinenkneipen, ins »Szimpla Kert«. Ich will zwei Wodka-Soda bestellen und gehe an die Bar. Vor mir stehen etwa zehn Männer, die Bier und Shots und was-weiß-ich-noch-alles bestellen. Ich warte. Einer aus der Gruppe fällt mir auf, er ist größer, muskulöser und dunkler als seine Freunde. Er sieht mich anstehen und entschuldigt sich, dass seine Freunde – sie feiern einen Junggesellenabschied – so viele Getränke bestellen und es deshalb so lange dauert. Er hat den schönsten britischen Akzent, den ich je gehört habe. (Vielleicht denke ich das auch, weil ich *ihn* so schön finde.)

Mit den Getränken gehe ich zu Nicole zurück. Sie steht in der Nähe der Männergruppe, die laut johlend zuerst die Shots, dann die Biere runterkippt. Der schöne Große löst sich von der Gruppe und kommt zu uns rüber. Ob ich irische Wurzeln hätte, will er wissen. Sein Vater sei Ire. Zum Beweis zeigt er mir ein Foto seines »Ginger Dads« auf seinem Handy. Wir reden über rote Haare in Irland, Thermalbäder in Budapest und dann über Hochzeiten in

England. Er erklärt mir seine Theorie, wie er an der Körperhaltung einer Frau herausfindet, ob sie interessiert ist: Zeigen die Zehenspitzen in seine Richtung, hat sie Interesse, sonst nicht. Das Niveau unseres Gespräches sinkt, der Sinn kommt abhanden. Ich bin erstaunt, wie lange man über nichts sprechen und doch so viel reden kann.

Zwischen all dem Nonsens erfahre ich, dass er einmal Profibasketballer war, in London lebt und in einer Werbeagentur arbeitet. Irgendwann wollen seine Freunde weiter, in einen Stripklub, wie das für eine Bachelor-Party typisch ist. Budapest sei bekannt für sein Rotlicht-Milieu, und im Gegensatz zu London könne man die Stripperinnen hier berühren, das fänden sie natürlich geil. Also die anderen. Nicht er. Er will meine Nummer. »Vielleicht können wir uns ja später noch treffen?«, fragt er. Zum Abschied drückt er mir einen Kuss auf die Lippen. Ich bin so überrascht, dass ich nicht weiß, ob ich das gerade unverschämt oder unverschämt gut finde.

Nachdem sie weg sind, sage ich zu Nicole, dass es doch schon ein großer Zufall sei, dass sich genau der Typ für mich interessiere, den ich mit Abstand am interessantesten finde. Das sei doch eigentlich unlogisch! Nicole ist eher von der pragmatischen Sorte. »Ist doch gut«, sagt sie nur.

Eine Stunde später, es ist kurz nach eins, bekomme ich eine SMS. Nicole und ich sind zurück im Hotel. Sie hat Kopfschmerzen, ich bin müde. Der Typ aus der Bar, er heißt James, verrät mir seinen Whatsapp-Profilnamen, fragt, wo wir seien, ob wir uns sehen wollten, er könne auch zurückkommen. Ich lüge, dass wir irgendwo in einer Bar seien und mein iPhone bald keinen Akku mehr habe. Der will doch einfach eine schnelle Nummer, denke ich. Den hör und seh ich eh nie mehr.

Am nächsten Morgen bekomme ich eine Nachricht von James, kaum bin ich wach. Er erzählt, dass er die halbe Nacht durch den Stripklub geirrt sei, weil der Bräutigam verloren gegangen sei.

Irgendwann habe er ihn schlafend auf der Toilette gefunden. Dann fragt er, ob wir uns heute treffen wollen. Er habe den ganzen Tag Zeit. Er würde erst am Abend zurück nach London fliegen. Ich kann und will Nicole nicht alleine lassen und schlage ihm vor, dass er uns auf eine Stadtführung begleitet. Er werde mit seinen Kumpels reden, schreibt er zurück. Und später: Seine Kumpels seien nicht zu überzeugen.

Wir bleiben den ganzen Tag über in Kontakt. Aber uns zu treffen, schaffen wir nicht. Auch nicht am Flughafen. Unsere Flieger gehen zwar zur gleichen Zeit. Aber von anderen Gates. Seine Hartnäckigkeit überrascht mich. Ich dachte, sein Interesse sei verschwunden, wenn der Tag anbreche. Die Chance auf eine gemeinsame Nacht ist dann ja vorbei. Ich schreibe ihm, er könne mich ja mal besuchen kommen. Er schreibt, er werde darüber nachdenken. Nicole ist mittlerweile leicht genervt, dass ich ständig am Handy bin. Sie versteht meine Faszination nicht. Ich würde den Typen ja gerade mal knapp dreißig Minuten kennen. »Du weißt nichts über ihn. Er könnte verheiratet und Vater von fünf Kindern sein. Außerdem wohnt er in London. Und du bist nächsten Monat in Kuba und Israel. Das lohnt sich doch nicht!« Ich sage ihr, dass sie vermutlich recht habe. Und denke: Vielleicht lohnt es sich eben doch.

Ich chatte auch nach unserer Ankunft in Zürich mit James. Er meldet sich mehrmals pro Tag. Ich freue mich, wenn sein Name auf dem Display erscheint – auch wenn wir nur Unwichtigkeiten austauschen und mir klar ist, dass es vermutlich Zeitverschwendung ist, mit ihm in Kontakt zu bleiben. Nach zwei Tagen in Zürich reise ich nach Kuba. Ich wisse nicht, ob ich dort Handyempfang habe, schreibe ich ihm, bevor der Flieger abhebt, und schäme mich dann sofort für die Nachricht.

Havanna

Kubanische Männer sind stets auf der Suche nach der großen Liebe. So steht es im Reiseführer, und für einmal stimmen die Erfahrungen, die der Reiseführer-Autor gemacht hat, mit meinen überein. (Bei Reiseführern frage ich mich ja oft, wie der Schreiber auf die Idee kommt, dass ein überfüllter Strand ein »Hot Spot« und eine normale Imbissbude ein echter Geheimtipp ist, aber das ist ein anderes Thema.) Jedenfalls sind die Kubaner sehr schnell »verliebt«. Eigentlich alle paar Minuten. Immer, wenn eine Frau an ihnen vorbeigeht. Dann wollen sie diese Frau unbedingt. Oder zumindest ihre Aufmerksamkeit. Sie schnalzen laut mit der Zunge und pfeifen in allen Tonlagen. Funktioniert irgendwie beides nicht, ich habe nie eine Frau gesehen, die deshalb stehen geblieben ist. Aber das Werben auf der Straße ist für die Männer wohl Vorspiel. Oder Aufwärmen. Ein ausgedehntes Stretching vor dem Lauf. Wird es Abend, legen sie erst richtig los. Dass sie einen Tag lang abgeblitzt sind, scheint sie nicht zu stören. Ihr Selbstbewusstsein ist unerschütterlich. Für uns Frauen, die in Kuba Urlaub machen, ist das einerseits sehr schön. Wir werden behandelt, als wären wir die bezauberndsten Wesen des Universums. Es regnet Komplimente. Unser Ego macht Luftsprünge. Andererseits ist es auch leicht zu durchschauen. Und manchmal sogar ein bisschen anstrengend.

Ich bin nur sieben Tage in Kuba. Daniel, ein guter Freund von mir, ist Pilot, er konnte mich günstig mitnehmen. Ich wollte schon immer mal nach Kuba. Weil mir jeder von dem Land vorschwärmt und weil ich seit Jahren Salsa tanze. Salsa Cubana. Männer, die tanzen können, haben bei Touristinnen ein leichtes Spiel. Das merkt man, wenn man in Havanna in einen Salsaklub geht. Europäische Frauen lassen sich von breitschultrigen Kubanern über die

Tanzfläche wirbeln. Hin und wieder entdeckt man eine, die gar nicht mehr richtig tanzt, sondern nur noch verträumt in den Armen eines Kubaners liegt. Er flüstert ihr spanische Liebesschwüre ins Ohr, sie schaut ihn mit großen Augen an, dann machen sie ein paar langsame Drehungen. Dieser Ablauf wiederholt sich mehrere Lieder lang, dann verschwinden sie von der Tanzfläche. Es gibt eine Bezeichnung für diese Sorte Mann: »amiga« (aber meiner ist ganz anders). Was natürlich Blödsinn ist. Die wenigsten sind »ganz anders«. Aber ich kann Frauen, die sich in einen kubanischen Tänzer verlieben, nicht verurteilen, ich war auch einmal sehr angetan von einem Mann, mit dem mich nichts verband außer dem Tanzen. Rafael, Student aus Valencia, und ich hatten keine Gemeinsamkeiten, er sprach kein Englisch, ich damals fast kein Spanisch. Seine Nachrichten waren, Google-Translate sei Dank, eine kreative Aneinanderreihung von Wörtern: »Wer ist dein Tag, meine Liebe? Ich will befürchten, dass wir verlieben, aber leben wir unseres Spaß, meine Liebe! Kuss, wirklich, ich mag, wo du bist, ich liebe auch.« Nicht besser waren unsere realen Gespräche, wir redeten munter aneinander vorbei. Wir konnten sogar, jeder mit seinem Fünf-Wörter-Wortschatz, miteinander streiten, aber wenn wir tanzten, dann waren wir uns einig. Dann war alles in Ordnung.

Ich würde in einer Beziehung mit einem Kubaner sehr viel tanzen wollen, denke ich. Dann könnte das ganz harmonisch werden. Vielleicht. Wirklich wissen kann ich's nicht. Meine Freundinnen scheinen mehr zu wissen. Sie wetteten darauf, dass ich mein Herz an einen Latino verlöre. Das sei genau mein Temperament, finden sie. Und ich würde ja auf dunkelhaarige Typen stehen. Dunkle Haare, dunkle Augen, energisch und impulsiv. Das sei, was ich brauche. Vielleicht haben sie recht.

Daniel und ich verbringen fünf Nächte in Havanna, dazwischen gehen wir für zwei Tage nach Trinidad. Tagsüber spazieren wir durch die Städte, gehen an den Strand oder nehmen Tanzstunden, abends gehen wir in einen Salsaklub. Ich tanze und tanze und freue mich über jedes Lob. Im Komplimente-Machen übertrumpfen Kubaner sogar die Italiener. Am zweiten Abend gehen wir ins »1830«, ein Lokal am Ende des Malecons. Wir setzen uns an den Rand der Tanzfläche und beobachten eine Gruppe deutscher Frauen, die – wie sie es wohl nennen würden – so richtig aus sich herauskommen. Mit ihren skurrilen Tanzschritten benötigen sie fast den ganzen Platz, die Pärchen, die am Rand noch ihre Drehungen versuchen, gehen nacheinander zurück zu ihren Tischchen. Ich entdecke einen Mann am anderen Ende des Lokals. Er ist größer als die anderen, hat seine Haare zu Rastas gedreht und diese am Hinterkopf verknotet. Seine Frisur sieht ein bisschen aus wie die Kopffedern bei einem Hahn. Er schreitet selbstbewusst durch die Menge, es sieht aus, als würde er tanzen. Auf die Tanzfläche geht er aber nicht. Er hat trainierte Oberarme, einen Ohrring im rechten Ohr und im Gegensatz zu anderen Männern, die manchmal sehr offen zu mir starren und mich angrinsen, schaut er nie in meine Richtung. »Das wär mein Typ«, sage ich zu Daniel und zeige in Richtung des Mannes. Seit wir hier sind, hat er mich schon mehrmals gefragt, wer mir denn gefallen würde, was mein Typ sei. Der Hahn-Mann ist der Erste, der mir gefällt. Ich weiß nicht, woran es liegt: Ich habe nicht sonderlich Lust, Männer kennenzulernen.

Ich tanze und tanze. Wenn ich kurz verschnaufen will, werde ich sofort wieder auf die Tanzfläche geholt. Ich will nicht klagen, ich finde es großartig. Ich stelle aber fest: Nicht jeder Kubaner ist unbedingt ein guter Salsatänzer. Und oft haben kleinere Männer das bessere Taktgefühl. Aber sie sind halt kleiner und das ist dann für die Drehungen eher schwierig.

Irgendwann läuft mir der Schweiß den Rücken runter, meine Füße schmerzen, High Heels, muss ich mir eingestehen, sind nicht optimal auf diesem Boden. Ich lehne mich neben meinen Reisepartner an die Wand, ein Wasserfläschchen in der Hand. Ich entdecke den Hahn-Mann wieder, er steht nur zwei Meter von mir entfernt und unterhält sich mit einer großen, blonden Frau. Er scheint irgendetwas unglaublich Lustig-Interessantes zu erzählen, jedenfalls lacht die Blonde immer wieder laut und hält sich dabei an seinem Oberarm fest. Wenn sie zuhört, stellt sie den Kopf schräg und kaut an ihrem Strohhalm. Ich überlege, ob ich auch so dämlich aussehe, wenn ich amüsiert-interessiert wirken will. Vermutlich, ja, vermutlich sehen meine, wie ich glaube, lasziv-lockeren Bewegungen genauso aus wie bei ihr. Die richtige Wirkung scheinen ihre Gesten nicht zu haben, denn während sie redet, schaut sich der Typ suchend um. Sein Blick bleibt an mir hängen. Er prostet mir mit seinem Drink zu. Ich halte mein Wasserfläschchen in die Luft und nicke ihm zu. (Total locker und cool natürlich.)

Der Hahn-Mann schaut nun immer wieder zu mir. Irgendwann tippt er die Zeigefinger aufeinander und zeigt mit dem Kopf auf uns. Ich interpretiere, dass er wissen will, ob Daniel und ich ein Paar sind, und schüttle den Kopf. Er lächelt und wendet sich wieder der blonden Frau zu.

Ein paar Minuten später gehe ich Richtung Bar, die beim Ausgang des Lokals ist. »Du kannst doch jetzt nicht gehen!«, sagt jemand laut. »Ich will noch mit dir tanzen!« Der Hahn-Mann hält mich an der Schulter fest. Ich wolle nur etwas zu trinken holen, sage ich ihm. Er begleitet mich zur Bar. Er heißt Robin. »Wie Robin Hood!« Ich muss grinsen. Wie oft hat er den Spruch wohl schon gebracht? Ob das wirklich nicht mein Freund sei, der Mann, mit dem ich hier bin. Ich schüttle den Kopf. Robin schaut mich irritiert an. Platonische Mann-Frau-Freundschaften scheinen in Kuba nicht üblich. »Wir sind nur Reisefreunde. Er ist verheiratet. Mit einer anderen«, sage ich. Das mit der Ehe ist zwar nicht ganz richtig, aber auf eine lange Diskussion über Freundschaften, ob das geht und überhaupt, habe ich keine Lust. Und auch keinen Wortschatz. Robin redet spanisch mit mir, als wäre es völlig selbstverständlich, dass ich seine Sprache spreche. Seit ich vor einigen

Jahren drei Monate in Venezuela war, ist mein Spanisch auch ganz passabel, aber wenn er schnell auf mich einredet, erinnert mich das sehr an die Gespräche mit Rafael, dem Studenten aus Spanien. Muntere Konversation ohne Inhalt. Robin will, dass ich am nächsten Tag mit ihm und ein paar seiner Gäste – er besitzt drei Privatgasthäuser in Havanna, sogenannte »Casas particulares« – auf einen Ausflug gehe. Um sieben Uhr morgens würden wir losfahren. Ich stutze. Ist er nur in diesem Salsalokal, um Klienten für seine Tours zu akquirieren? Will er einfach mein Geld?

Ich kann nichts dafür, dass ich so misstrauisch reagiere. Die Kubaner sind herzensgut und absolut liebenswürdig, aber sie wissen, wie sie ihr karges monatliches Gehalt aufbessern können: mit Touristen. Seit wir hier sind, sind wir immer wieder zu irgendwelchen Spezialofferten überredet worden, die sich im Nachhinein als viel zu teuer herausstellten. Mich stört das nicht wahnsinnig. Es gibt ja Leute, die regen sich wahninnig auf, wenn sie merken, dass sie im Ausland für eine Taxifahrt dreimal so viel zahlen wie die Einheimischen. Ich sehe das nicht so eng. Dreimal so viel in einem Land wie Kuba ist immer noch dreimal weniger als in der Schweiz. Aber wenn ein Mann mich anmacht, mit der einzigen Absicht, dass er mir irgendwas verkaufen will, dann gefällt mir das natürlich nicht.

Die Band hat aufgehört zu spielen, es läuft nur noch leise Musik aus den Boxen. Immerhin: Die deutsche Reisegruppe, die bis zum letzten Lied durchgetanzt hat, hat den Platz freigegeben. Robin zerrt mich auf die Tanzfläche. Er will tanzen. Es gibt zwei verschiedene Möglichkeiten, mit einem Tanz zu beginnen. Die einen Männer machen erst den Grundschritt, dann ein paar einfache Drehungen, sie tanzen sich quasi in den Tanz rein. Die anderen warten mit dem ersten Schritt auf den perfekten Moment und legen dann los. Robin gehört zur zweiten Gruppe. Er hält mich an beiden Händen fest, reckt sein Kinn in die Höhe und spannt seine Muskeln. In dieser Stellung verharrt er. Wie er so aufgeplustert da steht, hat er wieder viel Ähnlichkeit mit einem Hahn. Plötzlich tanzt er los. Schnelle Bewegungen, markante Schritte, er wirbelt mich durch die Luft, schwingt mich mit einer Doppeldrehung zurück in seine Arme. Er kippt mich nach hinten, ein Bein zwischen meinen, mein Kopf auf Hüfthöhe, eine Sekunde, zwei, dann werde ich wieder hochgerissen, rein in die nächste Drehung. Ich bezweifle, dass das, was wir da machen, gut aussieht. Er findet, wir tanzen hervorragend zusammen. Naja.

Robin ist 34, erzählt er mir, als wir wieder am Rand der Tanzfläche stehen. Er kam erst vor zwei Jahren zurück in sein Heimatland, davor hat er fünf Jahre in Spanien gearbeitet. »Das ist möglich, das geht einfach so?«, frage ich erstaunt. Ich dachte, Kubaner könnten nicht so einfach in einem anderen Land arbeiten. »Wir Kubaner machen alles möglich«, sagt Robin leise und wischt sich mit einem kleinen Frotteetuch den Schweiß von der Stirn. Er fragt, ob ich nun mitkommen würde, auf den Ausflug morgen. Ich verneine, sieben Uhr sei mir zu früh. Ob wir uns dann wenigstens am Abend wiedersehen, will er wissen. Er gehe ins »Hotel Florida«, ein anderes Tanzlokal in der Altstadt von Havanna. »Komm! Du musst kommen!«, sagt er. Ich verspreche zu kommen.

Robin gefällt mir. Vielleicht hatten meine Freundinnen ja recht, überlege ich.

Kurz nach neun gehen Daniel und ich am nächsten Abend in das Salsalokal. Robin steht an der Bar, als wir kommen, er scheint sich zu freuen, mich zu sehen. Er kommt direkt auf mich zu. Wir tanzen ein, zwei und drei Mal miteinander. Es geht mit jedem Mal besser. Robin macht immer die gleichen Drehungen, merke ich. Die Abfolge der Schritte wiederholt sich. Er tanzt wie gestern, aber sonst ist er anders. Aggressiver. Aufdringlicher. Anhänglicher. Er tanzt nur mit mir, lässt mich kaum los. Zuerst schmeichelt mir seine ungeteilte Aufmerksamkeit, dann wird sie mir zu viel. Was ist nur los? Hätte ich nicht herkommen sollen?, überlege ich. Habe ich ihm damit Hoffnungen gemacht? Oder habe ich mich einfach getäuscht? Gestern gefiel mir seine selbstbewusste Art, heute nervt sie mich. Er tanzt immer enger, ich bekomme fast keine Luft. Er nimmt mein Gesicht in seine Hände, dreht mein Gesicht zu seinem Kopf. »Mirame!«, sagt er eindringlich. »Schau mich an!« Sehe ich ihm länger als zwei Sekunden in die Augen, kommt sein Gesicht näher. Er will mich küssen, ich drehe meinen Kopf weg. Er versucht es nochmals, ich weiche ihm wieder aus. Das wiederholen wir ein paar Mal. »Entspann dich, chica!«, sagt er. Ich will gehen.

Von: Yvonne Eisenring
An: Corinne Eisenring
Datum: 9. November 2015 um 11:32 Uhr

Betreff: Ziehen sich Gegensätze wirklich an?

Ich habe gestern einen Kubaner kennengelernt und heute wieder getroffen. Ich fand ihn irgendwie anders als die anderen Männer, die ich hier getroffen habe. (Während ich das schreibe, muss ich fast lachen. Alle Frauen, die hier einen Mann kennenlernen, denken, er sei anders.) Robin, so heißt der Typ, machte mich nicht so plump an, wie ich das bei anderen Männern erlebte. Kubaner sind sehr offensiv. Sie sprechen eine Frau ohne Zögern an. Ich finde das einerseits schmeichelhaft, andererseits habe ich oft das Gefühl, dass es dabei gar nicht um mich geht. Kubaner angeln nicht, sie werfen Netze aus und schauen dann, was hängen bleibt. Viele von ihnen baggern einfach mal jede Frau an und warten ab, welche darauf eingeht. Kubaner wirken oft unbekümmert. Sie haben manchmal eine fast kindliche Art. Außer dieser Robin. Ich fand, er hatte etwas Ernstes. Erwachsenes. Er war größer und kräftiger als der Durchschnitt. Irgendwie gefiel er mir. Jedenfalls gestern. Heute Abend war es nur noch anstrengend. Er machte fast keine

Tanzschritte mehr, hielt mich nur fest, er wollte mich ständig küssen. Ich fühlte mich bedrängt. Ich mag es ja eigentlich, wenn ein Mann einen Schritt auf mich zumacht, aber wenn er in hohem Tempo auf mich zustürmt, weiche ich aus.

Meinst du, es liegt am kulturellen Unterschied, dass mich das stört? Brauche ich unbewusst einen Partner mit der gleichen Prägung, damit es passt? Vielleicht habe ich mich in Zürich einfach an den zurückhaltenden Schweizer gewöhnt. Vielleicht sind mir die Männer hier deshalb oft zu aufdringlich. Seit den zwei Monaten in der Schweiz überlege ich mir das öfter: Wie wichtig ist es, den gleichen kulturellen Hintergrund zu haben? Die gleiche Geschichte, das gleiche Verständnis, die gleiche Bildung? Wie wichtig ist ein ähnliches Temperament?

Ich könnte mich sicher daran gewöhnen, dass man grundsätzlich alles ein bisschen lockerer nimmt und auch mal eine Stunde statt nur ein paar Minuten zu spät kommt. Wäre ich länger in einem Land wie Kuba, könnte ich sicher lernen, diese andere Mentalität zu akzeptieren. Ich würde mich auch an die Art, wie Männer auf Frauen zugehen, gewöhnen. Aber würde ich mich wohl fühlen, oder wäre ich immer latent überfordert wie heute Abend? Ich bin ja losgezogen, weil ich es unlogisch fand, dass ich den Mann, den ich mir wünsche, gleich vor der Haustür finde. Die Wahrscheinlichkeit, dass ich mich in der Schweiz verliebe, fand ich gleich groß und gleich klein wie anderswo. Ich dachte ja sogar, dass ich vielleicht auf eine andere Mentalität besser anspreche, weil ich mich so lange Zeit nicht verliebt hatte.

Ist das nur mein persönliches Dilemma? Andere Frauen genießen es ja, so begehrt zu werden. Ich war, wenn ich ehrlich bin, froh, wurde ich die letzten Tage meistens in Ruhe gelassen. Ich hatte nicht mal Lust, Männer kennenzulernen.

(Abgesehen von dem einen Typen, den ich so »anders« fand.)
Ich war froh, war ich nicht alleine unterwegs. Reist man
mit einem Mann, wird man ja automatisch weniger angesprochen. Alle denken, man sei ein Paar. Das Lustige ist: Vor
einigen Monaten hätte mich das gestört, aber die letzte
Woche war ich froh darum. Ich fand es angenehm. Ich wollte
gar nicht um ein Date gebeten werden. Ich weiß nicht, ob es
an der Begegnung mit diesem aufdringlichen Robin liegt
oder an Kuba oder der Hitze, aber ich find's grad sehr
schön, dass ich vor Tel Aviv noch ein paar Tage in der
Schweiz bin. Am Wochenende wäre noch die Geburtstagsfeier,
von der ich dir erzählt habe, aber ich habe keine Lust zu
gehen. Wir könnten doch in die Berge! Oder hast du da schon
Pläne? Hoffentlich nicht! Ein bisschen Ruhe fänd ich toll!
Bis am Donnerstag! Ich freu mich auf dich!
Pfpfpfpf

Tel Aviv

Tel Aviv ist ein Paradies für Singles. Ich würde sogar behaupten, abgesehen davon, dass hier deutlich weniger Leute wohnen als in New York und es deshalb weniger Singles gibt, ist Tel Aviv die größte Datingstadt, in der ich in diesem Jahr war. Ich besuche Freunde hier, die vor Kurzem nach Tel Aviv gezogen sind. Wenn ich mit ihnen unterwegs bin, stellen sie mich immer als Erstes ihren nicht liierten Freunden vor. Sie erklären mir, dass der Israeli glaubt, er komme in den Himmel, wenn er in seinem Leben drei Paare verkuppelt habe. Und es ist tatsächlich so: Sage ich, ich sei Single, fällt jedem irgendein Verwandter oder Bekannter ein, der auch Single ist und den ich »unbedingt« treffen muss. Aber auch ohne fremde Hilfe wäre es hier einfach, jemanden kennenzulernen. Alle scheinen in Flirtlaune. Überall werde ich angesprochen. Jeder erzählt sofort, dass er einmal »in einer Spezialeinheit in der Armee« war und deshalb etwas Besonderes und besonders begehrenswert ist. Auch als Mann werde man angebaggert, wird mir gesagt. Warum alle so mutig aufeinander zugehen? Eine Theorie ist, dass die Leute hier keine Chance verpassen, nicht an Morgen denken wollen, weil der Krieg so nah ist. Diese Tatsache lähmt sie nicht. Sie spornt sie an. Ich weiß nicht, ob das der Grund ist oder ob es einfach die Mentalität ist. Die Leute in Tel Aviv sind jedenfalls sehr selbstbewusst. Sie sehen auch gut aus. Vor allem die Männer, wurde mir vor der Reise mehrmals gesagt, seien wunderschön. Und es stimmt: Die Männer sind wunderschön.

Aber: Ich hatte noch kein Date und habe auch nicht vor, zu einem zu gehen. Ich will niemanden kennenlernen. Ich will keine Erstes-Date-Gespräche führen. Ich will nicht. Ich habe genug. Meine Neugier ist gestillt. Ich bin satt. Satt und müde.

Wenn ich ehrlich bin, habe ich mich wohl überschätzt. Ich nahm meine Suche ernst, aber ich nahm mich selbst zu wenig ernst. Ich dachte: So lange mein Herz nicht gebrochen wird, gibt es keinen Grund, traurig zu sein. Aber ich lag falsch. Auch wenn ich in den vergangenen Monaten gerne zu Dates ging und auch wenn ich ein misslungenes Date nicht wirklich schlimm fand: In ihrer Summe raubten sie mir meine Energie. Weil ich trotz allem immer wieder Hoffnung hatte. Und diese dann begraben musste. Ich dachte bei jedem Mann: »Vielleicht er?« Das zehrte an meinen Kräften. Das saugte mich Stück für Stück aus. In Kuba dachte ich, es läge an der Mentalität der Männer, dass ich keine Lust auf Dates hatte. Aber ich glaube, das ist falsch. Es lag an mir.

Ich kann nicht mehr.

Es ist Freitagabend. Meine Freunde gehen ins »Alma Kuli« in der Nähe der Rothschild Straße. Wir waren vor zwei Tagen schon da, und ich mochte den Klub – eigentlich. Aber ich kann mich nicht aufraffen. Ich liege auf meinem Bett, in meinem winzigen Hotelzimmer, und mache nichts. Ich starre die Decke an. Ich kann mich nicht bewegen. Ich will mich nicht bewegen. Ich würde jetzt gerne weinen. Weinen tut gut. Jedenfalls meistens. Aber es geht nicht. Nicht mal weinen kann ich noch! Ich fühle mich leer. Leer und erschöpft. Mir ist, als wäre ich einen Marathon gerannt und hätte beim Laufen vergessen, wo das Ziel ist.

Ich wollte die Liebe herausfordern, wollte nicht zu Hause warten. Meine Ungeduld trieb mich an, meine Neugier zog mich weiter. Jetzt sind beide bei null. Als hätte es einen Kurzschluss gegeben. Ich staune über meinen Zustand. Wie konnte es nur so weit kommen? Wie konnte ich es nur so weit kommen lassen? Ich war doch so begeistert von meiner Idee! So fasziniert von meinem neuen Leben! Ich war verliebt in diese aufregende Suche nach der Liebe, verzaubert von dem ganzen Zirkus. Ich wollte gar nicht mehr runter von dem Datingkarussell. Ich wollte, dass es sich noch schneller dreht. Ich wünschte mir, dass es niemals aufhört zu drehen. Und nun bin ich traurig, weil ich immer noch draufsitze.

Nun habe ich schon ein Dreivierteljahr dafür aufgewendet, herauszufinden, warum ich mich verliebe und wie ich mich verliebe. Ich wollte dem Geheimnis auf die Spur kommen. Aber, und das wird mir langsam schmerzlich bewusst, das Geheimnis kann nicht gelüftet werden. Ich starre die weiße Wand an, und mir wird bitter klar: Ich wollte etwas finden, das man nicht suchen kann.

In meine Erschöpfung mischt sich ein komisches Gefühl der Enttäuschung. Ich bin enttäuscht von mir und meiner Fähigkeit, mich zu verlieben. Ich habe in den letzten Monaten so viele Männer kennengelernt, verbrachte so viel meiner Zeit bei Dates, ich zog von Land zu Land, und nie wollte ich bleiben. Nie hatte ich das Gefühl, das ich suchte. Manchmal dachte ich, es könnte noch kommen. Aber es war immer das Gleiche: Je mehr Zeit ich mit dem betreffenden Mann verbrachte, desto klarer wurde mir, dass ich mich nicht verlieben konnte. Jemanden gut zu finden und in jemanden verliebt zu sein, sind zwei völlig unterschiedliche Dinge. Das weiß jeder, der einmal den Unterschied erlebt hat. Einfacher macht es das Ganze nicht.

Ich hole meinen Laptop hervor und suche nach einem Gedicht, das ich vor vielen Jahren mal verfasst habe. Ich war verliebt. So verliebt, dass ich dieses Gefühl festhalten wollte. (In Gedichtform! Was ich sonst nie mache, aber zu meinem Zustand passte es.) Ich ahnte wohl, dass es nicht ewig andauern würde. Und ich lag richtig: Der Zustand ging, und wir gingen irgendwann auch auseinander. Aber das Gefühl, das ich hatte und in dem Gedicht beschrieb, diente mir immer zur Orientierung. Fühle ich nicht wie damals, fühle ich zu wenig, war immer mein Credo.

Ich finde die Datei im Ordner »Sonstiges«. Das Dokument ist unter »das_alles_gefühl« gespeichert.

Wie ein Ohrfeige. Es fühlte sich an wie eine Ohrfeige!
Einfach ohne Schmerz.
Ich bin benommen und doch klar. Alles ist so surreal.
Ich atme flach. Nehme einen Schluck Wein. Ich fühle mich sofort
betrunken. Seit gestern hab ich nichts mehr gegessen. Aber ich
kann jetzt nicht essen. Muss ich essen? Mir fällt die Gabel auf den
Boden. Ich bin unruhig. Als hätt ich zu viel Kaffee getrunken.

Ich gehe rennen.
Länger als sonst, schneller als sonst.
Mein Kopf dröhnt.
Mein Herz pumpt.
Müde werd ich nicht.
Als hätt ich Doping bekommen.

Ich will nicht gehen. Ich will nicht,
dass du gehst. Ich will bleiben.
Die Zeit bleibt stehen. Der Alltag nervt. Die Arbeit stört.
Ich lege mich hin. Schlafe nicht ein. Ich bin wach. So wach.

Das Telefon klingelt.
Ja, Mama, alles gut.
Nein, ich bin nicht tot.
Ich lebe. Und wie.

Ich will die Zeit vorspulen, bis wir uns wiedersehen.
Ich will mich an deinen Rücken schnallen.
Wie ein Rucksack. Bei dir sein. Mit dir sein.
Für immer?
Ich würd unterschreiben.
Heiraten. Kinder. Alles.
Nur du. Nur wir.
Jetzt? Sofort.

Im Gegensatz zu früheren Malen muss ich nicht gerührt-fasziniert über mein junges Ich schmunzeln. Es breitet sich auch kein warmes Gefühl der Erinnerung aus, wenn ich diese Zeilen lese. Ich bin nur noch trauriger. Ich fühle mich, als wär ich gelaufen und gelaufen, aber nie einen Schritt weitergekommen. Ich weiß, wie ich mich fühlen müsste. Aber ich weiß nicht, was ich machen muss, damit ich mich so fühle. Die wenigen Male, die ich mich in meinem Leben richtig verliebt habe, konnte ich das nicht analysieren. Ich wusste nie, warum passierte, was passierte. Ich war nicht fähig, rational zu überlegen. Ich konnte mich kaum konzentrieren. Ich war ich, aber anders. Sich verlieben heißt sich verlieren, las ich kürzlich und fand den Satz sehr treffend. Ich fand den Satz auch sehr schön. Gerade finde ich ihn gar nicht schön.

Ich fühle mich auch, als wäre ich verloren. Aber nicht, weil ich verliebt bin.

Ich liege auf dem Bett und höre schon zum zweiten Mal das neue Album von Adele. Hilfreich sind ihre Lieder irgendwie auch nicht, denke ich und drücke noch einmal auf Repeat. Dann rufe ich meine Schwester an.

Von: Yvonne Eisenring
An: Corinne Eisenring
Datum: 21. November 2015 um 11:29 Uhr

Betreff: Danke

Danke, dass du mir gestern so lange zugehört hast. Du weißt nicht, wie wertvoll es ist, jemanden wie dich zu haben. Und nein, ich finde nicht, dass das selbstverständlich ist.
Es geht mir schon viel besser. Ich war heute Morgen am Strand joggen, trotz Regen!, und jetzt habe ich gerade in dem Café, in dem ich sitze, Spiegeleier in Tomatensauce gegessen und fand es toll.

Ich habe nochmals darüber nachgedacht, was du gesagt hast. Dass ich nicht das ganze Jahr, das ganze Experiment verteufeln soll. Die Idee, ein Jahr eine Auszeit zu nehmen und die Liebe zu suchen, war und ist keine schlechte Idee. Zeitweise fand ich sie ja sogar absolut fantastisch. Und auch wenn ich mich bisher nicht verliebt habe und gerade sehr erschöpft bin von all den Treffen: Sich Zeit nehmen für etwas, was einen wichtig dünkt, ist richtig. Dass ich nicht zwölf Monate lang munter und jauchzend durch die Gegend hüpfe, ist logisch. Auch wenn es mir schwerfällt, einzusehen, dass meine Energie begrenzt ist.

Und du hattest recht, als du sagtest, dass ich ja nichts falsch gemacht habe. Was ich machen wollte, habe ich gemacht. Ich wollte alles auf die Karte Liebe setzen, und das habe ich getan. Ich habe mir ja nicht vorgenommen, mich in diesem Jahr zu verlieben. Ich wollte die Möglichkeit haben, mich zu verlieben. Mir Zeit und Raum lassen. Dass ich mich bisher nicht verliebt habe, ist Zufall oder Schicksal, aber kein Scheitern.

Was ich aber glaube: Dates sind nicht geeignet für mich. Wenn denn aus einem Date Liebe werden soll. Nur weil sich andere so verlieben, bedeutet das nicht, dass ich mich auch so verlieben kann. Vielleicht ist es wie mit dem Lernen. Jeder hat seine eigene Methode. Einige lernen am besten, wenn sie jemandem erzählen, was sie gerade gelesen haben. Andere lesen den Lernstoff einfach mehrmals durch. Die einen arbeiten gut unter Druck. Andere nicht. Ich lernte in der Schule ja immer am besten, wenn ich nicht merkte, dass ich lernte. Wenn ich etwas machte und danach verstand, wie es funktionierte. Vielleicht liebe ich, wie ich lerne. Und deshalb funktionieren Dates für mich nicht! Wenn ich weiß, dass ein Mann und ich uns nur treffen, weil wir vermuten, dass wir uns verlieben könnten, dann klappt das nicht. Weil wir uns nur mit dieser Absicht kennenlernen. Weil das Ziel schon im Vorhinein klar definiert ist. Weil dahinter ein Plan steckt. Und Pläne setzen mich ja auch sonst unter Druck. Und deshalb verliebe ich mich bei Dates nicht. Eigentlich dürfte mich diese Erkenntnis nicht erstaunen. Wenn ich an die letzten Jahre denke, habe ich mich immer dann verliebt, wenn ich nicht beabsichtigt habe, mich zu verlieben. Wenn der Grund für das Zusammentreffen der Zufall oder sonst etwas war. Dann schlichen sich unbemerkt Gefühle ein und nahmen sich ungefragt den Raum, den sie brauchten. Noch nie habe ich mich verliebt, wenn ich jemanden mit der Idee traf, dass ich mich verlieben könnte. Auch wenn ich dieses Jahr zurückspule, fand ich diese Männer am interessantesten, die ich nicht bei einem Date kennenlernte, also nicht über Tinder fand oder weil mich jemand verkuppeln wollte. John in New York begegnete ich per Zufall auf seiner Party, mit Noel arbeitete ich in Zürich zusammen, bei Tim aus München dachte ich zuerst, dass wir uns nur als Berufskollegen treffen würden, und James sah ich beim Anstehen in einer Bar in Budapest. Daraus muss man keine Regel machen. Es gibt sicher auch Ausnahmen. Und vielleicht ändere ich mich ja irgendwann.

Aber für dieses Jahr habe ich entschieden: Ich gehe zu keinen Dates mehr. Also zu Kennenlern-Dates. Ich treffe niemanden mehr via Tinder, verabrede mich nicht mehr mit jemandem, den ich nur von Facebook kenne, ich treffe keinen Freund eines Freundes mehr, mit dem ich verkuppelt werden soll. Ich nehme nicht mehr jede Möglichkeit für ein Date wahr, die sich mir bietet. Ich überlege ab jetzt zweimal, ob ich jemanden näher kennenlernen will.

Gestern wäre ich am liebsten sofort heimgeflogen und hätte meine Freiheit gegen Sicherheit zurückgetauscht. Nachdem ich aber eine Nacht darüber geschlafen habe, glaube ich,

es wäre falsch, jetzt abzubrechen. Ich mache dieses Jahr
ja nicht für irgendjemanden, sondern für mich. Es wäre
schade, würde ich mir weniger Zeit nehmen, als ursprünglich geplant.

Ich freue mich sehr auf dich! Du weißt nicht, wie dankbar
ich bin, dich zu haben.
Liebdi!
Pfpfpf

Bogotá

Camillo: »Hola Yvonne! Wie geht's? Was machst du in Kolumbien?«
Yvonne: »Hey Man! Urlaub. Du bist sehr hübsch!«
Camillo: »Danke. Wann verlässt du Bogotá wieder?«
Yvonne: »Ich bin drei Wochen hier. Ich liebe Latinos sehr!!!!«
Camillo: »Du gehst nie aus Bogotá raus?«
Yvonne: »Nein. Ich bleibe in Bogotá. Mir gefallen die Männer hier so!«

»Was schreibst du denen eigentlich?«, frage ich Kari. Er schaut kurz von meinem Handy auf. »Es ist super! Und mach dir keine Sorgen! Es läuft auch super!«, sagt er. Ich lasse ihn machen. Kari weiß, dass ich keine Dates mehr will, aber er wollte schauen, was für Männer in Bogotá auf Tinder sind, also reaktivierte ich mein Profil für ihn. Nun tippt er seit fast 15 Minuten auf meinem iPhone herum. Was er schreibt, werde ich erst später sehen.

In Kolumbien bleibe ich drei Wochen. Bei meinem Freund Kari und seinem Mann. Sie sind vor einem halben Jahr von Zürich hierhergezogen. Dass ich sie besuchen würde, wusste ich, noch bevor sie abreisten. Ich lernte Kari auf der Journalistenschule kennen. Das war vor sechs Jahren. Ich wusste schnell, dass ich ihn in meinem Leben haben wollte. Und das passiert mir bei Männern selten. Dass ich das so klar spüre. Und dass sich dieses Gefühl im Laufe der Jahre nicht ändert. Bei Kari hat es sich nie verändert. Heute kann ich mir nicht mehr vorstellen, wie es ohne ihn wäre. Er ist fixer Bestandteil meines Lebens. Nie würde ich, was wir haben, infrage stellen. Seit ich hier bin, denke ich oft darüber nach, warum unsere Freundschaft so beständig ist, sogar immer fester wird und meine Beziehungen zu anderen Männern, früher oder später, immer zu Ende gehen.

»Vielleicht«, sage ich an einem Abend zu Kari, »will ich das Falsche, suche ich das Falsche.« Ich will mich ja verlieben, suche den Megaflash. »Vielleicht ist das ein Fehler! Vielleicht gebe ich dem Verliebtsein zu viel Gewicht.«

Von: Yvonne Eisenring
An: Corinne Eisenring
Datum: 28. November 2015 um 18:22 Uhr

Betreff: Wie wichtig ist der Megaflash überhaupt?

Wie wichtig ist Verliebtsein für eine Beziehung? Das überlege ich gerade oft. Und auch, ob ich überhaupt eine Beziehung will. Die letzten Monate suchte ich ja vor allem das Gefühl. Ich wollte mich verlieben. Der Wunsch nach einer Beziehung war dabei eher klein. Ich war nie wirklich traurig, wenn ich mich nicht verliebt habe. Ich fand mein Leben so berauschend. Ich war verliebt in die Freiheit und Kompromisslosigkeit. Ich hatte gar keine große Lust, das aufzugeben.

Hätte ich mich verliebt, wäre eine Beziehung die logische Folge gewesen. Aber vielleicht wollte ich gar keine Beziehung und habe mich deshalb nie verliebt. Vielleicht machte ich unbewusst einen großen Bogen um alles, was zu einer Beziehung hätte führen können. Ich sah die letzten Monate so viele Vorteile im Single-Sein. Darauf verzichten wollte ich nur, wenn sich der Verzicht auch wirklich gelohnt hätte. Und dass sich etwas »wirklich lohnt«, weiß man ja im Vorhinein oft nicht.

Vielleicht habe ich mir selbst etwas verbaut: Vielleicht hatte ich die Messlatte unrealistisch hoch gesetzt. Meinst du, ich habe mir die Chance auf eine Beziehung genommen, weil ich so fixiert auf das Gefühl war, das ich wollte?

Je länger ich in Bogotá bei Kari und seinem Mann bin und quasi an einer Beziehung teilhaben kann, desto mehr wird mir bewusst, was ich haben könnte, wäre ich ein Wir und nicht nur ein Ich. Kleine Dinge, kurze Momente, schöne Situationen, die ich über die letzten Monate, vielleicht sogar die letzten Jahre gerne ausgeblendet habe. Vielleicht musste ich so weit reisen, um zu begreifen, dass ankommen auch sehr schön sein kann.

Ich umarme dich fest!
Pfpfpf

»Soll ich weiter auf den Megaflash hoffen, auf die Gefahr hin, dass er nicht kommen wird? Oder muss ich meine Erwartungen runterschrauben? Soll ich auch eine Beziehung erwägen, wenn ich vor Herzrasen nicht fast ohnmächtig werde?«, frage ich Kari am nächsten Abend. Kari blickt von seinen Spanischaufgaben auf und beginnt mit dem Kugelschreiber auf den Tisch zu tippen. Dabei schaut er mich an und sagt nichts. Ich weiß, was das bedeutet: Er denkt nach. Dann sagt er: »Ich finde, es braucht den Flash! Unbedingt braucht es ihn. Und du darfst ihn wollen, nein, du musst ihn wollen!« Denn genau das sei doch der Unterschied zu einer Freundschaft. Dieses spezielle Gefühl, das man nur für eine Person und niemanden sonst habe. Kari hat recht, denke ich. Ich darf dieses »Alles-und-sonst-lieber-nichts-Gefühl« wollen. Und der Gedanke, noch eine Weile Single zu sein, stört mich ja eigentlich nicht.

Was mich hingegen irritiert: Warum ist das so? Warum ist mein Wunsch nach einer festen Beziehung nicht größer? Warum bin ich nicht bindungswilliger? Vielleicht, denke ich, hat es mit Kari zu tun. Mit ihm und meinen anderen Freunden. Meiner Familie. Nicht zuletzt mit meiner Schwester. Ich werde geliebt und getragen. Es gibt so viele großartige Menschen in meinem Leben. Menschen, mit denen ich gerne meine Zeit verbringe. Eigentlich ist die Antwort, warum ich kein großes Bedürfnis nach einer Beziehung habe, sehr simpel: Ich »brauche« keine.

(Nur manchmal, hier in Bogotá bedeutend öfter als anderswo, denke ich: Auch wenn ich keine Beziehung brauche, eine zu haben, das wäre vielleicht doch schön.)

»Das wird dein nächster Freund! Ganz bestimmt! Er ist der Wahnsinn!«, sagt Kari am nächsten Morgen. Mit meinem Handy hat er die letzten Tage intensiv mit einem Typen von Tinder gechattet, und seine Begeisterung wurde mit jedem Mal größer. Er will, dass ich diesen Typen, er heißt Camillo, kennenlerne. Ich schüttle den Kopf. Ich hätte keine Lust mehr auf Dates, sage ich. Das hätte ich ihm doch gesagt. Und vor allem keine Tinder-Dates. »Ich komme mit, dann ist es nicht wie ein richtiges Date«, sagt er. »Sag ja! Das wird toll!« Kari kann sehr enthusiastisch sein, wenn er überzeugen will. Und irgendwie finde ich es ja auch rührend. »Also gut«, sage ich. Er freut sich: »Das ist doch aufregend! Wir gehen zusammen zu einem Date!« Ich muss lachen. Noch mehr lache ich, als ich den Chatverlauf lese. »So schreibt keine Frau!«, werfe ich ihm vor. »Der denkt ja, ich sei komplett irr!« In jedem zweiten Satz steht, wie scharf ich – also Kari – den Typen finde. Keine Frau würde einen Mann so plump anmachen. Auch nicht auf Tinder. Kari wiegelt ab. »Er will dich kennenlernen. Das ist die Hauptsache!« Wir verabreden uns mit Camillo im BBC, der Bogotá Beer Company im Stadtbezirk Usaquén. Er sei mit einem Freund da, ich solle einfach vorbeischauen, schreibt Camillo. Kein Problem, ich komme auch mit einem Freund, antworte ich. »Ist das typisch, dass man in Begleitung zu einem Date geht?«, frage ich Kari auf dem Weg zum Lokal. Er zuckt mit den Schultern, er wisse es nicht. Aber Kolumbianer seien eher schüchtern. Schon typische Latinos, also temperamentvolle Romantiker, aber sie gälten als ruhiger und zurückhaltender als andere Südamerikaner. Vielleicht ist das die perfekte Mischung für mich, denke ich.

Eine Stunde später verlassen wir das Lokal wieder. »Und, was ist dein Fazit?«, frage ich Kari. Eigentlich fehlte mir das bisher, überlege ich. Eine Zweitmeinung. Bei anderen Männern konnte ich mich danach nicht besprechen. Dann hatte ich aber auch niemanden dabei, der die Unterhaltung für mich führte und Fragen stellte. Bei anderen Treffen sah der Mann auch mehr mich und nicht die Person neben mir an. Camillo konzentrierte sich auf Kari, Camillos Freund und ich waren eher unbeteiligte Zuschauer. Das störte mich nicht. Ich finde es sehr logisch, dass Camillo Kari gefallen wollte. Dass mir Karis Meinung wichtig ist, wird er gemerkt haben. Würde Kari ihn sehr blöd finden, würde ich mir schon genauer überlegen, ob ich ihn näher kennenlernen wollte. »Er ist der absolute Wahnsinn!«, sagt Kari jetzt. »Intelligent und schön! Er ist unglaublich schön!« Und er habe doch super Dinge gesagt. Zum Beispiel, dass er nicht in die Fußballwelt passe, weil es da nur um das Gewinnen und um nichts anderes gehe. Camillo war viele Jahre Profifußballer, spielte in großen kolumbianischen Vereinen, sogar kurz in der Nationalmannschaft. Dann verletzte er sich, musste neun Mal operiert werden, heute ist er Fotograf.

»Wie fandest du ihn? Super, oder?«, fragt Kari. Mein Fazit ist nicht ganz so euphorisch wie das von Kari, aber das muss nicht heißen, dass ich weniger begeistert bin. Kari benutzt in seinen Urteilen immer möglichst viele Superlative. »Ich fand ihn ebenfalls interessant. Und er ist unbestritten attraktiv.« Camillo hat schwarze Haare, einen schönen Teint. Wenn er lacht, sieht er zehn Jahre jünger aus. »Ist doch auch super, dass er heute Abend kommt, nicht?«, fragt Kari. Er hat ihn kurzerhand eingeladen. Wir machen eine kleine Party bei uns zu Hause, hat er zu Camillo gesagt, und erst als dieser interessiert nickte, hat er nachgeschoben, dass die Gäste zu neunzig Prozent homosexuell und männlich seien. Die zehnte Person bin ich. Camillo reagierte sehr gut. Das sei doch kein Problem, sagte er, er komme gerne. Ob er noch einen Freund mitnehmen dürfe.

Am Abend ist Camillo schnell Gesprächsthema Nummer eins. Ich muss Tinder-Fotos von ihm rumzeigen und erzählen, was er beruflich mache und wie ich ihn so gefunden habe. Je länger Camillo abwesend bleibt, desto gespannter sind die Anwesenden. »Wo ist er denn jetzt, dein Typ?«, fragen sie in immer kürzeren Abständen. Es ist schon zehn, Camillo ist noch nicht eingetroffen. Die Situation ist bizarr: Neun Männer sind aufgeregter als ich, weil gleich ein Mann kommen wird, den ich, oder besser gesagt, ein anderer Mann auf Tinder kennengelernt hat. Hoffentlich wird es Camillo nicht zu viel. Aber, denke ich dann, ich will ja einen Mann, der mit solchen Situationen umgehen könnte. Kann er das nicht, ist er nichts für mich. Nun. Camillo geht gut mit der Situation um. Sehr gut. Er genießt das Publikum, schätzt das Interesse. Er kam kurz nach elf an, jetzt ist Mitternacht, und er hat schon das dritte Bier geleert. Der Alkohol macht ihn redselig, er erzählt und erzählt. Was er erzählt, ist nicht langweilig oder blöd, es ist einfach viel. Seine Zuhörer stört das nicht: Viele finden ihn unglaublich attraktiv. Einige sind weniger begeistert, flüstern sie mir während des Abends zu, sie finden seine Kleidung komisch. An seinem Jeansbund gibt es Nieten. Auch seine Augenbrauen – dass Augenbrauen überhaupt ein Kritikpunkt sein können, wusste ich vorher nicht – gefallen nicht allen. Sie sind eher kurz und dick. Ich finde Camillo immer noch gut aussehend, aber sonst, merke ich, je länger er hier ist, desto weniger interessiert er mich. Nicht, weil er uninteressante Anekdoten aus seinem Leben erzählt. Oder uninteressante Ansichten hat. Aber er fragt niemanden was, er erzählt nur. Ist eine Geschichte zu Ende, geht er nahtlos zur nächsten über. Um drei Uhr morgens sitzt Camillo immer noch bei uns in der Küche und redet. Er amüsiert sich blendend. Mir fallen immer wieder die Augen zu. »Willst du einen Kaffee?«, fragt er mich. »Du wirkst so müde!« Ich muss fast lachen. Ich sei auch sehr müde, sage ich zu ihm, in der Hoffnung, dass ihn das zum Gehen bewegt. Ich selber kann ja nicht gehen. Ich bin schon, wo ich hinmuss. Zu

Hause. Und einfach ins Bett gehen und Camillo Kari und seinem Mann überlassen will ich nicht. Auch wenn ich ihn nicht selber ausgewählt habe. Dass nicht ich, sondern Kari an meiner Stelle im Tinder-Chat geschrieben hatte, stellte ich irgendwann klar. Ich wollte nicht, dass Camillo ein falsches Bild von mir hat, dass er denkt, ich würde den Männern auf Tinder nur billige Komplimente zu ihrem Aussehen machen. Immerhin denke ich, bin ich nicht alleine mit Camillo. Es fühlt sich nicht wie ein Date an. Aber auch wenn er die meiste Zeit mit anderen Leuten spricht – wach bleiben muss ich trotzdem.

Endlich – kurz vor vier geht Camillo nach Hause.

Am nächsten Morgen sitzen Kari, sein Mann und ich am Tisch und frühstücken. »Und, was ist das Fazit?«, fragt Kari. »Er ist nett. Aber er redet zu viel«, sage ich. Beide nicken. »Vielleicht war er nervös«, überlegt Kari laut. »Oder er wollte beeindrucken und packte deshalb all seine Geschichten aus. Aber warten wir doch mal ab, ob er sich meldet«, sagt Kari und ich muss lachen, weil er in der Wir-Form spricht. Irgendwie ist das ja schon eine lustige Erfahrung, einen Mann nicht alleine kennenzulernen. Es ist irgendwie harmloser. Weniger ernst. Und es ist schön, einen Eindruck besprechen zu können. Camillo schickt mir am Abend eine Facebook-Anfrage und am nächsten Tag eine Nachricht, ob wir uns sehen wollen. Ich hätte die ganze Woche keine Zeit, antworte ich. Das stimmt nicht ganz, aber ich will mir keine Zeit nehmen. Zeit hat man ja immer. Am Freitag schreibt er wieder, und weil ich nicht gleich antworte, meldet er sich auch noch via Facebook. Ich habe eigentlich keine Lust, ihn nochmals zu treffen. Ich hätte ja eh nicht wirklich Lust, fremde Männer zu treffen, sage ich zu Kari. Er findet, ich solle Camillo fragen, ob er mit uns zu Abend essen wolle. »Er hat eine zweite Chance verdient!« Ich gebe ihm recht. Ich habe ja auch mal entschieden, nicht nach nur einem Abend ein Urteil zu fällen. Ich schicke Camillo eine SMS. Er komme gerne, schreibt er sofort zurück. Um neun gehen wir ins Restaurant Di Luca an der

Carrera 13. Camillo kommt 15 Minuten zu spät. Er nimmt neben mir Platz, ohne mich richtig zu begrüßen. Weil noch ein Freund aus der Schweiz dabei ist, muss Camillo diesmal Englisch sprechen. Sein Englisch ist überraschend gut. Er erzählt von den kolumbianischen Frauen. Hier sei es völlig klar, dass er als Mann alles bezahle. Er müsse der Frau den Hof machen. »Ich mache das aber nicht«, sagt er bestimmt. Denn diese Art der Männer sei ja kein Zeichen dafür, dass sie die Frau besonders interessant fänden, sie würden das bei allen Frauen machen, weil sie mit möglichst vielen Sex haben wollten. Er wolle sich davon abheben. Er kaufe einer Frau deshalb auch keine Blumen. »Männer kaufen allen Frauen Blumen. Der Frau, der Freundin, der Geliebten und der Affäre. Das bedeutet also gar nichts.« Er würde eine Blume basteln, denn was wertvoll sei, sei doch die Zeit, die er investiere, den Einsatz, den er leiste. Ein schöner Gedanke. Es ist nicht das einzige Mal, dass mir gefällt, was Camillo sagt. Aber er sagt auch generell sehr viel. Nach drei Stunden bezahlen wir. Camillo geht noch weiter in den Klub Baum, wir anderen sind alle müde, weil wir gestern im »Andres Carne de Res« in Chia, einem Restaurant-Klub-Lokal ein bisschen außerhalb von Bogotá, waren und erst um sechs ins Bett kamen. Camillo umarmt mich kurz beim Abschied. Wirklich zu stören, dass er alleine weiter muss, scheint es ihn nicht.

»Wie fandest du ihn heute Abend?«, fragt mich Kari zu Hause. »Dein Fazit!« Camillo habe mir besser als am Samstag vor einer Woche gefallen. Er war entspannter, weniger anstrengend. »Ich fand ihn netter als letztes Mal«, sage ich. Aber »netter« reicht nicht, finde ich. Hinzu kommt: Ich glaube nicht, dass er an mir als Person interessiert ist. Er stellte mir während des ganzen Abends eine einzige Frage – er wollte wissen, wie viel ich pro Zeitungsartikel verdienen würde in der Schweiz –, sonst fragte er nichts. Er will mich nicht wirklich kennenlernen, er will nur, dass ich ihn kennenlerne. Dass ich ihn toll finde. Er ist an meinem Interesse interessiert, aber: Das reicht ebenfalls nicht.

Das hätte ich aber nicht nur hier in Kolumbien erlebt, sage ich zu Kari. »Ich hatte bei vielen Dates das Gefühl, dass ich eigentlich vor allem Zuhörerin und Bewunderin sein soll. Der Mann wollte primär beeindrucken, wen er beeindruckt, war sekundär.« Ich erinnere mich an mein erstes Tinder-Date, Gal, der mir einen Vortrag zum Thema »Sea World« hielt. Auch der Ire Ryan, der mich in Zürich besuchte, sprach nonstop über sich (und seine Gitarre). Claudio aus Hamburg, der mich beim ersten Treffen eine halbe Stunde warten ließ, führte ebenfalls Monologe. Ich traf in den letzten Monaten nicht selten auf einen Selbstdarsteller, der sich am liebsten selber zuhörte. »Aber ich habe auch viele tolle Männer kennengelernt«, sage ich schnell. Ich will nicht wie eine dieser resignierten Frauen klingen, die ständig klagen, es gäbe keine guten Männer mehr. Das finde ich nicht. »Wer gefiel dir eigentlich am besten?«, fragt Kari. Ich überlege kurz. »Schwierige Frage«, sage ich. John aus New York, mit dem ich eigentlich auf den Road Trip wollte, fand ich sicher super. Nach seiner »difficult news«-SMS sah das natürlich anders aus. Den Arzt aus Hamburg, Nico, mochte ich, Noel, meinen Arbeitskollegen in Zürich, ebenfalls. »Aber diese Kapitel sind doch irgendwie abgeschlossen«, unterbricht mich Kari. »Ich meine, jetzt. An wen denkst du jetzt noch?«, fragt er. Ich überlege kurz. »An James. Den Typen aus Budapest. Vermutlich deshalb, weil er täglich Nachrichten schickt. Wir sind ständig in Kontakt. Ich kann nicht nicht an ihn denken. Aber ich kenne ihn kaum.« Wir hätten uns ja erst einmal gesehen, sage ich und breche dann ab. Kari schaut mich an, als wüsste er, dass noch etwas kommt. Ich zögere. Soll ich Tim überhaupt erwähnen? Ich nerve mich ja selber ein wenig, dass ich an ihn denke, obwohl wir fast keinen Kontakt haben. Kari blickt mich immer noch an. »Und an Tim denke ich auch noch«, sage ich langsam. »Das ist der Autor aus München. Den habe ich im Herbst getroffen. Danach wollte er nach Zürich kommen und kam dann nicht. Mit ihm habe ich aber kaum Kontakt. Wir

schreiben uns ab und zu, aber wir sind nicht ständig in Kontakt.«
Kari nickt. Das sei doch gut, sagt er und wendet sich Richtung
Küche. Für ihn ist das Thema damit erledigt. Ich mag das. Dass
wir nicht immer alles durchdiskutieren, sondern es auch einfach
mal stehen lassen können. Kari ist einer, der glaubt, »es kommt
schon, wie es kommen muss«. Vor allem in der Liebe. Ich glaube
das auch. Oder will das glauben.

Und es stimmt: Eigentlich ist es gut. Der Kontakt zu Tim ist
nie abgebrochen. Wir können nicht nahtlos an die letzte Nachricht anknüpfen, weil wir uns nicht regelmäßig schreiben, aber wir
schreiben. Nur haben wir halt keine Basis. Wir wissen eigentlich
nichts voneinander. Unsere Gespräche sind deshalb oft absurde
Frage-Antwort-Spiele.

Nach drei Wochen in Bogotá fliege ich zurück in die Schweiz. Weil
ich möglichst wenig Geld für das Ticket ausgeben wollte, muss ich
auf dem Rückflug zwei Zwischenstopps machen, einen in Miami
und einen in London. Kaum bin ich in London Heathrow gelandet, schicke ich James, der ja in London lebt, ein Foto von der
Ankunftshalle. Er schreibt sofort zurück: »Come and meet me!«
Ich könne nicht vom Flughafen weg, antworte ich. Ich setze mich
ins »Pret A Manger« im Terminal 5 und chatte mit James, bis mein
Anschlussflieger nach Zürich geht. Es ist eine gute Beschäftigung,
die Zeit zu überbrücken. Ich unterhalte mich gerne mit ihm.
Manchmal merke ich gar nicht, wie viel Zeit dabei vergeht. Ich
kenne ihn kaum, denke ich oft, und finde es manchmal absurd,
dass er in meinem Alltag so präsent ist. Weil wir ständig in Kontakt
sind, ist er irgendwie immer dabei. Ich lasse ihn teilhaben, er mich
ebenfalls. Wenn er nicht einschlafen kann, schreibt er mir. Wenn
der Mond besonders schön ist – er ist irgendwie Mond-Fan –,
schickt er ein Foto. Ich erzähle ihm, was ich unternehme. Ich
schickte Bilder aus Kolumbien. Gestern hat er eine Frau in der
U-Bahn gesehen, die die gleichen Haare hatte wie ich. Er hat un-

auffällig Fotos von ihr gemacht und mir geschickt. Ich fand's ein bisschen irr, aber irgendwie auch lustig.

Ich hätte nie gedacht, dass er sich so bemüht. Und auch nicht, dass mein Interesse so groß wird. Obwohl wir uns nie mehr gesehen haben, obwohl wir uns fast nicht kennen, habe ich mich an ihn gewöhnt. An seine Nachrichten. Seine Anteilnahme.

Manchmal denke ich an meine Freundin Nicole, die fand, es sei Zeitverschwendung. Hatte sie recht? Damals nach Budapest? Klar, meine Begeisterung basiert auf dreißig Minuten realem Kontakt und auf einer wochenlangen Whatsapp-Konversation. Irgendwie ist es surreal, was wir aufgebaut haben, es ist ja nichts, es sind nur Nachrichten. Aber andererseits ist es eben auch sehr schön, überlege ich. Ich freue mich immer, wenn James schreibt. Ich hätte nie gedacht, dass ich zu jemandem Vertrauen aufbauen und Nähe gewinnen kann, obwohl ich diese Person nie sehe. »Das nächste Mal bleibe ich nicht nur am Flughafen, wenn ich in London bin«, schreibe ich James, bevor ich in den Flieger steige, der mich nach Zürich bringt. Seine Antwort ist ein zwinkernder Smiley.

Wien

In den letzten fünf Tagen habe ich insgesamt zehn Sätze gesagt.
»Einen Cappuccino, bitte!« im Café. »Danke und auf Wiedersehen!« im Supermarkt. Und dann vielleicht noch irgendwann ein
knappes »Hallo«, wenn ich ein Geschäft betrat. Sonst sagte ich
nichts. Ich telefonierte auch nicht. Ich finde es schön, so ruhig. Ich
brauche keine Kommunikation, keinen Austausch. Ich habe in
letzter Zeit so viel geredet und so viel zugehört, das muss ich kompensieren. Vermutlich signalisiere ich das auch. Dass ich gerade
lieber alleine bin. Nach den Erfahrungen in den vergangenen zehn
Monaten bin ich überzeugt, dass es stark davon abhängt, ob man
auch ausstrahlt, dass man angesprochen werden will. Vor diesem
Jahr wurde ich nie so häufig auf der Straße, im Flugzeug oder in
Cafés angequatscht. Ich habe das vermutlich unbewusst signalisiert. Diese Unlust für Smalltalk mit Fremden. Ich glaube, viele
Frauen wollen eigentlich gar nicht angesprochen, sondern lieber in
Ruhe gelassen werden. Sei es, weil sie keine Lust und keine Zeit
haben, mit einem fremden Mann zu reden, oder weil zu Hause der
Freund oder Mann wartet. Auch wenn sie dies nicht direkt kommunizieren, merkt man es ihnen an. Diese Reserviertheit.

Hier bin ich wie sie. Bin ich, wie ich früher auch schon war. Ich
habe meist Kopfhörer auf, und in Cafés bin ich in ein Buch vertieft. Ich lese gerade viel. Auch das hole ich nach. In den letzten
Monaten war mein Kopf voll mit Geschichten verschiedener Menschen und der Planung meiner Reisen, Bücher hatten gar keinen
Platz mehr. Um sich in Kaffeehäuser zu setzen und zu lesen oder
mit Musik in den Ohren durch die Straßen zu spazieren, dafür ist
Wien perfekt. Die Stadt ist anpassungsfähig: Sie lässt einen in
Ruhe oder reißt einen mit – je nachdem, was man gerade will. Ich
mochte Wien immer. Ich war schon dreimal hier. Einmal mit mei-

ner Schwester Corinne, einmal mit einer Freundin und einmal mit einem schwulen Freund. Die Zeit, die ich Wien bei Nacht erlebte, nahm mit jedem Mal zu. Beim letzten Wochenendtrip schlief ich tagsüber und verließ erst abends das Haus. Jetzt mache ich das Gegenteil. Ich führe ein Leben, als wäre ich doppelt so alt. Ich trinke keinen Alkohol. Ich esse gesund. Nachts schlafe ich. Mir gefällt das. Dieses Vernünftig-Sein. Ich habe sogar angefangen, selber zu kochen. Das mache ich gewöhnlich nie. Nicht, weil ich nicht kochen kann. Aber ich koche sehr ungern. Rührei ist sonst mein Standardmenü, wenn ich alleine bin. Hier in Wien habe ich aber schon Gemüse und Fisch und solche Sachen gekocht. (Weil ich so stolz war, dass ich tatsächlich selber kochte, habe ich davon ein Foto an meine Schwester geschickt. Ich erwartete Lob und Bewunderung. Nun ja, sie reagierte für meinen Geschmack zu wenig euphorisch.) Ich habe eine Wohnung in der Nähe des Hauptbahnhofs. Sie hat nur ein Zimmer und ein winziges Bad mit einer alten Wanne ohne Vorhang. Ich wollte etwas Kleines. Ich wollte auch keine Mitbewohner. Eigentlich mag ich es, wenn viel los ist, wenn die Wohnung Drehscheibe verschiedener Menschen ist. Aber jetzt gerade finde ich es sehr entspannend, nur mit mir zu sein.

Tim aus München empfahl mir einige Restaurants und Bars. Er sei öfter in Wien, sagte er mir bei unserem Treffen. Von Tims Tipps habe ich erst das Café Sperl getestet. Das mag ich. Hier sitze ich manchmal, lese und trinke Cappuccino. In die Bars und Klubs, die er mir empfohlen hat, gehe ich nicht. Ich habe keine Lust, alleine auszugehen. Und ich führe ja sowieso gerade ein sehr ruhiges, nicht-nachtaktives Leben. Ob die Wiener Männer offensiv oder zurückhaltend, selbstbewusst oder unsicher sind, weiß ich deshalb nicht. Im Moment finden Männer in meinem Leben nicht wirklich statt. Außer mit meinen Freunden, und hin und wieder mit Tim, habe ich nur mit James aus London regelmäßig Kontakt. Mit James chatte ich noch immer sehr oft. Es vergeht kein Tag, an dem er nicht irgendein Foto oder mindestens einen Smiley schickt.

(Dass ich Smileys nicht mag, habe ich ihm noch nicht gesagt.) Die Art unserer Unterhaltung hat sich, seit ich hier in Wien bin, ein wenig verändert. Warum, weiß ich nicht, aber Neckereien und Komplimente wurden weniger, unsere Gespräche freundschaftlicher. Wir verzichten vermehrt auf zynische Bemerkungen und bitten einander dafür öfter um Rat oder eine Meinung.

Ich bin etwas mehr als zwei Wochen in Wien. Es ist Mittwochabend. Kurz vor Mitternacht. James schickt mir eine Nachricht, fragt, wie lange ich noch in Wien sei. Bevor ich antworten kann, schreibt er, er müsse raus aus London, und er liebe Wien, er wolle nach Wien kommen. Ich bin überrumpelt. Ich weiß gar nicht, ob ich will, dass er hierherkommt. Was, wenn es so wird wie mit dem Iren Ryan, der mich in Zürich besuchte? Das war ja eher anstrengend. Andererseits hatte und habe ich bei James ein besseres Gefühl. Als ich ihn kennenlernte, war ich ja richtig begeistert von ihm. Und bei unseren Whatsapp-Gesprächen empfand ich ihn oft sehr humorvoll und interessant. Als ich einmal in Bogotá seine Fotos auf Facebook durchgeklickt habe, fand ich ihn auf allen sehr gut aussehend. Leider gelangte ich dabei auch auf seinen Twitter-Account und sah, dass er zehn bis zwanzig Mal täglich in die Welt hinaus zwitschert. Jede Regung, jeden Gefühlszustand teilt er mit. Irgendwie beschämte es mich, als ich es las. Aber vielleicht macht man das in England so, dachte ich, vielleicht sind dort alle so aktiv auf Twitter.

Ich sei noch zehn Tage hier, schreibe ich ihm zurück, und dann: »Ich würde mich sehr freuen, wenn du nach Wien kommst!« *Sehr* ist ein bisschen übertrieben, aber meine Neugier ist größer als mein Wunsch nach Ruhe. Am Mittag darauf schreibt er, er habe soeben gebucht. »Ich komme an deinem letzten Wochenende! Nur zwei Tage, Samstag und Sonntag. Aber immerhin. Ich freue mich!«

Wir werden uns im Museumsquartier treffen. Um zwölf Uhr. Bei der Treppe zum Café Halle. James hat den Treffpunkt vorgeschlagen. Typisch, dass er entscheidet, dachte ich, als er mir Zeit und Ort nannte, obwohl ich eigentlich noch gar nicht wissen kann, was »typisch« für ihn ist. Abgesehen von kurzen Augenblicken, die sich in mein Hirn gebrannt haben, kann ich mich nur vage an unser Kennenlernen in Budapest erinnern. Ich weiß, dass wir viel Nonsens geredet haben, dass er mir seine Füße-zeigen-objemand-Interesse-hat-Theorie erklärt hat und dass er mich zum Abschied kurz auf den Mund geküsst hat. Aber sonst ist der Abend weit weg. Es ist viel Zeit vergangen seither, viel passiert. Ich war in Kuba, Israel und Kolumbien. Und jetzt bin ich in Österreich. Wenn man weiterzieht, rückt Vergangenes noch mehr in die Ferne, als wenn nur die Zeit vergeht, man aber den Ort nicht wechselt.

Doch seit ich weiß, dass wir uns bald sehen werden, werden die Bilder wieder stärker. Oder ich mache sie stärker. Ich finde es zwar surreal, dass wir uns nun sehen, aber ich freue mich. Wie wird es wohl sein, wenn er vor mir steht? Werden wir etwas zu reden haben? Werden wir uns mögen? Auch real, nicht nur per Whatsapp? Können wir bei unserer Online-Unterhaltung anknüpfen oder fangen wir von vorne an? Die ersten Wochen nach Budapest hatte ich mir oft gewünscht, wir würden uns bald wiedersehen. Und jetzt ist es so weit. Je näher der Moment kommt, desto unruhiger werde ich.

Am Samstagmorgen ziehe ich mich dreimal um. Ich muss mich deshalb mit Schminken beeilen. Ich mache eine hastige Bewegung, schmiere mir Wimperntusche ins linke Auge. Es fängt an zu tränen. Ich beginne von vorne. Wegen meines Make-up-Malheurs bin ich 15 Minuten zu spät dran. Es ist mir unangenehm, dass ich James warten lasse. Er hasst es, wenn Leute zu spät kommen. Das hat er mir einmal geschrieben. Er sei allergisch gegen Unpünktlichkeit. Auf dem Weg zum Museumsquartier schicke ich ihm deshalb drei Entschuldigungs-SMS. Er antwortet nicht. Ich hoffe, er ist nicht wütend oder schon wieder gegangen.

Aber James ist noch da. Ich sehe ihn schon von Weitem. Er sitzt auf der Treppe und schaut interessiert den Leuten zu, die an ihm vorbeigehen. Er trägt eine dunkle Mütze, die schwarze Filzjacke ist offen. Den dunkelroten Schal hat er nicht um den Hals gewickelt, er hängt auf beiden Seiten runter. James sieht gut aus. Sogar sehr gut. Als ich nur noch etwa zwanzig Meter von ihm entfernt bin, entdeckt er mich. Er steht auf – er ist viel größer, als ich in Erinnerung habe – und kommt langsam auf mich zu. Ich mag es, wenn Männer eine ruhige Gangart haben. Macht einer hastige Bewegungen, macht mich das nervös. (Und noch nervöser muss ich nun wirklich nicht werden.) »Good to see you, lady!«, sagt er, als er vor mir steht. Wir umarmen uns so, wie sich zwei Freunde umarmen, die sich lange Zeit nicht gesehen haben. Ich entschuldige mich, dass ich zu spät bin. Er winkt ab. Sei alles okay. Er habe ja Zeit. »Du hast so einen krassen englischen Akzent«, sage ich, nachdem er ein paar Sätze gesprochen hat, und werde sofort rot. Was für eine blöde Bemerkung! Logisch hat er einen englischen Akzent, er ist ja auch aus London! Wir gehen die Treppe hoch ins Restaurant und setzen uns an ein kleines Tischchen an der Wand.

James bestellt ein Forellenfilet, ich ein Pulled Pork Sandwich. Der Kellner, der das Essen bringt, stellt mir den Fisch und ihm das Schwein hin. Ich sage, dass es schon lustig und erstaunlich sei, dass man automatisch annehme, der Mann esse das fettigere Gericht. James nickt nur und nimmt den richtigen Teller entgegen. Eigentlich dürfte es mich nicht überraschen, dass James das gesündere Menü bestellte, denke ich. Auf Instagram hat er öfter einen Proteinshake oder sein Abendessen, das aus Fleisch und Gemüse besteht, gepostet und mit den Hashtags #healthy, #goodfood, #protein und #nocarbs versehen. Kürzlich schrieb er auf Facebook unter ein Bild eines Fitnesscenters: »Sechs Uhr morgens: Was gibt es Schöneres, als um diese Uhrzeit ein volles Gym anzutreffen!?« Nun, ich kann mir viele schönere Dinge als ein volles Fitnesscenter vorstellen, vor allem so früh am Morgen. »Es ist doch toll, wenn die Leute das Beste aus ihrem Körper machen«, sagt James jetzt. Er selber tut viel für seinen Körper. Sein Whatsapp-Profilfoto zeigt ihn im Meer mit nacktem Oberkörper. Er hat eine muskulöse Brust, breite Schultern, einen Bizeps, den ich mit beiden Händen knapp umfassen könnte, und ein Six-Pack. Natürlich sieht das gut aus. Natürlich finde ich das auch irgendwie schön. Aber Oben-ohne-Fotos sind meiner Meinung nach auch immer ein bisschen übertrieben und oft überflüssig.

Obwohl es sehr kalt ist, spazieren wir nach dem Essen durch die Innenstadt. James führt mich durch die Wiener Straßen, als würde er sich bestens auskennen. Dabei war er erst zweimal hier. Aber damit wir uns nicht verlaufen, hat er sein Roaming eingestellt. Ich finde es angenehm, dass ich nicht Stadtführerin spielen muss. Er ist das pure Gegenteil von Ryan, dem irischen Gitarrenspieler, der mich in Zürich besuchen kam, denke ich. Wir gehen eine Weile an der Donau entlang, dann in ein Café, um uns aufzuwärmen, das Gespräch bricht nie ab. Es ist spannend, mit James zu diskutieren. Er hat zu jedem Thema eine klare Meinung. Er kann gut zuhören, und er weiß viel. Wenn er nachdenkt, streicht er mit der Hand über seinen Dreitagebart, und wenn er zuhört, neigt er seinen Kopf ein bisschen nach rechts.

Zwei Themen, die wir bis jetzt völlig ausklammern: Sex und Liebe. Das ist für ein erstes Date ja nicht untypisch, aber dass James so einen großen Bogen darum macht, hätte ich nicht erwartet. Als wir uns in Budapest kennenlernten, sprach er eigentlich nur über das Kennenlernen von Mann und Frau. Und er machte viele anzügliche Bemerkungen. Heute macht er keine einzige zweideutige Bemerkung. Vielleicht hat er gar kein Interesse an mir, überlege ich. Habe ich überhaupt Interesse an ihm? Ich weiß es nicht. Bis jetzt ist unser Zusammensein sehr angenehm, aber irgendwie auch freundschaftlich.

Kurz nach sieben Uhr gehen wir ins Restaurant Skopik & Lohn. James hat einen Tisch reserviert. Ich war noch nie hier. Ich hatte ja bisher keine Dates, und alleine in ein schönes Restaurant zu gehen hätte ich komisch gefunden. Das »Skopik & Lohn« ist voll, aber wir haben den schönsten Tisch am Ende des Raumes. Mir gefällt es, dass James sich darum bemüht hat, ein Restaurant zu wählen, und dass er sich um die Reservation gekümmert hat. Er werde heute Abend bezahlen, sagt er mir, kaum haben wir uns gesetzt. Ich nicke. Ich hätte auch wie am Mittag die Hälfte der Rechnung selber bezahlt, aber ich finde es schön, dass er mich einladen will. James steht wieder auf und verschwindet auf die Toilette. Fünf Minuten später kommt er in weißem Hemd zurück. Es sei ja heute Abend unsere Date-Night, da müsse er schon entsprechend gekleidet sein, erklärt er lächelnd und krempelt die Hemdärmel hoch. Meiner Meinung nach war der Kleiderwechsel unnötig, aber irgendwie ist es auch rührend, dass er sich so bemüht. James bestellt für uns beide Vorspeisen, die wir teilen, ich esse Fisch, er ein Steak. Wir trinken eine Flasche Rotwein, und ich sage nach dem zweiten Glas, dass ich den Alkohol schon spüre, vermutlich, weil ich die letzten vier Wochen fast nichts getrunken habe. »Du bist nicht trinkfest genug«, kritisiert James. »Du wirst schnell betrunken.« Seine Bemerkung verunsichert mich. Wirke ich betrunken? Verhalte ich mich komisch und merke es gar nicht? Oder ist er jemand, der es grundsätzlich nicht gut findet, wenn man beschwipst ist? Schon möglich, denke ich. James wirkt sehr vernünftig. Ich kann mir nicht vorstellen, mit ihm betrunken zu sein. Dafür ist er viel zu kontrolliert. Er benimmt sich auch sehr vornehm. Er tupft nach jedem zweiten Bissen mit seiner Serviette den Mund ab, spricht nicht mit halbvollem Mund. Und als er mit dem Kellner über dessen Weinempfehlung sprach, klangen seine Worte so gewählt und vornehm, dass man hätte denken können, wir seien in einem Michelin-Restaurant. In James Nähe fühle ich mich definitiv zu wenig damenhaft. Er verunsichert mich. Das letzte Mal war ich so nervös, als ich nach München fuhr, um Tim zu treffen, überlege ich. Aber bei Tim ist die Anspannung im Laufe des Abends verschwunden.

James erzählt von seinem Job, er leitet digitale Marketingkampagnen für Sportlabels, von seiner Basketballkarriere, er musste wegen Knieverletzungen schon mit 23 aufhören, und von seiner Mutter, die aus Haiti stammt. Irgendwann kommt er doch noch auf das Thema Beziehung zu sprechen. Ich erfahre, dass er seit Kurzem Single ist. Er habe seine Freundin verlassen, weil sie zu wenig aus sich gemacht habe. Ihr Lebensziel sei gewesen, einmal eine gute Mutter zu werden. »Das reicht doch nicht! Man muss doch mehr wollen! Nach mehr streben!« Die Genügsamkeit seiner Ex nervt ihn. Er sei von seiner Zeit als Sportler darauf trainiert, immer noch mehr erreichen zu wollen. »Ich brauche stets eine neue Herausforderung«, sagt er. Ich verstehe ihn. Ich kenne das von mir selber, diese Rastlosigkeit. Aber bisher habe ich immer gedacht, dass es besser ist, sich einen Gegenpol zu suchen. Jemanden, der das ausgleicht. Der ruhiger, entspannter ist. »Drücken beide aufs Gas, ist man doch zu schnell unterwegs und verpasst auch etwas«, sage ich. James ist anderer Meinung. Es gehe doch in einer Beziehung darum, dass man sich gegenseitig pushe. »Man muss sich gegenseitig weiterbringen. Gemeinsam wachsen!« Ich sage nichts mehr dazu. Ich muss mir zuerst überlegen, was er gesagt hat. Ich will keine unüberlegte Äußerung machen. Nicht bei James. Neben ihm komme ich mir sehr jung vor. Er ist 37 – älter als die meisten Männer, die ich in diesem Jahr getroffen habe. Vielleicht setzt mich der Altersunterschied unter Druck, überlege ich. Aber eigentlich sind viele meiner Freunde zehn oder noch mehr Jahre älter als ich und es stört überhaupt nicht.

Als wir fertig gegessen haben, ist es kurz vor elf. Wir sind schon elf Stunden zusammen unterwegs. Gleich zu Beginn so viel Zeit am Stück mit einem Mann zu verbringen, ist gut, denke ich. Man merkt, ob man sich über mehrere Stunden interessant findet. James ist für mich auch nach all den Stunden noch interessant. Das überrascht mich nicht, ich habe mich ja schon online oft mit ihm unterhalten. Aber ich weiß nun auch, wie er sich bewegt. Wie er redet. Wie er lacht. Ich wusste ja schon viel über ihn, bevor wir uns hier in Wien trafen. Jetzt weiß ich, wie klingt, was er sagt.

Wir gehen vor die Tür des Restaurants. Es ist eisig kalt, ich schlottere. James legt den Arm um mich und drückt mir einen Kuss aufs Haar. Ich überlege, ob diese Geste zärtlich oder väterlich gemeint ist. Aber er hat seinen Arm schon wieder zurückgezogen und winkt ein Taxi heran. Er will noch in eine Bar, die ihm ein Freund empfohlen hat.

In der »Loos Bar« herrscht dichtes Gedränge, wir gehen an den Tresen. Ich überlege kurz, ob ich noch einen Drink bestellen soll oder ob ich dann tatsächlich zu viel getrunken habe, und rege mich sofort über mich auf. Ich darf mich nicht so verunsichern lassen, denke ich. Ich fühle mich ja auch überhaupt nicht betrunken. Ich bestelle einen Cocktail mit Wodka und Gurke und noch irgendwelchen Zutaten, James nimmt einen Whiskey auf Eis. Wir können uns kaum unterhalten, es ist wahnsinnig laut. Ich merke, wie er mich von der Seite mustert. Gefalle ich ihm? In Budapest war das offensichtlich. Auch in seinen SMS hat er immer wieder Komplimente zu meinem Aussehen gemacht. Seit er hier ist, seit wir uns real sehen, sagt er nichts darüber. Aber er kam ja immerhin nach Wien. Oder muss das nichts heißen? Kam er wegen Wien und nicht wegen mir? Was die Komplimente betrifft, kann ich ihm nichts vorwerfen. Ich bin sehr sparsam damit. Das ist generell so und bei ihm mache ich keine Ausnahme. Dabei wäre es nicht schwierig, Dinge zu finden, für die ich James Komplimente machen könnte. Mir gefallen sein Lachen und seine Zähne, er hat kein Zahnspangen-Hollywood-Gebiss, aber schöne weiße Zähne. Er hat eine angenehme, tiefe Stimme. Sein Kopf ist rasiert, das finde ich nicht speziell attraktiv, aber auch nicht unattraktiv. Es steht ihm gut, er hat eine schöne Kopfform. Und: Er ist groß und stark. Er könnte mich beschützen.

Nachdem wir ausgetrunken haben, bezahlt er, ohne zu fragen, ob ich noch einen zweiten Drink möchte. Das überrascht mich nicht. Er traf ja auch bisher alle Entscheidungen, ohne sich vorher mit mir abzusprechen. James ist ein bisschen wie die Männer in New York, überlege ich. Vielleicht weil er viele Jahre da gelebt hat. Er begleitet mich nach Hause. Wir umarmen uns. Ich will die Tür öffnen. Der Schlüssel klemmt. Ich bringe sie wie so oft nicht auf. James kommt zurück, um mir zu helfen. Er versucht es, ich versuche es. Wir würgen am Schloss rum. Endlich geht die Tür auf. Jemand kommt heraus. Ich lehne mit dem Rücken an die Tür, damit sie offen bleibt. Irgendwie müssen wir uns nochmals verabschieden, denke ich, wenn ich jetzt einfach winke und reingehe, wirkt das doch komisch. Ich strecke meinen Arm hoch für eine Umarmung. James macht einen Schritt auf mich zu – und gibt mir einen Kuss. Keinen flüchtigen, schnellen wie damals in Budapest. Einen richtigen und noch einen. Dann drückt er mir einen Kuss auf die Stirn. »Good night, little redhead«, sagt er und geht. Ich murmle irgendetwas, das »Bye« heißen könnte, und steige die Treppe hoch. Ich bin ein bisschen verwirrt. Aber irgendwie auch nicht. Ich habe nicht damit gerechnet, dass er mich küssen wird. Es machte irgendwie keinen Sinn, denke ich. Warum ich das finde? Keine Ahnung. Am nächsten Mittag werde ich es wissen.

Wir sitzen im »Möbel Café« an der Gumpendorfer Straße, und James klagt, während er mit dem Löffel in seinem Müsli rührt, ohne wirklich davon zu essen, dass ihm das Steak von gestern Abend schwer im Magen liege. »Ich bin auch so müde. Meine ganze Energie ist im Bauch!« Ich sage nichts, esse ruhig weiter. Ich finde jammernde Männer anstrengend. Aber das will ich mit James nicht diskutieren. Muss ich auch nicht. Er merkt es auch so. »Jaja, ich weiß«, sagt er. »Wehleidige Männer sind unattraktiv. Ich hör ja schon auf.«

Und dann fängt er an.

Es platzt aus ihm heraus. Als hätte es sich schon lange angestaut. Als könne er es nicht mehr länger für sich behalten. »Ich habe mich verliebt«, sagt er, das Müsli nun schneller rührend. Er blickt kurz auf, um abzuschätzen, ob ich mit so einer Information umgehen kann. Ich sage nichts. (Was soll ich darauf auch sagen?) Er deutet mein Schweigen als Aufforderung und erzählt hastig weiter. »Sie arbeitet mit mir, Rebecca, also nicht im gleichen Team, aber wir sehen uns in letzter Zeit ziemlich oft, wir haben ein Projekt zusammen, Rebecca betreut den gleichen Kunden, ich habe mich einfach in sie verliebt, dabei war ich glücklich, ich hatte eine gute Beziehung, aber als ich Rebecca traf, wusste ich: Ich muss etwas tun! Rebecca ist die Frau meines Lebens! Also habe ich meine Freundin verlassen und bin ausgezogen, jetzt schlafe ich bei meiner Schwester auf dem Sofa.« James redet jetzt noch schneller, er macht keine ganzen Sätze mehr. »Das Problem. Rebecca ist verlobt. In zwei Wochen: Hochzeit. Sie ist schon sieben Jahre mit dem Mann zusammen, einem Vollidioten! Er behandelt sie nicht gut, sie hat zum Beispiel wahnsinnig viel abgenommen für die Hochzeit, geht fünf Mal die Woche ins Fitness. Er macht nie ein Kompliment. Nie. Ein Vollidiot. Er hat so ein Glück und begreift es nicht. Willst du noch Orangensaft?« Ich schüttle den Kopf. »Vor zwei Wochen habe ich ihr, also Rebecca, alles gesagt, ich musste es ihr sagen, musste ihr sagen, was ich fühle, ich habe ihr alles gesagt, alles. Und: Sie hat auch Gefühle für mich. Hat sie gesagt. Aber sie ist in einer schwierigen Situation. Die Hochzeit ist organisiert. In einer Woche fährt sie los. Nach Italien. Da ist die Hochzeit. Willst du noch Orangensaft?« Ich schüttle erneut den Kopf. »Ich bin doch für sie verantwortlich, für ihr Glück! Ich will, dass es ihr gut geht. Und es geht ihr nicht gut. Jetzt. Mit ihm. Dem Vollidioten! Ich weiß, dass sie nicht glücklich wird mit diesem Mann, dass sie etwas ändern muss. Ich bin sicher, sie weiß das auch. Aber sie hat Angst. Sie sagt, sie sei nicht stark genug. Sie will ihre Familie nicht enttäuschen, ihre Freunde.« James schenkt mir Wasser nach, ohne vorher zu fragen, ob ich will.

Nun: Eine Woche später wird Rebecca nach Italien fliegen, um zu heiraten. Zur gleichen Zeit wird James mit dem Auto durch England kurven, um sich abzulenken. Und um bereit zu sein, wenn sie ihm schreibt, dass sie alles abgesagt habe, in den Flieger steige und nach London komme. Aber so weit wird es nicht kommen. Rebecca wird heiraten. Sie wird zurückkommen, aber nicht zu James, sondern mit Ring am Finger. Eigentlich hat sie damit ihre Entscheidung getroffen, aber James wird diese nicht akzeptieren. Er wird die Hoffnung nicht aufgeben. Er wird sie retten wollen. Aber Rebecca wird sich nicht retten lassen. Sie wird sagen, dass ihr der Mut fehle. James wird merken, dass ihr nicht nur der Mut, sondern auch die Gefühle fehlen. Er wird leiden, aber irgendwann einsehen, dass er Rebecca nicht bekommen wird. Zwei Monate später wird er wieder seine Exfreundin treffen. Und er wird sich erinnern, dass es in seiner alten Beziehung doch gut war. Er wird seine Stimme im Kopf, die ihm sagen wird, dass »gut« nicht gut genug ist, diese Stimme wird er zum Schweigen bringen. Seine Exfreundin wird in seine neue Wohnung einziehen, und irgendwann ist es so, als hätte dieses halbe Jahr, in dem er um eine Frau gekämpft hat, meinte, sie sei »die Richtige«, als hätte diese Zeit nie stattgefunden. (Das wird so sein, ich habe gerade ein bisschen vorgespult.)

Hier im Café in Wien, bei James und Cappuccino, weiß ich das natürlich noch nicht. Aber ich ahne es. James sage ich davon nichts. Nicht, weil ich ihm nicht helfen will. Aber er würde mir nicht zuhören. Er würde nicht zuhören wollen.

Drei Stunden später muss James zurück nach London. Ich begleite ihn zur U-Bahn-Station. Zum Abschied ein Kuss. Endlich verstehe ich, was mich bei seinen Küssen verwirrte: Sie galten nicht mir. Ich war nur Ersatz. Er dachte, ich könne Rebecca ersetzen, merkte dann aber, dass es nicht klappte. Ich kann mir gut vorstellen, dass James auch ein bisschen mit der Hoffnung nach Wien kam, ich würde ihn von diesem Chaos befreien. Seine Probleme in

London würden sich in Luft auflösen, würde er sich in mich verlieben. Sein Leiden hätte ein Ende. Unsere Geschichte ist so romantisch – fast zu schön, um wahr zu sein. Wie wir uns in Budapest kennenlernten, ich aus Zürich, er aus London, danach immer in Kontakt blieben und uns in Wien wiedersahen, das ist »wie im Film«.

Nur: Das Leben ist kein Film.

Von: Yvonne Eisenring
An: Corinne Eisenring
Datum: 31. Januar 2016 um 19:18 Uhr

Betreff: Verknallt in die eigene Vorstellung

James ist vor zwei Stunden abgeflogen. Ich bin froh, dass er hier war. Die Zeit mit ihm brachte mich auf den Boden zurück. Ich glaube, ich war verknallt in meine eigene Vorstellung. In meine Vorstellung von James. Ich wusste ja nicht wirklich, wie er sein würde. In der langen Phase, in der wir nur per Whatsapp Kontakt hatten, machte ich ihn so, wie ich wollte, dass er war. Ich glaube, das passiert schnell. Wenn man nicht die Möglichkeit hat, sich zu sehen, wenn man jemanden nur virtuell, online, in Sätzen kennenlernt, dann hilft die Fantasie aus. Dass das Bild, das ich mir von James machte, nicht der Wirklichkeit entsprach, konnte ich, bevor wir uns trafen, gar nicht wissen. Ich hatte ja nur meine Version. Ich konnte nicht abgleichen. Ich betrachtete ihn immer durch meine persönliche verzerrte Linse. Ich sah nur, was ich sah. Und was ich sehen wollte.

Ich glaube, das ist auch das, was James macht. Er hat mir heute beim Frühstück erzählt, dass er verliebt sei. In eine Frau, die in zwei Wochen heiraten wird. James glaubt, dass sie vor dem Altar umkehren und zu ihm flüchten werde. Wie in einem Hollywood-Film. Ich glaube, nein, ich bin mir sicher: Das Happy End bleibt aus. Er kennt diese Frau, in die er sich verliebt hat, gar nicht wirklich. Im Laufe des Gesprächs hat sich herausgestellt, dass er nur alle zwei Wochen eine große Sitzung mit ihr (und acht weiteren Mitarbeitern) hat. Dazwischen haben sie nur per Mail Kontakt. Vielleicht ist es aber auch das Unerreichbare, das ihn so reizt. Oder ihm gefällt dieses sehnsuchtsvolle Hoffen und Warten. Vielleicht ist er einer dieser Menschen, die leiden mit lieben verwechseln.

James klagte viel über seine Situation. Am schlimmsten findet er, dass er diese Frau »zu einem falschen Zeitpunkt« kennengelernt hat. Das werde der Grund sein, dass aus ihnen vielleicht nichts werde. Ich stimme ihm nicht ganz zu. Oder denkst du, er hat recht? Ist Liebe abhängig vom Timing? Muss man bereit, gewillt sein? Erwischt es einen nicht auch, wenn man gar nicht offen ist, sich zu verlieben? Ich glaube schon auch, dass man mehr oder weniger Lust haben kann, sich auf etwas Neues einzulassen. Ich war ja in den ersten Monaten dieses »Sabbaticals« auch nicht wirklich bereit, mich zu verlieben. Nicht wegen einer anderen Person, sondern weil ich so fasziniert von meinem Datingleben war. Aber ich bin sicher: Wäre ich der richtigen Person begegnet, hätte ich mich trotz Unlust verliebt.

Das Timing kann schlecht, aber nicht falsch sein. Wenn zwei Menschen zusammen sein wollen, dann werden sie es doch wohl irgendwie hinkriegen, zusammen zu sein, auch wenn der Weg dahin steinig und vielleicht lang ist. Wenn sie keine Lust haben, diesen Weg auf sich zu nehmen, ist der Wunsch wohl doch nicht so groß.

Ich bin nicht traurig, dass James schon »besetzt«, dass er gar nicht offen für etwas Neues war. Er und ich – das war

nur per Whatsapp gut. Meine Fantasie machte ihn so, wie er
mir gefallen würde. Die Realität war anders: James war
nicht so zynisch, wie ich glaubte. Nicht so lustig, wie ich
hoffte. Seine vornehme Art fand ich irgendwann auch nicht
mehr faszinierend, sondern eher ein bisschen aufgesetzt.
Und seine Disziplin für Sport und Ernährung hätte mich
unter Druck gesetzt. Die drei Tage mit ihm haben meine
Illusion von ihm begraben – und das ist gut.

Bis Dienstag! Ich freue mich so auf dich!
Pfpfpf

PS. Ich fliege schon nächsten Freitag nach Kapstadt. Habe
gestern noch mit der Zeitung telefoniert. Wir machen statt
einer gleich zwei Geschichten über Südafrika und brauchen
deshalb mehr Zeit. Aber nach Kapstadt habe ich keine Pläne
mehr.

Kapstadt

Es windet so stark, dass mein Fotograf und ich den ganzen Morgen im Hotel bleiben. Wir sind in Simon's Town. Eine Autostunde südlich von Kapstadt. Er schaut die Aufnahmen durch, die er gestern von den Pinguinen an der Küste gemacht hat. Ich lese. Schon seit drei Stunden. Eine Freundin hat mir das Buch »Das Rosie-Projekt« von Graeme Simsion geschenkt. Darin will ein hochintelligenter, superkontrollierter Genetiker mit einem 16-seitigen Fragebogen auf wissenschaftlich exakte Weise die ideale Frau finden. Das Buch ist großartig. Die Methode, wie der Protagonist die große Liebe sucht, wirkt zwar unromantisch, aber ich finde es rührend, dass er das Ganze so ernsthaft angeht.

Mein Handy vibriert. Ich schiele drauf, um zu schauen, wer mir eine Nachricht geschickt hat. Tim. Er gratuliert mir zu dem Text über meine Irland-Reise, der gerade in einer Schweizer Zeitschrift erschienen ist. Ich bedanke mich knapp und lege das Handy wieder weg. Ich habe keine Lust, mit ihm zu chatten. Ich will weiterlesen. Mein Handy vibriert erneut. »Ich finde, wir sollten mal zusammen in den Urlaub fahren.« Wieder Tim.

Ich starre auf die Nachricht. »Alles in Ordnung?«, fragt mein Fotograf. »Jaja, alles gut«, sage ich, ohne aufzuschauen. Ich bin perplex. Tim will mit mir verreisen? Wir haben uns über zwei Monate nicht mehr gesehen und jetzt will er mit mir Urlaub machen? Ich weiß nicht, warum Tim auf diese Idee kommt. Nachdem wir nun wochenlang nur wenig Kontakt hatten, kommt seine Idee doch eher unvermittelt. Und sie ist mutig. Ich war zwar in den letzten Monaten ein paar Mal vom Einsatz eines Mannes überrascht worden. Zuletzt von James, der nach Wien kam. Aber auch von Ryan, der sich spontan entschied, mich in Zürich zu besuchen. Aber gemeinsam Urlaub zu machen, finde ich noch gewagter.

Von: Yvonne Eisenring
An: Corinne Eisenring
Datum: 10. Februar 2016 um 18:11 Uhr

Betreff: Soll ich mit einem Mann, den ich kaum kenne, Pärchenurlaub machen?

Du erinnerst dich sicher an Tim. Den Autor aus München. Ich hab mehrmals über ihn gesprochen. Er gefiel mir. Wir hatten im Herbst ein Date. Ich wollte danach unbedingt, dass er nach Zürich kommt. Aber das hat dann leider nicht geklappt. Jedenfalls: Dieser Tim hat mir vorhin geschrieben und gefragt, ob wir zusammen Urlaub machen wollen!
Ich hab noch nicht geantwortet. Ich weiß gar nicht, was ich antworten soll. Ich finde die Idee super, aber irgendwie auch krass.
Was, wenn wir uns nicht verstehen? Wenn es wird, wie mit Ryan? Mühsam und anstrengend. Und Ryan sah ich nicht ununterbrochen, wir waren ja in Zürich, ich musste nebenbei noch arbeiten. Aber im Urlaub ist man doch praktisch 24 Stunden am Tag zusammen! Da kann man sich schlecht aus dem Weg gehen.
Aber eigentlich habe ich keine Angst, dass mich Tim nerven würde. Nach unserem Treffen war ich ja sehr begeistert. Ich hoffte ja, dass wir uns wiedersehen würden. Meine Hoffnung, dass das auch tatsächlich passieren wird, war nach dem gescheiterten Wiedersehen in Zürich einfach bedeutend kleiner als davor. (Ich hatte zwar auch danach noch das Gefühl, dass wir uns wiedersehen, dass unsere Geschichte nicht zu Ende geschrieben war. Warum ich das glaubte, weiß ich gar nicht. Manchmal hat man ja so ein Gefühl.)
Je länger ich darüber nachdenke, desto besser gefällt mir die Idee von einem gemeinsamen Urlaub. Ich wollte ja keine kurzen Dates mehr, weil ich gemerkt habe, dass das für mich

nicht funktioniert. Dass ich mich so nicht verliebe. Dass es sich eher wie ein Vorstellungsgespräch und nicht wie ein Date anfühlt. Bei einem Urlaub, also einem mehrtägigen Date, könnte Tim mir nicht seine beste Version vorspielen, ich würde danach wissen, wie er wirklich ist. Und ich wüsste danach auch, ob ich mich verlieben könnte. Und das ist ja gut.

Es bringt ja nichts, wenn man mit der eigenen Vorstellung lebt. Das habe ich ja nun auch wieder bei James gemerkt. Wir verbrachten zwei volle Tage miteinander. Ich wusste danach, wie er war und ob mir gefiel, wie er war. Und ich wusste auch, ob aus uns mehr werden kann.

Ich glaube, wenn ich vor einem Jahr gefragt worden wäre, ob ich mit jemandem, mit dem ich nur einen Abend verbrachte, Urlaub machen wollen würde, hätte ich Nein gesagt. Der Einsatz wäre mir zu hoch gewesen. Deshalb gefiel es mir die erste Zeit auch so, Dates zu haben. Man investiert nur ganz wenig, nur ein paar Stunden seiner Zeit. Man muss nicht wirklich etwas wagen, beim ersten Zweifel ist man raus. Aber heute weiß ich ja, dass das meistens nicht funktioniert.

Man muss sich trauen zu springen, wenn man fliegen will.

Ich weiß deshalb eigentlich auch, was du sagen würdest, wenn ich dich fragte, was ich antworten soll. Ich wusste es eigentlich schon, als ich anfing, dieses Mail zu schreiben.

Pfpfpf

»Das sollten wir tun!«, schreibe ich Tim am nächsten Tag zurück. Ich frage nicht, woher jetzt so urplötzlich diese Idee komme, ich frage nur, wo er hinwolle. Er wolle in die Wärme, schreibt Tim. Gerne an den Strand, Amerika fände er gut. Ich wollte nicht fragen, warum er das tun will, weil ich befürchtete, dass er einen

Rückzieher macht, wenn er sich erklären muss. Aber Tim macht keinen Rückzieher. Drei Tage später ist die Reise gebucht.

Seit Tim und ich beschlossen haben, gemeinsam in den Urlaub zu fahren, schreiben wir uns ständig. Die Anzahl Nachrichten, die wir uns täglich schicken, hat sich vervielfacht. Vielleicht finden wir alles ein bisschen surreal und schreiben uns deshalb so oft. Damit es sich realer anfühlt. Unser »Projekt« macht uns auf absurde Weise zu Komplizen. Wir müssen gemeinsam einen Plan machen. Gemeinsam eine Urlaubswoche organisieren. Etwas, was man gewöhnlich erst nach ein paar Monaten Beziehung macht. Ich buchte die Flüge, Tim das Mietauto. Wir entscheiden, dass wir »einfach losfahren und dann vor Ort schauen, was wir machen und wo wir übernachten«. Unsere Whatsapp-Konversationen drehen sich trotzdem die ganze Zeit darum, wo wir während der Tage hingehen könnten. Nur, müssen wir bald feststellen, sind unsere Vorstellungen nicht wirklich die gleichen. Ich würde gerne in einen Vergnügungspark. Er schreibt, er mache alles mit. Eine Ausnahme: Achterbahnfahrten. Mir ist es schnell zu heiß. Er spaziert gerne stundenlang am Strand. Immerhin: Wir mögen beide keine Sonnenuntergänge und kein Shopping.

Aber bis Tim und ich in Florida sind, dauert es noch drei Wochen. Noch bin ich ja in Kapstadt. Für die Reisegeschichte, die ich und mein Fotograf machen, lerne ich Leute kennen, die gerade ein eigenes Geschäft eröffnen, eine Idee umsetzen oder ein Projekt starten. Kapstadt, habe ich den Eindruck, wird neu erfunden. In keiner anderen Stadt hatte ich so stark das Gefühl, dass es »jetzt losgeht«. Ich treffe viele junge Menschen, die ihre Träume verwirklichen. Lieber heute als morgen, ist ihr Motto. Wenn ich erzähle, dass ich ein Jahr eine Auszeit für die Liebe genommen hätte, schaut mich keiner ungläubig an. Sich Zeit zu nehmen für die Dinge, die einen wichtig und richtig dünken, das finden die Leute, die ich in Kapstadt kennenlerne, völlig logisch. Wünsche sollen erfüllt werden, höre ich hier oft. Niemand will abwarten. Mir ist bewusst, dass ich mich nur in der reicheren Gesellschaftsschicht bewege. Ich sehe nur einen kleinen Teil von Kapstadt. Ich treffe auch nur Männer dieser Schicht. Ich finde einige von ihnen interessant, ihr Optimismus und Tatendrang imponieren mir, aber näher kennenlernen will ich sie dann doch nicht. Vielleicht, überlege ich, ist das so, weil ich vor allem aus beruflichen Gründen hier bin. Aber nach New York und Irland ging ich ja auch wegen des Schreibens und traf mich trotzdem mit Männern. Wahrscheinlich liegt es an Tim. Zu wissen, dass ich bald eine Woche mit ihm verreisen werde, gibt mir eine Art Tunnelblick. Ich nehme andere Männer gar nicht richtig wahr. Und trotzdem: Ich stehe jeden Morgen auf und bin gespannt, was ich heute alles erlebe. Es ist, wie es fast immer war im vergangenen Jahr: neu und aufregend. Alles sehe und erlebe ich zum ersten Mal. Hier in Südafrika wird mir bewusst: Das Kribbeln, das ich die letzten Monate verspürte, hatte ich nicht nur, weil ich so viele neue Männer kennenlernte. Ich war so aufgeregt, weil ich die Welt kennenlernen durfte.

Mein Fotograf und ich verbringen einige Tage in Kapstadt und fahren dann für eine Geschichte über Weingüter nach Stellenbosch und weiter nach Wellington, wo wir das kleinste »Wine Estate« Südafrikas besuchen. Das Weingut Jacaranda wird von einem Schweizer Paar betrieben. Er hat sich seinen Traum, selber Wein zu machen, erfüllt. Sie sich ihren Wunsch, einmal ein eigenes Gästehaus zu führen. Ihr Leben in der Schweiz haben sie aufgegeben.

Ich bewundere Auswanderer. Vermutlich, weil sie etwas wagen, das ich nie machen könnte: die Schweiz für immer verlassen. Ich liebe es, weg zu sein, aber ich liebe es genauso, heimzukommen. Von dem Schweizer Paar bin ich besonders beeindruckt: Als sie beschlossen, gemeinsam in die Ferne zu ziehen, kannten sie sich erst wenige Monate. Es habe sich einfach richtig angefühlt, sagen sie. Bereut hätten sie ihren Entscheid nie.

Und wie ich mit einem Glas Shiraz auf ihrer Terrasse sitze, rundherum nur Rebberge sehe und finde, mein Leben sei fast kitschig schön, fälle ich den Entscheid, den ich lange vor mir herschob: Ich werde nicht in mein altes Leben zurückkehren. Ich will weiterhin frei, ohne festen Job sein.

Ursprünglich dachte ich, nach meiner Auszeit zurück zum Fernsehen zu gehen. Aber je länger ich ohne Plan bin, desto besser gefällt es mir, keinen zu haben. Ich habe mich an das Ungewöhnliche gewöhnt. Ich bin nicht mehr unruhig, wenn ich nicht weiß, wo ich die nächsten Monate verbringen werde. Ich hätte vieles nicht erlebt, nicht machen können, hätte ich meinen Job nicht aufgegeben. Dadurch, dass ich keinen fixen Arbeitsplan hatte, konnte ich größere Schreibaufträge annehmen und für Geschichten zusagen, die längere Reisen erforderten. Sicher verdiene ich nicht gleich viel wie vorher. Aber die Freiheit, die ich dadurch genieße, und das Glück, keine regelmäßigen Termine zu haben, sind unbezahlbar.

Ich habe mein altes Leben zurückgelassen, um die Liebe zu suchen. Die Liebe suche ich noch, aber in mein neues Leben habe ich mich längst verliebt.

Die zwei Wochen in Südafrika sind viel zu schnell vorbei. Mein Fotograf findet ebenfalls, dass wir noch einmal nach Kapstadt gehen müssten. »Vielleicht im Sommer?«, fragt er, als wir im Flieger Richtung Zürich sitzen. Ich nicke. »Im Sommer ist noch alles offen«, sage ich und finde, das klingt sehr schön.

Bevor ich nach Florida reise, bin ich eine Woche in Zürich in der Wohnung meiner Schwester. Ich habe sie ganz für mich, Corinne reist gerade mit ihrer Mitbewohnerin durch Neuseeland. Ich schreibe meine beiden Artikel über Südafrika und treffe Freunde. Erzähle ich ihnen von den Urlaubsplänen mit Tim, reagieren sie unterschiedlich. Ein paar von ihnen finden die Idee aufregend. Andere mutig. Und einige wenige finden sie verrückt. Ein solcher Urlaub könne doch so viel kaputtmachen, ist ihre Befürchtung. »Ihr kennt euch doch kaum! Was, wenn ihr euch nicht versteht? Wenn ihr euch nervt?« Ich sehe das anders. Wir hätten ja noch gar nichts, das kaputtgehen könne. Das Einzige, was ich in diesem Urlaub verlieren könne, sei meine Hoffnung. Aber lieber hätte ich keine Hoffnung mehr, als dass ich lange mit falscher Hoffnung lebte. Ich will lieber etwas wagen und dabei scheitern, als dass ich nichts investiere und dafür auch nichts bekomme. Bei Tim habe ich ein gutes Gefühl. Ich glaube nicht, dass er mich nerven oder wir uns nicht verstehen werden. Nervös bin ich trotzdem. Je näher unser Abflugtermin rückt, desto öfter google ich seinen Namen. Ich lese all seine Texte, die ich im Netz finde, und klicke mich durch seine Facebook-Fotos.

Von: Yvonne Eisenring
An: Corinne Eisenring
Datum: 27. Februar 2016 um 10:11 Uhr

Betreff: *1 Jahr – 12 Länder – 50 Dates*

Ich habe heute über das vergangene Jahr nachgedacht. Ich war in zwölf Ländern. Und, wenn ich richtig gezählt habe, auf über fünfzig Dates! Die ersten in New York sind irgendwie schon ewig lange her. Und doch sind sie noch nah. Wie ich mit dem Architekten Shayan über die High Line spazierte und er mir euphorisch jedes Gebäude erklärte, weiß ich noch genau. Auch, wie ich auf der Williamsburg Bridge beim Joggen angesprochen wurde. Ich erinnere mich noch gut an das erste Tinder-Date mit diesem Typen, der im Café angefangen hat zu singen. Und ich weiß noch, dass ich am Tag nach der Guacamole-Dachterrassen-Party ewig lange im Waschsalon rumhing, weil ich hoffte, John würde auch waschen. Ich erinnere mich an den Mafia-Typen mit den dunklen Zähnen in Rom, der mir verklickern wollte, dass ich schon betrogen worden sei. Und an Nico, den Kinderarzt in Hamburg, der mit mir in das schicke Restaurant beim Hafen ging. Und erinnerst du dich an diesen Berner, der mich auf dem Flug von New York nach Zürich angesprochen hatte und dem ich meine Nummer auf den Arm schrieb? Ich weiß noch, wie ich mit Leon im Zoo war und über Kinder sprach. Und dass mich Noel auf dem Gepäckträger vom Fernsehstudio an den See zu den Wein-Schiffen fuhr. Und dann der tanzende Hahn-Typ in Havanna, der so aufdringlich wurde! Ich erinnere mich an Camillo in Bogotá, der so viel redete. Und zum Schluss traf ich James aus London, den ich in Budapest kennenlernte und der schon in Rebecca verliebt war.

Ist schon viel passiert in diesem letzten Jahr ...

In dem Jahr, in dem ich herausfinden wollte, wie ich mich verliebe und warum ich mich in jemanden verliebe. In dem ich mir klar werden wollte, was ich will und was nicht. Das wurde mir ja schon vorgeworfen: dass ich gar nicht wisse, was ich wolle. Ich glaube schon, dass ich es jetzt genauer weiß. Ich weiß besser, was mir gefällt. Ich weiß, was mir wichtig ist, was ich erwarten kann und was nicht. Nur: Mit dem Verlieben hat das nicht viel zu tun. Es hilft nichts, eine Liste zusammenzustellen, mit den Dingen, die man von einem Mann will. Auch wenn ich mit dieser Liste losziehen und die Person, die alles erfüllt, dann sogar finden würde: Dass ich mich verliebe, ist genauso wahrscheinlich oder eben unwahrscheinlich, wie wenn ich keine Liste habe oder wenn die Person nur einzelne Punkte erfüllt. Ich glaube, was ich in diesem Jahr begriffen habe, ist, dass man sich zurücklehnen und aufhören kann, den perfekten Partner zu suchen. Man kann sich nicht aussuchen, in wen man sich verliebt. *Ob* man will, hängt nicht direkt davon ab, *was* man will. Gefühle haben ihre eigene Logik. Das Verlieben verläuft nicht nach Plan. Hat keine Gebrauchsanweisung. Man kann es nicht aufschlüsseln. Und das ist gut. Vermutlich wäre ich enttäuscht, wenn ich wüsste, was passieren muss,

damit ich mich verliebe. Weil es dann nichts Magisches
mehr hätte.

Aber ich glaube, es ist wichtig, dass man Raum schafft für
die Liebe. Wenn man sie nie auf die Bühne lässt, ist es
eigentlich logisch, dass sie nie auftritt. Wenn ich von
meinem letzten Jahr erzähle, staunen einige, dass ich so
viele Männer kennenlernte. Ich glaube, das lag vor allem
daran, dass ich Zeit hatte. Ich musste fast nie wegen eines
beruflichen Termins absagen. Wenn die Liebe wie eine Be-
gleiterscheinung behandelt wird, dann ist es doch absolut
logisch, dass der Megaflash ausbleibt. Sich verlieben heißt
sich verlieren – ich mag den Satz noch immer –, aber man
muss sich trauen, sich zu verlieren. Und das ist, woran wir
gewöhnlich scheitern. Es fehlt der Mut. Und eben die Zeit.
Ich habe mich ja im letzten Jahr nicht verliebt. Ich habe
heute lange überlegt, ob ich das traurig finde. Ob ich enttäuscht bin. Ich finde, nein. Es ist nicht schlimm. Eigentlich habe ich erreicht, was ich wollte: Ich wollte die
Liebe ins Zentrum stellen, und das habe ich getan. Ich habe
sie zwar nicht gefunden, und ich weiß nicht, wie ich sie
finde. Aber ich weiß jetzt, wie es ist, sie zu suchen. Ich
weiß jetzt, wie spannend diese Suche ist. Denn obwohl manche Tage anstrengend und einige Dates enttäuschend waren:
Dieses Jahr war das aufregendste meines Lebens.

In drei Tagen ist es schon vorbei. Am 1. März vor einem Jahr
reiste ich ab. Meine erste Destination: New York. Nun, ein
Jahr später, reise ich wieder nach Amerika. Mit dem Unterschied, dass diesmal ein Mann mitkommt.

Ich versuche, nicht zu oft darüber nachzudenken, wie der
Urlaub mit Tim wohl sein wird. Ich glaube, das bringt
nichts. Es ist eine blöde Angewohnheit, im Vorhinein wissen
zu wollen, ob sich etwas lohnen wird. Vor allem in Liebes-
dingen bringt es nichts. Was ich in diesem Jahr auch ge-

lernt habe, ist, dass wir nicht schon zu Beginn an das mögliche Ende denken sollen.

Genieß die letzten Tage in Neuseeland!
Liebdi!!!
pfpfpf

Am nächsten Morgen stehe ich um acht Uhr auf. Ich muss noch packen. Das mache ich immer in letzter Sekunde. Aber gewöhnlich dauert es nicht lange. Abgesehen von Kleidern und Schuhen lasse ich mittlerweile alles in meinem Koffer, wenn ich nach Hause komme. Im Lauf des Jahres wurde mein Gepäck immer leichter. Mit der Zeit realisierte ich, dass ich zu viel mit mir rumschleppte, und ließ Dinge, die ich auf einer Reise nicht brauchte, das nächste Mal daheim.

Um elf Uhr muss ich am Flughafen sein. Jetzt ist es neun, ich stehe vor dem Schrank und überlege, ob ich meinen blauen Overall mitnehmen soll. Reicht ein Paar flache Schuhe? Ich ziehe ja meist High Heels an. Aber Tim hat angekündigt, dass er am Strand spazieren gehen will. Ich suche meine Flip Flops und ziehe den blauen Overall probehalber kurz an. So werde ich nie rechtzeitig fertig sein, denke ich und ziehe den Overall rasch wieder aus. Ich weiß nicht, wann ich mir das letzte Mal so viele Gedanken gemacht habe beim Packen.

Halb zehn. Ich muss noch duschen. Meine Nägel wollte ich auch noch lackieren. Das reicht nicht mehr. Tim sitzt schon im Flieger von München nach Zürich. Ich will nicht zu spät kommen.

Zwanzig vor elf. Ich steige ins Tram. Zwei Stationen bis zur Milchbuck-Haltestelle. Umsteigen. Das 10er-Tram kommt in sieben Minuten, steht auf der Anzeigetafel. Mist! Ich schicke Tim eine SMS. Er solle schon einchecken, ich sei zu spät. Kein Problem, schreibt er.

Ich sitze im Tram. Bis zum Flughafen dauert es zwanzig Minuten. Ich nehme meinen kleinen Spiegel hervor, schaue, ob die Wimperntusche verschmiert ist. Ich habe einen schwarzen Mascara-Kranz unter dem rechten Auge. Zum Glück kontrolliere ich. Ich reibe die Tupfen weg. Jetzt ist rot, was vorher schwarz war. Hoffentlich ist das wieder besser, wenn ich am Flughafen bin. Noch 13 Minuten. Ich prüfe zum dritten Mal, ob ich den Pass dabeihabe und ob Tim noch eine Nachricht geschickt hat. Pass ist da. Tim schon beim Check-in. Ich schaue aus dem Fenster. Wir fahren durch Oerlikon, am Fernsehstudio und dem Bahnhof Glattbrugg vorbei. Mich dünkt, das Tram braucht heute länger als sonst. Noch sieben Minuten. Ich nehme mein Handy hervor. Ich würde jetzt Corinne anrufen, denke ich. Das mache ich immer, wenn ich nervös bin. Das heißt, ich rufe auch an, wenn ich nicht nervös bin. Ich liebe unsere Null-Information-Gespräche. Sicher einmal pro Tag telefonieren wir, um nichts zu erfahren, was wir nicht schon wussten. Aber jetzt ist sie in Neuseeland, und dort ist es schon Nacht. Außerdem hat sie vermutlich keinen Empfang. Ich stecke das Handy wieder in die Tasche.

Flughafen Zürich. Ich steige aus, gehe zum Check-in 3. Da müssen wir unser Gepäck abgeben, hat Tim geschrieben. Hoffentlich erkenne ich ihn, denke ich, während ich durch den Flughafen gehe. Und hoffentlich wartet er nicht mitten in der Schlange, und wenn ich mich dann hinten anstelle, kreuzen wir uns ständig, und es ist peinlich und unangenehm, wenn er direkt neben mir, aber zwischen uns ein Absperrband ist.

Ich stehe auf der Rolltreppe. Fahre von der zweiten auf die erste Ebene. Unter mir die wartende Menschenmenge. Ich entdecke Tim in der zweiten Reihe. Vor ihm eine Familie. Drei Kinder, die Mutter hat ähnliche Haare wie ich. Der Vater schiebt einen Gepäckwagen vor sich her. Hinter ihm steht ein Pärchen in identischer Sportbekleidung. Beide in oranger Mammut-Jacke. Tim selber hat einen schwarzen Mantel an. Vor ihm liegt eine braune

Ledertasche. Mittelgroß. Viel Gepäck hat er nicht dabei. Seine Haare sind länger, als ich in Erinnerung hatte. Er steht ruhig da. Blickt nach vorne. Im Gegensatz zu vielen anderen starrt er während des Anstehens nicht auf sein Handy. Er sieht gut aus, denke ich und bin erleichtert. Ich befürchtete ein bisschen, dass ich bei unserem letzten Treffen so viel getrunken hatte, dass ich ihn attraktiver machte, als er ist.

Ich komme unten an, Tim steht etwa zehn Meter von mir entfernt. Mein Puls geht schneller. Soll ich mich hinten anstellen oder zu ihm durchdrängeln? Ich bleibe stehen. Tim dreht sich um. Er sieht mich, verlässt seinen Platz in der Warteschlange und steuert auf mich zu. Er wippt beim Gehen. Es sieht fröhlich und gelassen aus. Er steht vor mir, umarmt mich, als würden wir uns schon lange kennen. Er wirkt ruhig. Sicher und unaufgeregt. Ich entspanne mich.

Wir checken gemeinsam ein, gehen durch die Pass- und dann zur Sicherheitskontrolle. Dass im Flughafen-Tunnel Heidi von den Wänden lacht und jodelt, findet er lustig.

Wir sind beim Gate E53. In zwanzig Minuten können wir einsteigen. »Wie fandest du eigentlich unser Date?«, frage ich. Meine Frage kommt wohl ein bisschen unvermittelt. Tim lacht. »Das ist doch schon drei Monate her!« Aber er erinnere sich eigentlich ziemlich gut. »Ich weiß noch, dass ich auf diesem Fenstersims saß. In diesem dunklen Raum. Ich war ein paar Minuten vor dir in der Bar. Und dann kamst du die Treppe hoch.« Mein Auftritt sei sehr selbstbewusst gewesen. »Echt?«, frage ich erstaunt. Als ich in die Bar gekommen sei, sei ich wahnsinnig nervös gewesen, gestehe ich. Ich hätte mich verflucht, weil ich sehr hohe und unbequeme Schuhe anhatte. Das habe er nicht gemerkt, sagt Tim. Er findet, ich hätte sehr ruhig gewirkt. Sehr sicher. Er selber sei dafür unsicher gewesen, denn während des Gesprächs habe er immer wieder das Gefühl gehabt, dass ich seine Aussagen völlig bizarr fände. Das habe er noch nie erlebt, dass ihm eine Frau bei einem Date sage, dass er gerade völligen Blödsinn erzähle. »Sonst nicken die Frauen zustimmend. Bei dir sind keine fünf Minuten vergangen, da hast du schon verständnislos den Kopf geschüttelt«, sagt er. Ich lache. Ich hätte das total anders erlebt. Wir hätten in unserem Gespräch doch perfekt harmoniert, sage ich. Tim schüttelt den Kopf. »Nein, das hast du falsch in Erinnerung!« Aber es sei ja nicht schlecht gewesen. Er habe das auch irgendwie sehr interessant gefunden. »Es war nie langweilig mit dir, aber ich hielt den Abend bis zum Schluss für ziemlich unberechenbar.« Erstaunlich, dass man den gleichen Abend so unterschiedlich erleben kann, denke ich und sage, möglichst vorwurfsvoll klingend, dass es ja fast bei diesem einen Date geblieben wäre. Tim schüttelt wieder den Kopf: »Ich war sicher, dass wir uns noch einmal sehen.«

Ich nicke. Ich hatte auch immer das Gefühl, dass wir uns wiedersehen. Dass unser zweites Date am Flughafen beginnt und eine Woche dauern wird, hätte ich hingegen nicht gedacht. Aber jetzt finde ich es gar nicht mehr besonders mutig oder krass. Das Komische ist, überlege ich, während wir zusammen den Flieger betreten, dass es sich nicht komisch anfühlt.

Es ist kurz vor eins. Wir sitzen im Flieger. Tim am Fenster. Ich neben ihm.
Das Flugzeug rollt los.
Wir heben ab.

Dank

Corinne. Du bist alles für mich. Und ohne dich wär alles nichts.

Mama. Wenn ich mal Mama werde, will ich so sein wie du.

Kari. Mein Fazit? Du bisch ä Wucht. (Angelika findet das auch.)

Samuel. Ein Abend mit dir ist wie ein perfektes Date, einfach besser.

Oli. Ich hätte mir keinen besseren Ort fürs Schreiben wünschen können.

Nicole. So viele Reisen, so viele Jahre, so dankbar dafür.

Gabi. Könnt ich, würd ich dich sofort als Schwester adoptieren.

Megan. New York wouldn't be the same without you.

Linda. Bei deiner Hochzeit werde ich in der ersten Reihe sitzen und weinen.

Deborah. Du bist super. Ich komme wieder.

Hansueli. Deine Korrekturen und dein Feedback waren immens wichtig für mich.

Simon. Die Puppen, der Tisch, der Schnitt. Ich hab so Freud.

Sascha. Ich bin demnächst in Londonberlinistanbulwien. Und du?

Sven, Bruno, Peter, Kerstin, Sabine, Claude und Markus. Fürs Fordern und Fördern.

Und Tanja, Denise, Andreas, Alex, Jonas, Antonio, Maja, Martin, Andy, Rahel, Raquel, Rachel, Curdin, Nadine, Marlene, Simone, Susanne, Tina, Keyan, Daniel. Fürs Dasein, Mitfiebern und Inspirieren.